KB119583

체계적 수업 분석을 통한 **2판**

수업컨설팅

이상수 · 최정임 · 박인우 · 임정훈 · 이미자 · 장경원

이유나 · 장선영 · 고은현 · 류지헌 · 강정찬 · 오영범 공저

INSTRUCTIONAL CONSULTING

2판
머리말

교육은 학습자 인성을 바람직한 방향으로 변화시키려는 의도로 수행되는 활동을 의미하며, 다양한 장소에서 다양한 모습으로 이루어진다. 학교는 여러 기능 중에서도 교육을 핵심으로 하는 기관이다. 학교에서 교육은 수업이라는 형태로 이루어진다. 이때의 수업은 교실에서 일정 기간, 차시 단위로 이루어진다. 각 수업에서 교수자는 학습자에게 기대하는 변화를 실현하기 위해 다양한 활동을 미리 계획하고, 그 계획을 수행한다. 수업은 이 기대되는 변화, 학습을 목표로 한다. 교수자와 학습자는 의도하는 학습을 위해 가르치고 배운다.

교육을 혁신하려면 학교가 바뀌어야 한다. 우리나라에서 특히 유별난 사교육을 바꾼다고 교육이 바뀌지는 않는다. 학교에서 이루어지는 교육, 공교육이 혁신의 대상이다. 사교육은 언제나 공교육에 맞춰서 변하게 되어 있다. 변화 중에서도 혁신은 그 핵심이 변했음을 의미한다. 학교 교육의 혁신은 곧 학교의 핵심 기능에서 변화가 이루어짐을 의미한다.

학교에서 핵심은 수업이다. 학교에서 교육이 이루어지려면 물리적인 시설과 재원, 인적 자원 그리고 교육과정 등이 필요하다. 이러한 모든 기능은 수업이 효과적으로 이루어질 수 있도록 지원하는 데 맞춰져 있다. 교실은 수업에 최적화되도록 구축된다. 효과적인 수업을 위해 요구되는 역량을 갖춘 교원이 채용되고, 연수를 통해 지속적으로 이 역량을 계발한다. 학교 행정도 수업 지원이 가장 중요한 기준이다. 학교의 핵심은 수업이고, 학교를 혁신하는 것은 곧 수업을 혁신하는 것이다.

교육을 혁신하기 위한 정부 정책은 다각적으로 추진되었으나, 수업의 변화를 이끈 경우는 찾기 어렵다. 예컨대, 1970년대에 '새교육' 체제를 통해 완전학습과 교사용 지도서가 보급되었다. 1990년대에는 교육용 컴퓨터를 설치하였다. 2000년대에는 열린교육을 통해 교실의 물리적인 문과 벽을 허물었다. ICT 활용 수업, e-러닝, 스마트교육 등 IT를 기반으로 하는 최신의 기법이 학교 교육에 도입되었다. 교원의 수업역량을 높이기 위한 연수는 언제나 활발히 이루어졌다. 그런데도 우리 학교 교육은 여전히 교수자가 일방적으로 설명하는 형태의 수업에서 벗어나지 못하고 있다. 학교를 혁신하고자 하는 정책이 학교의 여러 측면을 변화시키는 데는 성공했지만, 수업을 변화시키지는 못했다. 교육 혁신이 실패한 것이다.

수업은 오롯이 교수자에게 맡겨져 있다. 교수자는 외부로부터의 간섭을 받지 않고 수업을 한다. 수업은 전적으로 교수자에게 맡겨져 있는 것으로 인식되고 있다. 이러한 이유에서 수업을 변화하기 위한 노력은 대부분 교수자에게 초점이 맞춰져 있다. 교수자의 수업역량을 높이기 위해 여러 가지 형태로 연수가 이루어진다. 초중고에서는 장학사에 의한 장학활동도 있다. 교육활동에 경험이 풍부한 교사에게 수석교사 직급을 부여하여 동료 교사의 수업을 개선하도록 돕게 하고 있다. 그런데도 수업은 50년 전이나 지금이나 크게 변한 것이 없다. 수업이 교수자에 의해 대부분 결정되는 것처럼 보이지만, 실제는 그렇지 않기 때문이다.

수업은 다양한 요인의 영향을 받으며 매우 역동적이다. 교수자의 역량 외에도 국가나 교육청의 정책, 학교장의 비전, 학부모의 요구, 학습자의 태도, 학교의 교육시설, 심지어 지역사회의 특성까지도 영향을 받는다. 수업은 학습목표, 장소, 시간 등과 같은 상황에 따라 바뀌는 역동성을 가지고 있다. 같은 교수자라도 상황과 맥락, 학습자 등에 따라 수업이 달라지고, 그 효과도 다르다. 단순히 교수자를 바꾸는 것만으로는 수업이 변하지 않는다.

수업은 여러 요소가 서로 얽혀서 영향을 주고받는 형태, 즉 체제이다. 수업을 혁신하려면 체제로서의 수업을 분석하여 재설계하여야 한다. 교사뿐만 아니라 수업을 구성하는 다양한 요소들, 그리고 이들 간의 관계를 분석하여 문제의 원인을 찾고 이에 대한 해결안을 모색하여야 한다. 그리고 이 해결안을 마련하는 과정에서 교수자도 참여하여 자신의 해결안으로 인식해야 한다. 수업을 바꾸려면, 체제적인 접근을 바탕으로 전문성을 갖춘 컨설턴트와 교수자가 협업하여 문제를 해결하는 활동, 컨설팅이 필요하다.

수업컨설팅은 수업담당 교수자와 함께 문제가 되는 수업의 체제를 분석하고, 이를 해결하기 위한 해결안을 상호협력하여 찾아가는 활동이다. 이 활동에서는 교수자가 전 과정을 함께함으로써 수업문제를 스스로 해결할 수 있는 역량도 함께 길러진다. 이 책은 교육을 혁신하기 위해 학교 교육의 핵심인 수업 변화를 목표로 하는 수업컨설팅을 소개하고 있다.

이 책에서 소개하는 수업컨설팅은 기존의 수업장학과는 명확하게 구별된다. 수업장학은 장학을 기반으로 하는 활동이다. 수업장학은 체제적 접근이나 협력적 문제해결과 같은 컨설팅의 기본 개념이 배제되어 있다. 이러한 컨설팅의 핵심 특성이 빠져 있는데도, 이를 수업컨설팅의 일환으로 보기도 한다. 심지어는 장학과 컨설팅을 결합하여 '컨설팅장학'이라고 하기도 한다. 수업컨설팅은 다양한 형태가 가능하겠지만, 핵심이 되는 특성들이 배제된 형태를 동일하게 분류할 수는 없다. 이러한 개념 및 용어의 혼돈을 해소하고, 수업컨설팅의 명확한 의미와 절차를 제시하기 위해 이 책을 집필하게 되었다. 이 책의 저술에 참여한 저자들은 실제 초·중등학교 현장뿐만 아니라 대학을 포함하여 성인을 대상으로 한 연수기관까지 다양한 현장에서 수업컨설팅을 진행한 경험을 가지고 있다. 이러한 경험과 수업컨설팅에 대한 전문적 지식을 기초로 하여 이 책을 집필하였다.

이 책은 제1부와 제2부로 구성되어 있다. 제1부에서는 수업, 컨설팅, 수업컨설팅의 올바른 의미와 수업컨설팅과 수업장학의 개념적 차이를 기술한다. 그리고 수업컨설턴트의 역할과 역량, 이 책에서 다루어질 수업컨설팅 모형에 대하여 개관한다. 제2부에서는 수업컨설팅 모형에 따라 구체적인 단계와 세부 절차를 기술한다. 이 책은 현장에서 수업컨설팅을 실행하기 위한 모든 구체적인 절차와 절차별 산출물을 제시하고 예시까지 제공함으로써 수업컨설턴트에게 실제적인 도움을 줄 수 있도록 하였다. 마지막 장에서는 전체 수업컨설팅 절차에 따른 실천 사례를 제공한다. 각 장은 수행목표, 핵심 과정 및 산출물을 시작 부분에 제시하여 수업컨설턴트가 각 절차에서 무엇을 산출물로 만들어 내야 하는지를 알 수 있도록 한다. 본문 중에는 세부 단계별 양식과 예시자료를 곁들여 실제 수업컨설팅을 수행하는 데 도움을 주고자 한다.

이 책은 수업컨설팅 실행을 위한 모든 절차적 지식과 기술을 제공하고 있다. 하지만 학교 현장은 많은 제한점이 있어 이 책에서 제시하고 있는 모든 과정을 실천하기는 쉽지 않다. 1회 방문으로 수업컨설팅을 종료해야 하거나, 수업컨설팅을 상당 기간 진행할 수도 있다. 컨설팅 상황과 맥락에 따라 이 책에서 제시하고 있는 과정을 모두 적용하거나 혹은 주요 절차와 산출물만 선별하여 적용할 수도 있다. 그렇지만, 이 책에서 제시된 모든 과정에 대한 지식과 기술을 갖추고 난 후에야 이러한 선택을 할 수 있을 것이다. 끝으로, 이 책을 출판하도록 도움을 준 학지사 사장님과 임직원 여러분, 수업컨설팅 연수과정에서 여러 가지 피드백을 주신 선생님들에게 감사의 뜻을 표하고자 한다.

2019년 4월
저자 일동

1판
머리말

학교교육의 가장 핵심이 되는 활동은 수업이다. 수업은 교사와 학습자들이 직접 만나 가르치고 배우는 활동이 일어나는 학교교육의 꽃이라 할 수 있다. 수업을 통해 교사와 학습자 간의 다양한 관계 맺기가 이루어진다. 소통, 인격적 만남, 배움, 돌봄 활동 등이 수업을 통해 이루어진다.

따라서 '수업의 변화 또는 혁신이 곧 교육의 변화 또는 혁신'으로 이어지게 된다.

현재 우리나라 교육에 대해 만족해하는 사람들은 매우 드물 것이다. 우리나라 교육을 개선하기 위해 수많은 노력이 있어 왔다. 이들 대부분은 정부나 교육청 주도의 상의하달 방식의 접근이었다. 하지만 이들 정책은 실제 수업의 변화까지 이끌어 내지 못하고 실패하였다. 대표적으로 열린교육의 경우 물리적인 교실 문과 벽은 허물었지만 교육과정과 수업의 틀을 허물지는 못했다. 교사들을 변화시켜 교육을 변화시키려는 노력도 많이 있어 왔다. 다양한 형태의 연수와 장학활동을 통한 도움도 제공하고 있다. 하지만 대부분의 연수는 강의식 위주로 진행되고 연수에서 배운 단절된 지식을 매우 역동적인 특성을 가진 수업 상황에 적용하기 위해서는 또 다른 기술을 필요로 한다. 장학활동도 교사들의 거부감과 장학사들의 수업에 대한 전문성 부족으로 그 효과성에 많은 의문점이 제시되고 있다.

수업을 변화시키는 것은 단순한 일이 아니다. 수업은 다양한 요인에 영향을 받으며 매우 역동적인 특성을 가지고 있다. 수업은 교육과학부나 교육청의 정책, 학교장의 비전, 학부모의 요구, 교사의 사명감과 자질, 학습자의 태도와 기초 능력, 학교시설과 교실 환경, 지역사회의 특성, 학교 문화, 수업 문화 등 다양한 요인에 의해 영향을 받는다. 또한 그때그때의 상황적 특성에 의해 교사, 학생, 학습 내용, 학습 환경 간의 상호작용이 역동적인 변화를 가지게 된다. 같은 교사 혹은 같은 학생인 경우도 봄날 나른한 오후인지, 연휴가 끝난 이후인지, 그전 수업시간에 어떤 사건이 있었는지, 아침에 집에서 어떤 사건이 있었는지, 교사가 어떤 말로 수업을 시작했는지 등에 따라 수업 분위기가 달라지고 수업의 역동성도 달라진다. 이러한 수업을 변화시키기 위해서는 수업에 대한 전문적인 시각과 체계적인 접근이 필요하다.

수업컨설팅은 실제 수업 현장으로 들어가 수업이 갖는 다양한 상황적 요인을 고려하여 교사들이 가진 수업 문제를 체계적으로 진단하고 현장에서 실행 가능한 해결책을 교사와 수업컨설턴트가 함께 고민하고 실행하는 현장 중심의 접근방법이다. 따라서 교사들이 당면한 그들만의 실제 수업문제들을 해결해 줌으로써 수업의 질을 한 단계 향상시켜 줄 뿐만 아니라 수업컨설팅이 끝난 후 스스로 수업문제를 진단하고 해결할 수 있는 역량까지도 배양해 주는 특성을 가지고 있다.

현재 국내에 수업컨설팅이 많이 소개되고 있고 이미 많은 수업컨설턴트가 양성되어 운영되고 있다. 하지만 수업컨설턴트 양성의 대부분을 수업컨설팅 전문가가 아닌 수업장학 전문가들이 양성하고 있어 많은 문제를 보이고 있다. 실제 수업컨설팅에 대한 정확한 의미도 파악되지 않고 있으며 기본적인 수업컨설팅 원칙들이 지켜지지 않는 경우가 대부분이다. 따라서 현장 교사들의 반응은 수업장학의 또 다른 유행적 개념으로 인식하고 있어 많은 우려를 낳고 있다. 즉, 현장 교사들은 수업컨설팅을 새로운 유행으로 받아들이고 있고 수업장학과 아무런 차이점을 찾지 못하고 있는 것이다. 심지어 컨설팅 장학이란 웃지 못할 용어가 만들어져 사용되고 있다. 수업컨설팅(instructional consulting), 컨설팅(consulting), 장학(supervision), 수업장학(instructional supervision)이라는 용어는 있지만 컨설팅 장학이라는 용어는 전 세계 어디에도 존재하지 않는다. 두 용어는 서로 상충되는 의미를 가지고 있으며 기본 가정에서 많은 차이점을 가지고 있다.

저자들은 이러한 문제점들을 해결하고 수업컨설팅의 올바른 의미와 접근 전략을 제시하고자 이 책을 집필하게 되었다. 저자들은 실제 초·중등 학교현장뿐만 아니라 대학을 포함하여 성인을 대상으로 한 연수기관까지 다양한 현장에서 수업컨설팅을 진행하고 있다. 이 경험과 수업컨설팅에 대한 전문적 지식을 기초로 하여 이 책을 집필하였다. 이 책의 구성은 1부와 2부로 나누어져 있다. 1부는 수업, 컨설팅, 수업컨설팅의 올바른 의미와 수업컨설팅과 수업장학의 개념적 차이를 기술하였다. 그리고 수업컨설턴트의 역할과 역량에 대해 기술하고 마지막으로 이 책에서 다룰 수업컨설팅 모형에 대해 개관하였다. 2부에서는 수업컨설팅 모형에 따라 구체적인 접근전략들을 기술하였다. 이 책의 특징은 현장에서 수업컨설팅을 실행하기 위한 모든 구체적인 절차와 각 절차별 산출물을 제시하고 예제까지 제공하고 있어 수업컨설턴트들에게 실제적인 도움을 제공하고자 하였다. 마지막 장은 전체 수업컨설팅 절차에 따른 실천 사례를 제공하였다. 그리고 각 장은 장별 목표와 단계를 시작 부분에 제시하고 마지막 부분에서는 각 절차별 물리적 산출물과 컨설티와의 관계적 산출물을 구체적으로 정리하여 제시함으로써 수업컨설턴트가 각 절차에서 무엇을 산출물로 만들어 내야 하는지를 알 수 있도록 하였다.

이 책은 수업컨설팅 실행을 위한 모든 절차적 지식과 기술을 제공하고 있다. 하지만 학교현장은 많은 제한점이 있어 이 책에서 제시하고 있는 모든 과정을 실천하기는 쉽지 않다. 어떤 경우는 1회 방문으로 수업컨설팅을 종료해야 하는 경우도 있고 어떤 경우는 오랜 시간 수업컨설팅을 진행할 수도 있다. 따라서 수업컨설턴트들은 컨설팅 환경에 따라 이 책에서 제시하고 있는 과정을 모두 적용하거나 주요 절차와 산출물만 선별하여 적용할 수도 있다. 하지만 수업컨설턴트는 이 모든 과정에 대한 지식과 기술을 갖추고 난 후 선택적 적용이 이루어져야 올바른 수업컨설팅이 이루어질 수 있다.

끝으로 이 책을 출판하도록 도움을 준 학지사 사장님과 출판진들과 수업컨설팅 연
수 과정에서 여러 가지 피드백을 주신 선생님들에게 감사의 뜻을 전한다.

2012. 1.

저자 일동

차례

제1부 **수업컨설팅의 이해**

제1장 **수업과 컨설팅**

제2장 **수업컨설턴트의 역할 및 역량**

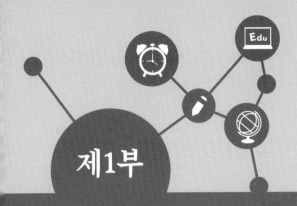

제1부

수업컨설팅의 이해

INSTRUCTIONAL CONSULTING

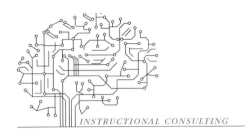

제1장

수업과 컨설팅

INSTRUCTIONAL CONSULTING

수업은 학습을 목표로 한다. 교육이 학습을 달성하고자 한다는 점에서 수업은 교육의 핵심개념이다. 수업컨설팅은 수업에 대한 컨설팅이다. 즉, 수업컨설팅은 교사와 외부전문가가 상호 협력하여 효과적인 수업이 수행되도록 하는 활동이다. 이 장에서는 수업컨설팅의 핵심인 수업과 컨설팅의 개념을 살펴보았다. 수업은 다시 개념과 정의, 좋은 수업, 수업 효과와 관련 변인으로 세분하여 기술하였다.

1. 수업

1) 수업의 개념

수업(授業)은 '주는 일'이다. '授'는 '주다'를 의미한다. 교육에서 주는 것은 가르침이다. 수업은 '가르쳐 주는 일'이다. 일상 속에서 수업은 "교실에서 수업시간에 가르치는 것"(변영계, 1998, p. 26)을 의미한다. 수업이 이루어지는 장소가 교실이고, 수업시간이 정해져 있고, 무엇보다도 가르치는 활동임에는 누구나 동의한다. 그런데 수업이 교실에서만 이루어지는지, 시간이 정해져 있는지, 그리고 교사가 가르치는 것에만 한정 되는지에 대해서는 의견이 다양하게 제시된다. 사실, 수업은 교육 관련 연구에서 핵심 개념이고, 다른 개념과 혼용되어 사용되어 왔다. 다음에 제시되는 사례를 활용하여 수 업과 수업이 아닌 것을 결정지을 수 있는 속성을 확인하고, 이를 바탕으로 수업을 정의 하였다.

초등학교 김 선생님은 지난 화요일 3교시에 지도에서 중요한 개념인 '축척'을 식별하 기 위한 수업을 진행하였다. 우선, 김 선생님은 이 수업을 위해 달성해야 할 학습목표 를 명확하게 설정하고, 달성 여부를 확인하기 위한 평가문항, 이 목표를 달성하는 데 적 합한 교수법에 따라 절차와 그에 따라 필요한 수업자료를 미리 확보하였다. 수업계획에 따라 김 선생님은 월요일 하교 전에 학생들에게 다양한 지도를 미리 나눠 주고, 지도마 다 어떤 차이가 있는지를 찾아오도록 하였다. 수업을 시작할 때 미리 나눠 준 과제를 확 인하고, 이어서 '척도'와 관련된 개념을 선행조직자가 될 수 있도록 설명하고, 다음으로 축척에 대하여 설명하였다. 설명을 마친 후에 3명씩 모둠을 만들어 축척에 대하여 서로 설명하고, 차시 마지막에 있을 형성평가를 준비하도록 하였다. 마지막으로 형성평가를 실시하고, 그 결과를 모둠별, 개인별로 피드백하였다. 학교에 대한 지도를 나눠 주고, 현재 축척의 1/4로 그려서 학급 홈페이지에 있는 과제물 게시판에 오늘까지 제출하라 고 말하면서 차시를 종료하였다. 김 선생님은 퇴근 후에 학생들이 제출한 과제물을 확 인하고, 잘못된 부분에 대해서 피드백을 제출물에 첨가하여 답글로 게시하였다.

앞서의 정의에 의하면, 이 사례에서 수업은 교실에서 이루어진 활동으로 국한된다. 사례에서도 "수업을 시작할 때"라는 표현이 사용되었으며, 그 이전의 활동이 수업 전 활동, "차시가 종료된" 후의 활동이 수업 후 활동이다. 교실에서는 가르치는 활동 외에 도 다양한 활동이 이루어진다. 이에 대해, Gagné(1977, p. 155)는 수업을 "학습자의 내 적 학습 과정을 지원하기 위한 의도로 나열된 외적 활동의 조합"으로 국한하였다. 학 습자가 가지고 있는 선수지식, 동기와 같은 내적 조건을 고려하여 다양한 활동을 제공 할 때 학습은 극대화된다. 이 점에서 수업은 "학습자의 학습과정을 도와주는 활동"(이희도, 한상철, 곽형식, 이동원, 양병한, 1996, p. 24)이라고 할 수 있다.

학습은 "인간행동이나 행동을 위한 잠재력의 지속적인 변화"(Driscoll, 2005)를 의미한다. 이러한 변화는 학습목표로 기술된다. 이 점에서 수업은 학습목표를 달성하도록 돕는 활동으로 한정된다. 김 선생님은 수업에서 달성하고자 하는 학습목표를 설정하였다. 이 학습목표는 수업 중 수행될 주요 사항들을 결정하고, 수업의 효과를 확인하기 위한 평가문항을 선정하는 기준이 된다. 수업은 학습목표가 있어야 한다. 이 점에서 교실에서 이루어지는 활동이라도 학습목표와 무관하다면 수업이 아닌 것이다. 교실은 주로 수업이 이루어지는 장소이지만, 수업 외의 활동도 이루어진다.

표 1-1 수업에 대한 정의

연구자	정의
Corey(1971)	학습자가 특정한 조건하에서 특정한 행동을 학습할 수 있도록 학습자의 환경을 계획적으로 조정하는 과정
Gagné(1977)	학습자 외부에서 학습자의 내적 과정을 지원하기 위해 고안된 일련의 활동
Robertson(1987)	다른 사람의 학습을 유발하고자 하는 의도를 가지고 행해지는 활동
Gagné, Briggs, & Wager(1992)	학습을 목적으로 한 모든 의도적으로 계획된 활동
이희도 외(1996)	학습자의 학습과정을 도와주는 활동
변영계(1998)	교사가 교실에서 수업시간에 가르치는 것
양용칠(2014)	교사를 비롯한 다양한 수단을 활용한 가르침 활동

'가르친다'는 종종 '설명한다'와 동일시된다. 교육 또는 수업이 이루어지는 장면은 흔히 교수자가 내용을 설명하고, 학습자는 이를 듣는 모습으로 표현된다. 수업도 교수자가 가르치는 활동, 즉 설명하는 것으로 여겨지기도 한다. 그런데 설명으로 가르치는 활동이 수업의 필수조건은 아니다. 수업에 대한 정의에서도 '가르치는 활동'이 언급되지는 않는다. 수업은 "외적 사상의 조합"(Gagné, 1977) "의도적으로 계획된 활동"(Gagné, Briggs, & Wager, 1992) "도와주는 활동"(이희도 외, 1996) "계획적으로 조정하는 과정"(Corey, 1971)이며, 학습자에게 직접 설명하는 것보다는 광범위한 활동이 포함

된다. 양용칠(2014, p. 26)은 수업에 대한 정의에서 "계획적으로 배열하는 활동"이라는 표현을 사용하였다. 수업은 교실에서 가르치는 활동보다는 학습목표를 달성하기 위해 김 선생님이 수행한 과제 확인, 선행조직자 제시, 설명, 모둠 활동 안내, 형성평가 제시, 피드백 제공, 과제물 안내 등과 같은 다양한 활동을 포함하며, 설명은 그중에서 단지 한 가지 활동일 뿐이다.

수업에서 이루어지는 활동은 의도적으로 계획된다. 수업은 학습목표의 달성, 즉 학습을 목표로 한다. 교수자는 학습목표를 달성하고자 하는 의도를 갖고, 이에 부합되는 활동을 미리 계획한다. 이러한 계획을 바탕으로 교수자는 수업을 진행하는데, 수업 중에 미리 계획하지 않은 설명이나 활동이 이루어지기도 한다. 그렇지만 수업은 학습목표 달성에 필요한 설명과 활동을 미리 설계하는 과정이 전제된다. 김 선생님은 학습목표를 명확히 하고, 평가문항을 준비하고, 교수법을 바탕으로 활동을 계획하고, 수업자료를 확보하였으며, 이러한 계획에 따라 수업을 진행하였다. 교실에서 이루어지는 활동 중에서 학습목표를 달성하고자 하는 의도하에 계획된 활동이 수업이다.

'교실'은 수업을 정의하는 핵심요소는 아니다. 교실은 교육이 이루어지는 공간을 의미한다. 학교는 교육이 이루어지는 공간, 교실을 갖추고 있다. 수업은 교실에서 이루어지는데, 반드시 이 공간에서만 이루어지지는 않는다. 수업은 야외에서도 이루어지고, 학교 밖 현장에서도 이루어진다. 수업이 진행되는 특정 공간을 교실이라고 지칭하는 것이지 수업이 반드시 교실에서 이루어져야 하는 것은 아니다. 수업은 물리적인 교실이 없는 사이버공간에서도 이루어진다. 그렇지만 수업이 이루어지는 장소, 즉 교실은 정해져 있다. 이 교실이 학교 안의 교실, 학교 밖의 현장, 또는 사이버공간과 같이 다양하더라도 수업이 이루어지는 장소는 미리 정해진다. 수업 활동과 자료는 정해진 장소에 맞춰 준비된다.

수업은 장소와 마찬가지로 시간이 정해져 있다. 수업은 '교시' 또는 '차시' 등의 용어를 사용하여 구분한다. 교시와 차시는 수업의 시작과 종료까지의 시간을 의미한다. 교시/차시는 통상적으로 학교 수준에 따라 상이하다. 초등학교는 40분, 중학교는 45분, 고등학교는 50분으로 되어 있는데, 대학교는 별도의 규정이 없지만 대개 50분을 1교시로 하고 있으나, 75분 단위로 이루어지기도 한다. 교수자는 정해져 있는 수업시간에 다양한 활동을 한다. 김 선생님은 수업 전에 치밀한 계획을 수립했고, 그에 따라 자료를 준비하였다. 수업이 종료된 후에도 과제물을 처리하였다. 그렇지만 이러한 활동까지 수업에 포함하지는 않는다. 이 활동은 학습을 의도로 교수자에 의해 수행되지만, 수업은 아니다. 이 활동은 수업과 자주 혼용되는 교수(教授, teaching)의 일부이다.

우리나라와는 달리 교수와 수업에 해당되는 teaching과 instruction은 거의 혼용되지 않고 있다. 가르침(teaching)은 가르치는 자(teacher)의 행위를 의미한다. 이는 배움(learning)이 학습자(learner)의 행위에 해당되는 것과 동일하다. 이에 비해 'instruction'은 어원으로 보면 라틴어의 'in'과 'structure'(to build)가 결합된 형태로 '안에 세우다'의 의미를 갖고 있다. 가르치는 행위가 학습자의 내부에 지식을 형성시키는 행위라는 것이다. 수업은 교수와 학습이 동시에 이루어진다. 만약에 교수가 없고, 학습만 있다면, 수업이라고 부르지 않는다. 'e-learning' 'flipped learning' 등에서 instruction(수업)이 아니라 learning(학습)이 사용된 것은 교수자의 활동보다는 학습자의 활동이 주로 이루어지기 때문이다.

지금까지 논의한 수업의 속성을 종합하면, 수업은 일정 시간과 장소에서 학습목표를 달성하려는 의도로 계획된 활동의 수행으로 정의된다. 첫째, 수업은 시간과 장소가 정해져 있어야 한다. 둘째, 수업은 학습목표를 달성하고자 하는 의도로 이루어진다. 수업의 목적은 학습목표의 달성, 즉 학습이다(이상수 등, 2015). 셋째, 수업은 의도에 따라 계획된다. 넷째, 수업은 교수자가 주도하되 교수와 학습이 동시에 이루어지는 활동이다. 수업컨설팅에서 수업이란 이러한 네 가지 속성을 충족하는 활동 또는 수행을 의미한다.

2) 좋은 수업

수업컨설팅은 현재 수업을 보다 더 좋게 변화시킬 방안을 함께 찾는 활동이다. 수업은 학습목표 달성을 위해 의도적으로 계획된 활동을 수행하는 것으로, 의도한 학습이 이루어지기를 기대한다. 이러한 기대에 부응하는 수업이 '좋은 수업'이다. 수업컨설팅의 두 번째 단계인 수업 분석에서 '지향하는 수업(Should)'이 바로 좋은 수업이다.

　　좋은 수업은 학교교육을 개혁할 때 핵심 내용이 된다(고창규, 2006). 학교는 다양한
기능이 있지만, 그중에서 교육이 핵심이며, 수업은 학교교육의 구체적인 형태이다. 수
업이 개선될 때 비로소 학교교육의 근본이 바뀌는 것이다. 이러한 개혁은 대개 좋은
수업을 지향한다. 그런데 의도한 학습목표 성취 여부가 좋은 수업인지를 판단하는데
중요한 기준이 되기는 하지만, '좋은'이라는 단어가 갖는 상대성, 복합성, 상황성 등으
로 인해 좋은 수업을 이 한 가지 기준만으로는 판단하기 어렵다(엄미리 외, 2009).

　　수업의 상대성과 복합성 등의 특성을 고려하면 모든 상황에서, 모든 학생에게 효과
적인 수업은 존재하지 않을 수도 있다. 같은 교사가 같은 내용을 가르친다고 해도 어
떤 학생들을 대상으로 수업을 하느냐, 어떤 교실 환경에서 수업을 하느냐에 따라 수업
의 효과성이 달라질 수 있다. 좋은 수업의 사례로 선정된 수업을 자신의 수업에 그대
로 적용한다고 해도 수업의 효과가 똑같이 나타나지 않을 수도 있다(현성혜, 2006). 이
러한 이유로 좋은 수업에 대한 관점과 정의는 시대와 상황의 요구에 따라 그 시대의 사
회, 문화 집단 구성원들에 의해 재해석되고 재정립되어 왔으며, 좋은 수업에 대한 명쾌
한 정의를 찾는 것은 쉽지 않다(김재춘, 변효종, 2005; 서경혜, 2004). 다음은 수업컨설팅
에서 참고할 수 있는 좋은 수업에 대한 정의들이다.

표 1-2 좋은 수업에 대한 정의(엄미리 외, 2009)

연구자	'좋은 수업'의 정의
Morgan & Morris (1999)	학생들의 흥미와 관심을 불러일으키고 잘 이해할 수 있도록 설명해 주고 학생을 친근하게 대해 주며 수업을 효과적으로 통제하는 수업
송상헌(2000)	교사가 수업을 통해 기대했던 학습목표가 충분히 달성되어 학습자들이 지적, 정의적인 충족감을 느끼면서 다음 수업시간이 기다려지는 수업
Stone (2002)	교사는 해당 교과 내용을 잘 전달할 수 있어야 하며 배우려는 요구를 학생들 마음속에 스며들게 하는 수업
김주훈 외(2003)	학습자가 재미를 느끼고 교육적으로 의미가 있는 학습 환경을 제공해 주며, 교사와 학습자 간의 충실한 상호작용이 일어나 교수-학습 효율을 극대화한 수업

김재춘, 변효종 (2005)	교육적 사태 속에서 일어나는 상호작용 활동을 통해 학생들의 경험의 의미를 확대시켜 줄 수 있는 수업
강나영(2006)	교사가 수업 내용을 잘 이해한 후, 수업장면에서 아동들에게 수업 내용을 올바르게 전달하기 위해 여러 가지 다양한 전략과 방법을 사용하여 학생들이 그 내용을 제대로 이해할 수 있도록 하는 수업
김창환(2006)	학습자의 발달이란 목적 아래 교수자와 학습자의 우호적이고 인간적인 관계 내에서 교수자가 수업 내용을 잘 이해하도록 설명하면서 학생들의 참여를 촉진하면서 학습자들이 폭넓은 경험을 쌓게 하는 수업

3) 수업의 효과와 영향 요인

수업은 여러 요인이 역동적으로 관계를 맺고 있으며, 수업의 효과는 이러한 요인에 의해 결정된다. 수업에 영향을 주는 요인은 다음에 제시한 Dunkin과 Biddle(1974)의 학급수업 연구모형에 정리되어 있다. 이 모형에서 수업은 교사와 학생 간의 역동적 상호작용으로 이루어져 있으며, 그 결과는 관찰 가능한 학생 행동 변화이다. 이 모형은 40여 년 전에 제시되었지만, 현재에도 수업 관련 연구에서 큰 변화 없이 인용되고 있다(Tran, 2015).

수업 관련 변인은 수업 전에 결정되어 있는 전조(前兆, presage)와 맥락 변인, 수업 중의 과정 변인, 수업의 결과인 산출 변인으로 구분하였다. 교사가 수업 전에 가지고 있는 선행경험, 훈련경험, 특성 등은 전조변인이다. 수업은 학생 선행경험, 학생 특성, 교실, 학교 및 공동체 등에 의해 맥락이 결정된다. 교사와 학생의 교실행동, 그리고 관찰 가능한 학생의 행동 변화 등은 수업이 이루어지는 과정에서 확인된다. 수업이 종료된 후에 학생은 즉각적인 성장을 보이기도 하지만, 장기적으로 관찰이 가능한 성장도 있다.

수업에 대한 개선은 한두 가지 변인에 초점을 맞춰서 분석하거나 개선하기도 한다. 예컨대, 수업장학은 전조변인에 해당되는 교사의 특성을 개선하는 데 초점을 맞춘다. 수업의 다양한 요인이 역동적으로 엮여 있다는 점을 고려하면, 한두 시간의 수업참관을 바탕으로 교사 관련 변인을 개선하도록 하는 활동으로는 개선 효과를 얻기 힘들다. 수업을 구성하는 요인들을 체계적으로 조망하고, 역동적 관계를 변화시키는 활동이

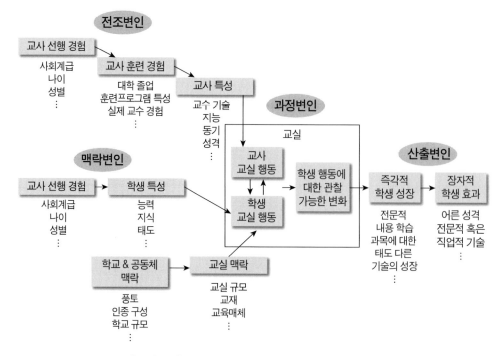

[그림 1-1] Dunkin과 Biddle의 학급수업 연구모형

필요하다.

  이 외에도 학생들의 학업성취도에 영향을 미치는 요인들에 대한 많은 연구가 진행
되어 오고 있다. Marzano(2000)는 학생들의 학업성취도에 영향을 미치는 요인과 그 영
향력을 분석한 결과 학교 수준 변인은 6.6%, 교사 수준 변인은 13.34%, 그리고 학생
수준 변인은 80%로 영향을 미친다고 보고하고 있다. 학교 수준 변인은 학습 기회, 시
간, 모니터링, 성취를 위한 압력, 학부모 참여도, 학교 풍토, 리더십, 협력의식 등이 교
사 수준의 변인에서는 수업 능력, 교육과정 설계, 학급경영 등이, 그리고 학생 수준의
변인으로는 양육 환경, 사전지식, 태도, 흥미 등이 중요한 변인이 된다고 보고하고 있
다. 따라서 교사 수준 변인(13.34%) 개선에 초점을 두기보다는 교사와 학생 모두의 상
호작용 변인(93.34%)의 개선에 초점이 주어져야 할 것이다.

  Wang 등(1993)은 학습에 영향을 미치는 요인을 크게 원거리 변인과 근접 변인으로 나누어 설명하면서 원거리 변인으로 학교조직 유형, 지역 혹은 국가 차원의 정책을 그리고 근접 변인으로 수업전략과 실행, 학생 태도 등을 들고 있다. 또한 핵심적인 근접 변인으로 심리적 요인, 수업 그리고 가정 환경 세 가지로 구분하여 설명하고 있다. 심리적 변인으로는 인지적, 초인지적, 동기적, 정의적, 태도 등이 있고 수업 변인으로는 학급경영기술, 교사와 학생 간의 학문적, 사회적 상호작용의 질과 양을 들고 있다. 가정 환경 변인으로는 부모태도, 학교학습지원 활동, 학교활동 참여, 성공에 대한 기대 등이 거론되고 있다. Walberg(1984)는 학습에 영향을 미치는 기존 연구들을 분석한 결과 크게 영향을 미치는 세 가지 요인으로 적성(능력, 발달, 동기), 수업(양, 질), 환경(집, 학급, 동료 등)을 기술하고 있다. 그리고 가장 핵심적인 네 가지 요인으로 학생의 능력과 동기 그리고 수업의 질과 양을 들고 있다.

이처럼 수업은 단순한 교사 요인이나 수업 내적 요소뿐만 아니라 수업 외적 요소들에 의해서도 영향을 받는 것을 알 수 있다. 수업 현상은 매우 역동적이면서 다양한 요소에 의해 영향을 받는 복잡한 현상을 가지고 있다. 따라서 단순히 교사의 수업 능력 차원에서 접근하는 장학활동이나 학습의 특수한 문제를 가진 학생 차원에서만 접근하는 정신건강학적 혹은 행동수정적 컨설팅은 수업문제를 본질적으로 해결하는 데 제한점이 많다. 수업의 문제를 다루기 위해서는 수업과 관련된 역동성, 다양성, 복잡성을 충분히 이해하고 이를 보다 체계적으로 해결할 수 있는 새로운 접근 방법이 필요하며 수업컨설팅이 그 대안이 될 수 있을 것이다.

2. 컨설팅

1) 컨설팅의 개념

Consultation의 어원은 15세기 초 중세 프랑스어 'consultation'과 라틴어 'consultationem'으로 알려져 있다. 'consultare'는 상담, 성숙한 생각, 고의적으로 고민하다 등의 의미로 자주 쓰였다고 전해진다(Online etymology dictionary, 2016). 컨설팅은 사람의 건강을 진단하고 환자를 치료하는 의사의 진료행위에 사용된 용어였다. 예컨대, 다음은 1960년대에 정신과 의사였던 Gerald Caplan에 의해 개발된 컨설팅에 대한 대표적인 정의이다.

컨설테이션이란 2명의 전문가 간의 상호작용 과정을 의미한다. 한 명은 전문가인 컨설턴트이고, 한 명은 컨설티이다. 컨설티는 현재 어려움을 겪고 있는 업무상의 문제에 대해 컨설턴트의 도움을 구하는 사람이며, 컨설티가 결정한 문제는 컨설턴트의 전문 영역에 해당한다(Caplan, 1963).

컨설팅에 대한 이 정의는 초기에 해당되지만, 다른 활동과는 구별되는 독특한 특성을 적절하게 제시하였다. 첫째, 컨설팅에는 전문가가 참여한다는 것이다. 교육과 연수는 전문가가 비전문가에게 행하는 활동이다. 이에 비해, 컨설팅에 참여하는 양쪽은 모두 그 분야에서 전문적인 지식과 기능을 가지고 있다. 둘째, 상호작용이다. 어느 한쪽이 일방적으로 지시나 지도하는 것이 아니라 동등한 수준에서 상호작용 형태로 이루어지는 활동이다. 셋째, 컨설티가 업무에서 어려움 또는 문제에 대한 도움을 구한다는 점이다(Kampwirth, 2006).

컨설팅은 업무를 수행하고 있는 전문가가 자신이 겪고 있는 문제에 대해서 인지하고, 도움을 청하는 것에서 시작된다. 외부나 타인에 의한 사전 분석과 진단을 통해 문제를 확인하기도 한다. 그렇지만 이러한 활동이 컨설팅에 포함되지는 않는다. 사전 분석과 진단을 통해서 확인된 문제를 자신의 문제로 받아들이고, 이에 대해 다른 전문가에게 요청하는 것이 컨설팅의 첫 단계이다. 넷째, 컨설턴트는 그 영역의 전문가이며, 상호작용을 통해 문제를 해결하도록 돕는 역할을 한다(Dougherty, 2008). 문제는 컨설티가 해결한다. 컨설턴트는 문제해결에 필요한 정보, 지식, 과정 등을 제공하여 문제해결을 돕는다. 컨설팅이 주제와 영역 면에서 점차 확대되면서 이 외에도 여러 가지 특성이 추가되었다. 다음은 Kampwirth(2006)가 제시한 일반적인 컨설팅의 특징이다.

표 1-3 컨설팅의 특징(Kampwirth, 2006)

- 컨설턴트는 훈련받은 전문가이다.
- 성공적인 컨설팅을 위해서는 실제적이고 정직한 의사소통이 필수적이다.
- 컨설턴트와 컨설티는 문제해결을 위해 함께 노력한다.
- 실제 문제해결책에 대한 실천 여부의 책임은 컨설티에게 있다.
- 체제적 관점에서 문제의 진단과 해결책의 고안이 이루어진다.
- 컨설팅은 컨설팅 과정과 컨설턴트의 역할을 규정한 윤리 지침을 준수한다.
- 관찰과 인터뷰와 같은 객관적인 평가와 자료 수집이 이루어진다.
- 컨설팅은 컨설티가 의뢰한 문제를 해결하는 것이 핵심이다.
- 컨설턴트는 과정에 대한 전문가이며, 모든 주제 내용에 대한 전문가일 필요는 없다.
- 컨설턴트는 컨설팅 관계를 넘어서 개인적 삶과 문제와 같은 개인적 문제의 상담가 역할과 혼돈해서는 안 된다.
- 컨설팅은 학생의 학습 문제를 해결하는 것이 근본적인 목적이다.

2) 코칭, 장학과 컨설팅

컨설팅과 여러 분야에서 흔히 혼용되거나 구별하지 않고 사용하는 용어로 코칭(coaching)이 있다. 사전적 의미로 보면 코칭(coaching)은, 첫째, 스포츠를 위해 필요한 기술을 개인 혹은 팀에게 가르치는 과정, 둘째, 누군가가 중요한 시험을 준비하도록 돕는 과정 혹은 특정한 상황에서 해야 하는 것이나 말해야 하는 것을 준비하도록 돕는 과정(Longman dictionary, 2016)이다. 또한 무언가를 준비하도록 돕고 훈련을 제공하는 직업이나 활동(Cambridge Dictionary, 2016)이라는 경영 용어로 정의되기도 한다. 국립국어원(2016)은 코치를, 첫째, 지도하여 가르침, 둘째, 운동 경기의 정신, 기술, 전술 따위를 선수들에게 지도하고 훈련시키는 일, 또는 그 일을 하는 사람으로 규정하고 있다.

이상에서 보면, 코칭은 주로 운동 영역에서 사용되는 것으로 정의하고 있어 컨설팅과 구별된다고 볼 수도 있겠지만, 최근에는 전 영역에서 보편적으로 사용되고 있어서 영역으로 두 용어를 구분하기는 어렵다. 코칭은 코칭을 주고받는 사람의 관계가 대체로 위계성을 띠기도 하는데, 동반자 관계를 맺는 것이 바람직하다는 정의도 있다. 코칭이 이루어지는 단계나 절차가 명확하게 규정되어 있지 않으므로, 이점에서 컨설팅과 구별되지도 않는다. 이상과 같은 이유에서 코칭과 컨설팅은 자주 혼용된다. 다만,

코칭은 이 역할을 맡은 코치가 일정 기간 전문성 향상을 위해 도움을 제공하는 반면 컨설팅은 문제를 진단하고, 해결 방안을 수립하여 문제를 해결하는 과정에 외부의 전문가로부터 도움을 받는 형태가 된다. 코치는 조직의 일원이 되지만, 컨설턴트는 계약관계로 남는다. 두 용어 사이에 이와 같은 차이점도 있지만, 실제 수행 단계에서 코칭과 컨설팅을 구분하는 기준은 명확하지 않다.

교육 영역에서 컨설팅은 이전부터 사용되어 온 장학과 비교되기도 한다. 장학이라는 말은 영어의 'supervision'을 해석한 것이다. supervision은 'super'와 'vision'의 합성어이다. 여기서 'super'는 '높은 곳 ' 혹은 '우월한'이라는 의미를 지닌 접두어이고, 'vision'은 '본다' 또는 '감시한다'는 의미를 갖고 있는 단어이다. 따라서 'supervision'이라는 말은 '높은 곳에서 본다 혹은 감시한다'라는 뜻으로 해석될 수 있다(정태범, 1996). 어원사전에 따르면 supervise라는 단어는 1640년대부터 다른 사람의 일이나 수행을 감독한다는 의미로 쓰이기 시작했다고 전해진다(Online etymology dictionary, 2016). 우리나라 학교 현장에서 전통적으로 통용되어 온 장학의 의미는 supervision의 본의와 크게 다르지 않았다. 장학은 교육청 혹은 교육지원청의 장학사에 의해 이루어지는 학교 운영에 대한 권위적인 관리 · 감독 행위이다.

교육 장면에서 'supervision'은 미국에서나 우리나라에서나 단순히 지시와 감시가 전제된 권위주의적인 개념으로만 통용되어 오지 않았다(신현석, 2000). 두산백과에 따르면 슈퍼비전은 '교직원을 원조하고 수업 개선을 위하여 조직된 행정관의 활동'이라고 정의하고 있고, 장학지도(獎學指導)는 교육법에 규정된 학사(學事)에 대한 지도 · 감독을 위한 제도로, '교육현장에 있는 교사가 효과적인 학습 지도를 할 수 있도록 조력하고 지도하는 활동'이라고 정의하고 있다. 교육학용어사전(서울대학교 교육연구소, 1994)에서는 '장학이란 학습지도의 개선을 위하여 제공되는 지도 · 조언을 비롯하여, 교육활동의 전반에 걸쳐 교육목표를 효과적으로 달성하기 위해 이루어지는 전문적 · 기술적 봉사활동 내지 참모활동'이라고 정의한다. 이러한 정의를 통해 볼 때 장학 (supervision)은 수업 혹은 학습의 개선을 목적으로 교직원이나 교사를 대상으로 이루어지는 지도 행위 혹은 조력 행위를 일컫는 말로 변모하였음을 알 수 있다.

장학이 대체로 공식적인 수직관계에서 이루어진다는 점에서 컨설팅과는 명확하게 구분된다. 그렇지만 일방적인 감독과 지시로는 수업 개선 효과가 높지 않기 때문에 조언과 조력이 더 많이 사용되면서 교육현장에서 이 두 가지 활동은 차이점을 발견하기 어렵게 되었다. 장학도 컨설팅과 매우 유사한 단계와 절차에 따라 이루어지고 있다.

3. 수업컨설팅

앞서 살펴본 수업과 컨설팅 개념을 바탕으로 수업컨설팅의 개념, 그리고 교육현장에서 수업컨설팅과 유사하면서 혼용되고 있는 수업장학, 수업코칭에 대해서 살펴보았다. 대부분의 용어는 학문 공동체에서 정의한 그대로 현장에서 사용되지는 않는다. 교육 현장에서 동일한 활동에 대해 컨설팅, 장학, 코칭이 혼용되듯이 수업컨설팅도 수업장학, 수업코칭과 명확하게 구분되지 않는다. 이처럼 개념상 정의와 현장에서의 활용이 상이하므로, 개념 간의 차이를 확인할 때에는 이를 혼돈하지 않도록 유의해야 한다. 다음에서는 수업장학, 수업코칭, 수업컨설팅에 대한 개념적 정의와 현장에서 통용되는 것을 각각 기술하고, 세 용어간의 비교는 개념 수준에서 제시하였다.

1) 수업컨설팅의 역사

수업컨설팅은 역사적으로 보면 미국의 초·중등학교 현장과 고등교육현장 두 곳에서 분리되어 발달하였다. 초·중등학교 현장에서 수업컨설팅은 1972년에 Rosenfield가 학교심리학 전공학생들을 대상으로 한 수업컨설팅 강의에서 시작되었다는 주장(Rosenfield, 1995)과 1983년에 Bergan과 Schnaps(1983)가 「수업컨설팅 모형」이라는 논문을 발표하면서 공식적으로 알려졌다는 주장(Alpert & Meyers, 1983)이 있다. 이들은 수업컨설팅을 학생들의 행동수정을 위한 컨설팅 기법의 확장으로 보았고 수업컨설팅의 목적을 교사의 행동 수정을 통해 학생들의 학습을 증진시키는 것으로 보았다. 이들의 노력이 갖는 의미는 컨설팅의 초점을 학교심리학이나 특수교육학과 같은 학생들의 특이한 정신건강학적 접근에만 초점을 두던 것을 교사 행동의 수정을 통해 학생들의 학습문제를 해결하고 학습을 증진시키려는 가르치고 배우는 수업에 두기 시작하였다는 것이다. 이를 계기로 학교 기반 컨설팅을 담당하고 있던 학교 심리학자들에게 그들이 필요로 하는 지식과 역할에 변화가 필요하다는 주장이 나타나기 시작하였다. 즉, 학교 심리학자들이 일반적인 수업 개선과 관련하여 교사와 학생들에게 도움을 줄 수 있도록 준비되어야 하며 교사들 또한 학생들의 기본적 기술인 읽기, 쓰기, 수학, 말하기, 듣기 등에 관한 문제를 해결할 수 있도록 도움을 줄 수 있어야 한다는 주장이 나타나기 시작하였다(Rosenfield, 1995; Truesdell & Lopez, 1995).

고등교육현장에서는 또 다른 관점에서 수업컨설팅이 발달하였다. 고등교육현장에서의 수업컨설팅은 1970년 초반에 매사추세츠대학교(University of Massachusetts)에서 대학 수업을 개선하고자 수업컨설팅 프로그램이 개발, 활용되면서 시작되었다(Tiberius, 1995). 그 이후 많은 대학에서 수업컨설팅에 대한 교수들의 요구가 늘어나기 시작하였다. 대학교수의 경우 초·중등 교사와는 달리 교육학이나 교수법에 대한 지식이 전혀 없거나 부족한 상태에서 교육을 시작하였다. 교수들은 자신이 가르치는 내용 지식적 차원 외에 교육학적 전문성이 필요하며 무엇보다도 수업컨설팅에 대한 요구가 높을 수밖에 없었다. 이런 상황을 고려하여 Handal(1999)은 대학교육에서 교수를 대상으로 한 수업컨설팅을 의무화해야 한다고 주장하였다.

수업컨설팅 연구는 Rosenfield(1987)가 『수업컨설팅』이라는 책을 발간하면서 활성화되었다. 그에 따르면 수업컨설팅은 의뢰하는 교사인 컨설티(consultee)를 통해 학습문제를 가진 학생(client)에게 간접적 서비스를 하는 것이다. 전통적으로 학습문제는 학생이나 교사에 기인하는 것으로 여겨졌다. 그러나 수업은 체제(system)의 일종이기 때문에, 학습 문제는 학생이나 교사 외에 구성요소 간의 관계에서도 발생할 수도 있다. 학생에게 수업이나 과제가 부적절하여 학습문제가 생겨나기도 한다.

그동안의 학습부진은 주로 학생에게서 찾았지만, 수업컨설팅에서 학습부진은 적절한 수업을 받은 후에도 학습에 실패한 경우에만 적용 가능한 것이 된다. 즉, 학습의 실패는 단지 학생의 문제, 교사의 문제가 아니다. 이 문제는 제공되는 수업과 학생의 특성이 맞지 않아서 생겨나기도 한다. 이러한 상태를 Rosenfield(1987)는 '수업 결합의 오류(instructional mismatch)'라고 하였으며, 이를 분석 및 해결하는 활동을 수업컨설팅이라고 하였다.

2) 수업컨설팅의 정의

　수업컨설팅에 대한 정의는 학자에 따라 다양하게 규정된다. 용어는 그 속성들로 정
의된다. 이때의 속성을 정의적 속성(defining attributes)이라고 한다. 이 책에서 사용한
수업컨설팅의 정의도 이러한 속성을 먼저 확인하고, 이를 바탕으로 기술하였다. 수업
컨설팅이 갖고 있는 정의적 속성을 확인하기 위해 국내에서 수업컨설팅을 주제로 이
루어진 연구에서 제시한 수업컨설팅 정의를 먼저 살펴보았다.

표 1-4 수업컨설팅에 대한 정의

연구자	정의
곽영순 외(2007)	실제 교실에서 일어나는 수업 상황을 중심으로 문제점을 진단하고 해결책을 제시하거나 교사 스스로 해결책을 찾도록 안내하는 활동
권덕원(2007)	수업 능력이 검증된 교사가 동료 교사의 수업 개선을 위하여 지도·조언하는 일련의 체계적인 과정
김도기, 김효정 (2013)	수업 관련 의뢰 과제를 해결하고 의뢰인의 수업을 개선하기 위하여, 전문성을 갖춘 교내외 전문가들이 교원을 중심으로 한 학교 구성원의 요청에 따라 제공하는 독립적인 자문활동
변정현(2010)	수업컨설팅은 컨설티가 스스로 수업에 대한 문제를 컨설턴트에게 의뢰하여, 수업의 전문성과 다양한 교육적 경험을 가진 컨설턴트가 수업관찰이나 면담, 자료 분석 등에 기초하여 컨설티의 문제점을 확인하고, 수집된 객관적 자료를 분석하여 문제와 관련된 교사의 수업 수행의 수준을 진단하고, 진단 결과에 따라 적절한 조언과 처방을 내리는 일련의 지원 과정
서우석, 여태철, 류희수 (2008)	학교 수업의 전문가(consultant)가 자발적인 교사들(의뢰인, consultee)의 의뢰에 따라 수업에서의 문제점과 어려움 등에 대해 진단하고 분석하여 이를 해결할 수 있도록 자문하고 대안을 제시해 주는 활동
설규주(2007)	실제 수업 상황에서 수업의 한 주체로서의 교사의 고민, 필요, 딜레마 상황 등에 초점을 맞추어, 수업자 자신, 동료 교사, 외부의 수업컨설팅 전문가 등이 협력하여 지속적으로 수업에 대한 진단, 처방, 실행을 통해 실질적인 개선을 이루어 가는 자기주도적인 전문성 신장의 과정

심미자(2012)	수업 교사가 컨설턴트와 협력하여 자신의 수업에 대하여 진단, 해결방안 모색, 실행을 통해 실질적인 개선을 이루어 가는 자기주도적인 문제해결의 과정
이상수(2010)	체제적 관점에서 수업 개선을 목적으로 이루어지는 수업전문가와 교수자 간의 협력적 문제해결 과정
이용숙(2007)	수업 능력이 이미 검증된 교사들이 동료 교사들의 수업을 개선하도록 도와주는 활동으로, 지도보다는 상담에 초점을 두고 있으며, 장학에 비해 의뢰 교사와 컨설턴트가 더 평등하면서 상호작용적인 관계를 형성하는 활동
이화진, 오상철, 홍선주(2006)	의뢰 교사가 문제를 의뢰하면, 컨설턴트 교사가 수업 전문성 기준과 수업관찰이나 면담, 자료 등에 기초하여 문제점을 확인하고, 수집된 객관적 자료를 분석하여 문제와 관련된 교사의 수행 수준을 진단하고, 진단 결과에 대해 적절한 조언과 처방을 내리는 일련의 문제해결 지원 과정
진동섭, 홍창남, 김도기(2009)	수업 관련 문제를 해결하기 위하여 도움을 요청해 온 교원에게 교내외의 수업 컨설턴트들이 학교컨설팅 방법과 원리에 따라 제공하는 자문 활동
천호성(2008)	컨설턴트와 컨설티가 수업에 대한 공동 이해를 바탕으로 보다 좋은 수업을 실행하는 데 도움이 되는 지식, 경험, 정보를 공유하고 수업과 관련된 제반 사항에 대해 상호협력하는 총체적인 과정
최승현, 황혜정 (2009)	교실수업 장면에서 필요한 교수내용, 방법 및 전략, 분위기 조성 등 수업에 필요한 배경지식, 수업 설계, 수업 실행 등에 초점을 맞춘 것으로 수업전문성 신장과 관련된 컨설팅 활동

이 정의적 특성들을 살펴보면 다음과 같은 문제점들이 나타난다. 첫째, 컨설팅의 목적과 대상을 포함하는 문제이다. 다수의 정의에서 학습 증진을 목적으로 한다는 점과 컨설팅의 주요 주체로서 학생(혹은 학습자)을 언급하지 않는다. 다수의 정의는 수업컨설팅이 '교사의 수업 개선을 위하여'라고 기술하고 있다. 수업개선의 궁극적인 목적은 '학습 개선'이다. 이 점에서 수업컨설팅의 정의에 수업컨설팅의 목적으로 학습 개선 또는 학습의 질 제고를 명시하고, 이를 보다 강조하기 위해 학습자도 표현해야 한다.

둘째, 수업컨설팅 참여자 간의 관계에 관한 문제가 있다. 수업장학에서 장학사와 교사와의 관계는 수직적, 공식적인 반면, 수업컨설팅에서 참여 주체 간의 관계는 수평적, 협력관계에 있다. 〈표 1-4〉에서 일부 정의(권덕원, 2007; 김도기, 김효정, 2013; 이화진, 오상철, 홍선주, 2006; 진동섭, 홍창남, 김도기, 2009)에는 '조언, 처방, 지도' 행위와 같이 수직적 혹은 위계적 관계를 내포하는 속성이 포함되어 있다. 따라서 수업컨설팅의 정의에는 참여 주체 간의 관계가 수평적임을 명시적으로 보여 주는 속성이 포함되어야 한다.

셋째, 컨설턴트는 어떤 사람인가에 대해 규정하고 있는 부분이다. 권덕원(2007)과 이용숙(2007)은 컨설턴트를 '수업 능력이 검증된 교사'라고 정의하고 있고, 이화진, 오상철과 홍선주(2006)는 '컨설턴트 교사'라고 정의하면서 컨설턴트의 범위를 교사로 한정하고 있다. 이는 대부분의 수업컨설팅이 수석교사나 경력교사를 통해 이루어지는 한국의 학교현장에 입각한 정의이나 수업컨설턴트는 교사뿐만 아니라 수업전문가를 포함하므로, 설규주(2007), 이상수 등(2015)에서 언급한 바와 같이 '수업전문가'로 통칭하는 것이 적합하다.

넷째, 수업컨설팅이 반드시 '자발성'을 띠어야 하는가에 대한 문제이다. 자발성이란 수업컨설팅이 의뢰인의 자발적 요청에 의해 시작되어야 하고, 위장된 자발성이 되어서는 안 된다는 것이다(서우석, 여태철, 류희수, 2008). 그러나 수업컨설팅이 학습자의 학습 증진을 목적으로 수업의 문제점을 개선하는 활동이라고 본다면, 수업의 문제를 인식하고 개선이 필요함을 인식하는 주체가 반드시 컨설티(주로 교사)로만 한정될 필요는 없다. 경우에 따라서는 컨설티(주로 교사)의 자발성이 없을지라도 학교장, 학생, 학부모, 조직의 책임자 등 다양한 주체가 의뢰인으로서 컨설팅을 요청할 수 있다. 수업 문제를 개선하기 위한 컨설팅 과정에서 컨설티가 수평적이고 협력적인 관계로 컨설팅에 참여할 수 있다면, 자발성은 컨설팅의 핵심 속성이 아니다. '의뢰 교사가 문제를 의뢰하면(이화진, 오상철, 홍선주, 2006)' '도움을 요청해 온 교원(김도기, 김효정, 2013; 진동섭, 홍창남, 김도기, 2009)' 등의 표현으로 컨설티(의뢰 교사)의 자발성을 정의에 포함할 필요는 없다.

이러한 분석을 바탕으로 정리하면, 수업컨설팅은 '학습자의 학습 증진을 위해 수업 문제를 체제적으로 해결하여 수업을 개선하는 수업전문가와 교수자의 수평적 협력활동'이다. 이상수(2010)는 수업컨설팅을 "학생의 학습개선에 초점을 두고 있으며, 수업 문제를 해결하기 위해 수업에 대해 체제적 관점에서 체계적으로 접근하는 컨설턴트와 컨설티, 즉 수업전문가와 교사 간의 협력적 문제해결 과정"으로 정의하였다. 이 두 가지 정의는 앞서 언급한 Rosenfield(1987)의 정의와 매우 유사하다. 이점에서 이 책에서 제시하는 수업컨설팅은 Ronsenfield(1987)의 주장에 근거하고 있다.

3) 수업장학, 수업코칭과 수업컨설팅

현재 우리나라에서는 수업컨설팅 개념의 모태가 된 수업장학을 포함하여 컨설팅장
학, 학교컨설팅 등의 용어가 수업컨설팅과 관련하여 서로 혼용되고 있다(홍성연, 전영
미, 2013). 또한 수업컨설팅과 수업코칭은 어떻게 다른가에 대해서도 다양한 논의가 이
어지고 있다(Kessel, 2007). 이처럼 다양한 용어가 동시에 사용되면서 나타나는 문제는
이들 용어들이 명료한 개념 구분 없이 학교급이나 강조점에 따라 그때그때 다른 용어
로 사용된다는 점이다(홍성연, 전영미, 2013). 수업컨설팅에 대해 명확하게 이해하기 위
해서 수업코칭, 수업장학의 개념과 비교하여 공통점과 차이점을 분석하였다. 기존 정
의에서 나타난 수업코칭, 수업장학, 수업컨설팅 세 개념은 각각의 고유한 속성도 있고,
다른 개념과 공유된 속성도 있었는데, 수업개선활동이라는 큰 틀 안에서 각 개념을 비
교해 보면 〈표 1-5〉와 같다.

표 1-5 수업장학, 수업코칭, 수업컨설팅의 비교

준거	수업장학	수업코칭	수업컨설팅
목적	학습의 개선	학습의 개선	학습의 개선
출발점	장학 담당자의 필요	교수자, 조직 책임자의 필요	교수자, 조직 책임자의 필요
초점	교수자의 수업 능력 개선	교수자의 수업 능력 개선	교수-학습과정의 개선
관찰 대상	일상적(기획된) 수업	일상적 수업	일상적 수업, 수업 전, 수업 후
분석 대상	교수자의 수업 기술	교수자의 수업 기술	교수자, 학습자, 교육 여건 등 체제 구성요소들
주요 참여자	학교 관리자, 장학사, 교수자	수업전문가, 동료 교수자 등	수업전문가, 교과전문가, 교수자
관계	장학사 주도의 상하관계	전문가와 교수자 상하관계 또는 동반자관계	컨설턴트와 컨설티(주로 교사) 간의 수평적 협력관계

성격	감독, 검열, 지도, 지시	지도, 조언, 지원	참여, 조언, 협력, 지원
문제 원인	교수자의 수업 능력	교수자의 수업 능력	교수자와 학습자(지식과 기술, 동기, 교육 여건 등) 등 다양하고 복합적인 원인
해결 방안	교수자의 수업 능력 향상 전략	교수자의 수업 능력 향상 전략	문제해결을 위한 체제적 접근

출처: 이상수 외(2015), 이재덕(2008), 강선주, 설규주(2007)의 내용을 혼합하여 재구성함.

수업코칭, 수업컨설팅, 수업장학이 공통적으로 가지는 기본적인 속성은 수업 개선과 수업전문성 향상을 의도한 활동이라는 점이다. 각각의 활동이 방법, 역할, 관계, 방향성 등에서 구별되는 차이점이 있는 것은 사실이다. 또한, 통시적인 관점에서 볼 때 우리나라 수업 전문성 신장 활동 체계의 각 요소들은 그 내용의 변화를 겪으면서 그 범위가 넓어졌으며 각각 고유한 활동 체계를 만들어 냈다고 볼 수 있다(김남수, 황세영, 2013). 그렇지만 근본적인 목적은 수업의 개선과 교사의 수업전문성 신장을 위한 활동이라는 점에서 수업코칭, 수업장학, 수업컨설팅은 공통점을 갖는다. 실제로 국내에서 초·중등학교의 수업컨설팅이 발전된 양상을 살펴보면 교육행정의 일환으로 실시되던 '학교장학'이 '수업장학'을 거쳐 수업컨설팅으로 발전해 온 것이며, 결국 수업컨설팅은 수업장학의 변화와 혁신의 산물(홍성연, 전영미, 2013)이라는 주장이 주류를 이룬다. 즉, 세 가지 활동 모두 수업 개선을 목적으로 한다는 공통점이 있다.

활동의 출발점에서 보면, 수업장학은 공식적인 활동으로 주로 장학 담당자에 의해 시작되는 반면 수업코칭과 수업컨설팅은 교수자, 조직 책임자 등의 요청에 의해 이루어진다. 장학담당자는 학교장, 교감, 그리고 장학사 등과 같이 상위 직급자이고, 초임교사나 경력이 적은 교사 등이 대상이다. 수업코칭과 수업컨설팅에는 내·외부의 수업전문가가 참여한다. 수업장학은 '공식적' 활동이다. 수업장학은 전통적으로 시·도교육청 장학사에 의해 이루어지는 경우가 많았으며, 학교와 교사에게 부담으로 다가오는 무게 있는 수업 개선 활동이었다. 최근에는 권위적인 모습과 부정적 인식을 걷어내고자 교내장학, 동료장학, 멘토링장학, 컨설팅장학, 자기장학 등 다양한 방식과 용어로 변화하고 있으나 여전히 공식성을 가지는 행위임은 분명하다. 이에 반해 수업컨설팅은 교육청 주도 수업컨설팅과 같이 공식적인 경우도 있으나 공식성이 반드시 전제되어야 하는 것은 아니다. 교사 개인이 필요에 따라 선택적으로 할 수 있는 활동이며, 자기수업컨설팅 등을 통해 비공식적으로 진행될 여지가 충분하다. 수업코칭은 본래 동료 간에 이루어지는 격식 없는 활동이기에 공식성과는 거리가 멀다.

한편, 수업장학과 수업코칭은 교수자의 수업능력 개선에 초점을 맞추는 반면, 수업 컨설팅은 교수-학습과정의 개선에 초점을 맞춘다. 이는 수업장학과 수업코칭이 수업 컨설팅에 비해 상대적으로 수업보다는 교수자를 분석 대상으로 한 결과로 보인다. 교육현장에서 수업장학과 수업코칭이 이러한 모습을 보이기는 하지만, 이 두 활동도 체제적 접근을 기반으로 한다면 그 초점과 분석 대상 면에서 수업컨설팅과 동일해진다. 즉, 교수자의 수업기술과 수업능력을 포함하여 교수-학습 과정 체제 전체를 분석하고, 이를 개선하는 것에 관심을 가질 수도 있다. 이점을 고려한다면 활동의 초점과 분석 대상은 세 가지 용어를 구분하는 기준으로 보기 어렵다.

관찰 대상 면에서 수업장학과 수업코칭은 일상적 수업을 관찰하고자 한다. 그렇지만, 수업장학은 현실적으로 일상적 수업이라기보다 이를 대비한 '기획된' 수업인 경우가 많다. 수업컨설팅은 일상적 수업과 더불어 이러한 수업의 전후를 모두 관찰 대상으로 한다. 수업컨설팅과 수업코칭은 자발성을 전제로 하고 있으므로, 굳이 '기획된' 수업을 보여 줄 필요가 없다.

주요 참여자 면에서 수업장학에는 교수자와 함께 장학사나 학교관리자가 포함되는 반면, 수업코칭과 수업컨설팅에는 학교관리자 등이 요청은 하지만, 활동에는 참여하지 않는다. 수업코칭과 수업컨설팅은 수업전문가와 교수자 간의 활동이다. 수업코칭은 동료교수자 간에 이루어지기도 한다. 참여자의 차이는 이들 간의 관계에도 영향을 미친다. 수업장학은 상하관계가 공식적으로 형성되어 있다. 수업코칭은 상하관계가 형성되기가 쉽지만, 동반자 관계가 이상적이다. 수업컨설팅에서는 참여자 간에 수평적 협력관계가 형성될 때 좋은 효과를 얻을 수 있다.

활동의 성격 면에서 보면 수업장학은 감독, 지도, 지시 등과 같은 형태로 이루어진다. 지도(指導)는 누군가를 가르친다는 의미를 담고 있기 때문에 수평적인 행위로 보기 어렵다. 수업코칭과 수업컨설팅에 대한 정의에는 이러한 단어가 전혀 나타나지 않는다. 다만, 수직적, 권위적 등의 표현은 부정적으로 인식되기 때문에 수업장학에 대한 최근 정의에는 이러한 의미를 담은 표현이 거의 사용되지 않는다. 수업코칭과 수업컨설팅은 주로 조언과 지원의 형태로 이루어지고, 특히 수업컨설팅은 쌍방이 협력하여 해결하는 형태를 취한다.

문제의 원인을 탐색할 때 고려하는 변인의 범위 면에서 수업장학, 수업코칭, 수업컨설팅은 차이가 있다. 수업장학과 수업코칭은 교수자의 수업능력에서 주로 원인을 찾는 반면, 수업컨설팅은 수업을 구성하는 교수자 변인, 학습자 변인, 교육 여건 등 다양한 요인을 체제적 관점에서 분석하고, 문제의 원인을 탐색한다. 그렇지만, 앞서 활동의 초점과 분석 대상과 마찬가지로 수업장학과 수업코칭이 반드시 교수자의 수업능력에서 문제의 원인을 찾아야 할 이유는 없으며, 수업컨설팅과 동일하게 체제를 구성하는 제 요인을 고려하여 원인을 찾기도 한다.

활동에서 추구하는 해결 방안 면에서 수업장학과 수업코칭은 교수자의 수업 능력에 초점을 맞추는 반면, 수업컨설팅은 수업 문제에 대한 진단, 진단에 따른 적절한 처방, 처방의 실행을 통한 문제해결을 위한 체제적 접근의 특성을 보인다. 일반적으로 수업장학과 수업코칭은 수업의 문제를 진단하고 이를 해결하기 위한 절차를 밟지는 않는다. 수업장학에서는 장학활동 중에 문제가 발견되면 이를 알려 주고, 그에 대한 해결책을 제시하거나 교수자에게 찾아낼 것을 지시한다. 수업코칭도 교수자의 수업활동에 대한 조언 위주로 이루어진다. 물론, 수업장학과 수업코칭에서 문제를 진단하고, 그 해결 방안을 체제적으로 모색하기도 한다. 그렇다고 해서 이를 수업컨설팅으로 분류하지는 않는다. 즉, 해결 방안의 특성도 이 세 가지 활동을 구분하는 기준은 아니라는 것이다.

이상을 정리하면, 수업장학은 상하관계에 있는 장학사가 교수자에게 지도와 지시 중심의 공식적 활동이라는 점에서 수업코칭, 수업컨설팅과 명확하게 구분된다. 이에 비해 수업코칭은 상당 부분 수업컨설팅과 유사한 특성을 갖고 있다. 수업코칭은 참여 주체 간에 수평적·협력관계가 필요조건에 해당한다. 자발성과 자기주도성은 수업컨설팅과 수업코칭의 정의에서 공통적으로 등장하는 속성이다. 수업코칭에서도 수업컨설팅과 마찬가지로 교사에게 '성찰'과 '실천'을 요구한다. 성찰과 실천은 자기주도성이 전제되지 않으면 이루어질 수 없는 행위이다. 수업코칭은 교사가 스스로 자신의 수업을 성찰하고, 스스로 문제점을 도출하고, 아는 것을 행동으로 옮겨 보는 것이 핵심이다. 다만, 교육현장에서 목격되는 수업코칭은 아직도 문제의 진단에서 해결까지 체제적인 접근을 취하는 경우가 드물고, 문제의 원인을 단지 교수자의 능력에 국한하고, 이를 향상하기 위한 방안 모색에 초점이 맞춰져 있다. 수업컨설팅을 한다고 하면서도 이러한 수업코칭처럼 체제적 접근을 소홀히 하기도 한다. 그렇지만 적어도 이 책에서 제시한 수업컨설팅의 정의에 의하면 이것은 수업컨설팅으로 분류되지 않는다.

4) 수업컨설팅의 필요성

학교교육의 핵심은 수업이라는 주장에 이의를 제기하는 사람은 많지 않을 것이다. 모든 학교행정과 환경은 교사와 학생들이 만나 직접 가르치고 배우는 활동이 이루어지는 수업을 지원하기 위한 것들이다. 실제 학교교육에서 교육활동이 일어나는 핵심적인 활동이 곧 수업이다. 이러한 가정에 기초하여 최근 들어서는 수업의 변화를 통해 학교교육을 혁신하려는 움직임이 많이 있다. 교사와 학생들의 관계, 소통, 수업모형과 전략, 평가 방법, 수업풍토, 수업매체 등의 개선을 통해 학교교육이 개선될 수 있다는 것이다. 지금까지 우리나라에서 학교교육을 개혁하기 위한 방법으로 정부 주도의 상위하달 방식의 정책이 많이 실행되었다. 그리고 대부분의 정책이 성공보다는 실패하는 경우가 많았다. 이러한 정책이 실패한 원인은 다양하지만, 그중에 수업의 변화까지 이끌어 내지 못했다는 점도 있다. 열린교육도 정부 주도로 교실의 벽을 허물고 문을 없애는 등의 활동이 있었지만 결국 수업에서의 열린 교육으로까지 이끌어 내지 못해 실패하고 말았다. 물론 수업의 문제가 아닌 전체 사회의 체제적 관점의 문제이기도 하지만 공교육 정상화를 위한 많은 정책 또한 실제 수업의 변화까지 영향을 미치지 못하고 있다. 이런 접근이 실패한 것은 실제 수업을 담당하고 있는 교사의 교육현장에서 수행을 변화시키지 못했기 때문이다. 수업이 변화하지 않으면 교육은 여전한 것이다.

수업 변화를 위해 교사들의 수업 역량을 향상시키기 위한 정책으로 현장연수를 많이 실시하고 있다. 하지만 교사들의 반응에 따르면 연수를 받을 때는 이해가 가지만 실제 학교현장에서는 연수받은 내용을 실천하기 어렵다고 한다. 그 이유로 첫째, 연수 방법의 문제이다. 연수의 대부분이 강의 중심으로 이루어지며 단순 지식 전달 수준이기 때문에 학교 현장에서 수업에 적용하기 위한 실천적 지식이 되지 못한다는 것이다. 연수가 실습 위주의 실천적 형태로 변하지 않으면 수업에 아무런 도움이 되지 않는다는 것이다. 둘째, 학교현장의 여건 때문이다. 새로운 수업방법을 실천하기 위해서는 교사들이 수업 연구를 하고 새로운 수업을 설계해야 하며 수업에 필요한 자원들을 개발하는 시간이 필요하다. 하지만 이런 노력을 할 여유 시간을 갖기 힘들고 또한 이들 노력에 대한 적절한 보상체제가 없다. 과다한 학교 업무로 수업연구를 할 시간이 없고 아무리 노력을 해도 그에 적절한 인지 시스템이 없다면 수업의 변화를 가져오기 쉽지 않다. 셋째, 현장의 맥락성으로 인한 문제이다. 수업현장은 수업 환경, 학생, 학교 환경 등 다양한 요인에 영향을 받는다. 따라서 실제 학교 현장의 독특한 맥락에 따라 수업을 진행하다 보면 연수 과정에 배웠던 내용을 적응적으로 변화시켜 적용하여야 한다. 하지만 지식 중심의 연수 결과로는 이러한 역량을 이끌어 내지 못한다. 현장에서 실제 수업과정에서 발생하는 다양한 문제에 대해 수업 전문가의 직접적 도움이 필요하다.

수업컨설팅은 이러한 현장연수의 문제점을 극복하고 수업의 실제적 변화를 가져올 수 있는 실용적인 접근 방법이라 할 수 있다. 수업컨설팅은 수업전문가가 교사들의 수업 현장을 방문하여 수업의 문제를 진단하고 현장에서 실천 가능한 문제해결 방법들을 제공해 줄 수 있다. 특히 교사들과 함께 수업을 분석하고 문제를 진단하여 그 원인을 분석하고 문제해결 방법의 도출 과정에서 교사들과 협력을 통해 이루어짐으로써 수업컨설턴트가 학교를 떠난 다음에도 교사 스스로 자신의 수업을 분석하고 개선하기 위한 역량을 갖추게 할 수 있다. 즉, 수업컨설팅 역량의 공유와 위임 과정을 통해 동료 컨설팅과 자기컨설팅을 할 수 있는 역량이 함께 함양될 수 있게 된다.

수업컨설팅은 지금까지의 학교 개혁 접근과는 달리 현장 교사들의 실제 수업개선을 이끌어 냄으로써 교사의 마인드 변화, 실제 교사의 수업 변화, 미래 수업 변화를 위한 역량의 함양, 현장에서의 맥락적 문제해결이라는 차원에서 매우 효과적인 학교개혁 및 수업 개혁의 도구로 활용될 수 있는 장점이 있다. 수업컨설팅에 대한 기존의 연구를 살펴보면 수업컨설팅은 교사와 수업에 대한 지속적이면서도 깊이 있는 영향력을 제공하는 큰 잠재력을 가진 서비스로 평가되고 있다(Brinko & Menges, 1997). 수업컨설팅의 효과성을 검증하는 연구가 많이 진행되어 왔으며 대부분의 결과는 긍정적인 결과를 보여 주고 있다. 이들 연구 결과에 따르면 수업컨설팅은 학생의 학습과 교사들의 수업능력 개선에 큰 효과가 있는 것으로 밝혀지고 있다(Fuchs, Fuchs, & Bishop, 1992; McKenna, Rosenfield, & Gravois, 2009; Rosenfield, Silva, & Gravois, 2008). 수업컨설팅은 또한 교사들이 미래에 비슷한 문제에 직면해도 잘 해결할 수 있다는 확신을 제공하고(Knotek, Rosenfield, Gravois, & Babinski, 2003), 교사들의 만족감, 새로운 전략의 습득과 실행 능력의 증가(Rosenfield, Silva, & Gravois, 2008), 교사의 수업문제에 대한 사고방식의 변화를 가져온다고 보고하고 있다(Knotek et al 2003; Rosenfield et al., 2008). 수업컨설팅은 무엇보다도 긍정적이고 장기적인 수업개선 효과(Sheets & Henry, 1988; Stevens & Aleamoni, 1985; Wilson, 1986)를 가져온다고 연구되고 있다.

제2장
수업컨설턴트의 역할 및 역량
INSTRUCTIONAL CONSULTING

1. 수업컨설턴트의 역할

수업컨설턴트는 수업컨설팅의 목적을 효과적으로 달성하기 위하여 컨설티인 교사와 협력관계를 유지해야 한다. 수업컨설팅이 이루어지는 과정은 컨설티 교사와 지속적으로 논의하면서 더 나은 수업이 될 수 있도록 개선하는 연속적인 활동이다. 그렇기 때문에 수업컨설턴트가 컨설팅을 받고 있는 교사의 문제점을 지적하거나 수업에 대해서 조언을 할 수 있지만, 수업컨설팅 과정은 지식을 전달하듯 일방적인 지식전달 방식으로 이루어지는 것이 아니다. 교사도 능동적으로 수업컨설팅 과정에 참여함으로써 문제해결을 위한 개선안을 도출하는 과정이 촉진될 수 있다.

수업컨설턴트는 수업이라는 특수 상황과 컨설턴트로서의 역할을 동시에 고려해야 한다. 여기에서는 수업컨설턴트의 역할을 구체적으로 규명하기 위해서 Dougherty(2008)가 주장한 컨설턴트의 일반적인 역할에 맞춰 수업컨설턴트의 네 가지 역할 요인을 구분했다. [그림 2-1]은 수업컨설턴트의 네 가지 역할을 강조하여 CASE 모형이라고 명명한 역할모형이다. 수업컨설턴트는 "교사와의 협력관계를

[그림 2-1] 수업컨설턴트의 역할(CASE 모형)

유지하면서 컨설팅을 수행하기 위해서는 협력자(collaborator), 변화수행자(agent for change), 지지자(supporter), 수업전문가(expert of instruction)의 역할"을 수행해야 한다. 네 가지 역할을 자세히 살펴보면 다음과 같다.

1) 협력자

수업컨설턴트는 교사에 대한 협력자(collaborator) 역할을 수행해야 한다. 효과적인 수업컨설팅을 위해서 교사와의 협력적인 관계를 형성하는 것이 가장 중요하다. 수업의 문제점을 찾고 해결방안을 도출하기 위해서는 교사와 함께 논의하고 문제해결 과정을 따라야 하기 때문이다. 수업컨설팅 과정에서 개선안이 도출되었다고 하더라도 그것의 실행 여부는 전적으로 교사의 판단에 달려 있다. 그렇기 때문에 수업개선안을 지속적으로 추진하려는 교사의 실행의지를 이끌어 내기 위해서는 수업컨설팅 과정에서 협력적인 접근이 필요하다. 교사와의 협력관계를 형성하기 위해서 수업컨설턴트는 수업을 이해하고 설득할 수 있는 능력이 있어야 한다.

2) 변화 수행자

수업컨설턴트는 수업개선을 위하여 기존의 수업체제나 학교풍토를 변화시킬 수 있는 변화 수행자(agent for change)의 역할을 해야 한다. 수업컨설턴트는 교사와 협력하여 교사 본인의 수업뿐만 아니라 학교풍토를 개혁적으로 변화시키는 역할을 수행할 필요가 있다. 수업개선을 위해서는 교실에서의 수업만이 중요한 것이 아니라 학교의 조직문화 개선도 중요하기 때문이다. 그런데 이런 변화 과정에서 저항이나 반대를 하는 교사들이 나타날 수 있기 때문에 효과적으로 변화를 이끌어 내기 위해서는 설득과 공유 그리고 이해를 통해 이런 사람들이 변화에 자연스럽게 동참하도록 하는 역할을 해야 한다. 이러한 변화를 수행하는 과정에서도 수업컨설턴트로서의 생각을 일방적으로 주장하기보다는 새로운 변화에 대한 공감대를 이끌어 내야 한다.

3) 지지자

수업컨설턴트는 교사를 도와주는 지지자(supporter)이며, 수업컨설팅은 교사의 활동을 지원하고 옹호하기 위한 것이다. 이것은 수업개선에 필요하다고 생각되는 바람직한 활동을 교사가 수행할 수 있도록 지원하는 역할을 의미한다. 이런 과정도 수업컨설턴트와 컨설티인 교사와의 상호지원의 관계에서 이루어져야 한다. 그 이유는 아무리 효과적인 개선이 제시되었다고 하더라도 수업컨설턴트에 의한 일방적인 주장이 아닌 지지에 근거한 설득이 중요하기 때문이다.

4) 수업전문가

수업컨설턴트는 수업에 대한 다양한 전문적인 지식과 기술을 갖고 있는 수업전문가(expert of instruction)가 되어야 한다. 수업컨설팅은 수업을 이해하고 수업과정을 분석하며 수업에서 발생하는 상호작용에 대한 전략적인 설계와 조언의 과정이다. 그렇기 때문에 수업컨설턴트는 수업전문가로서 수업설계, 수업방법, 수업매체, 수업평가, 수업 분석, 수업개선전략 등 수업영역에 대한 다양한 전문 지식을 필요로 한다. 또한 수업컨설턴트는 수업의 문제점을 진단하고 해결책을 찾기 위한 객관적인 사실이나 정보의 수집 및 분석능력을 갖추고 있어야 한다. 수업컨설팅의 결과를 바탕으로 수업개선을 위한 수업기술을 제공하고 교육훈련을 제공해야 하기 때문이다.

2. 수업컨설턴트의 기초역량과 지식

수업컨설턴트가 되기 위해서는 수업컨설팅에 필요한 지식, 기술, 사고방식 등을 갖추고 있어야 한다. 어떤 영역에서 전문가가 되기 위해서는 전문지식 및 행동 특징을 갖추고 있어야 하는데, 이러한 일반적인 행동특징을 역량(competency)이라고 한다. 역량은 전문가의 성공적인 수행을 위해서 공통적으로 요구되는 능력을 뜻한다(최영진, 김도기, 주현준, 2011). 유능한 수업컨설턴트에게 필요한 역량은 기초역량(fundamental competency)과 핵심역량(primary competency)으로 구분해 볼 수 있다. 기초역량은 성공적인 수업컨설팅을 수행하기 위해서 갖추고 있어야 하는 토대 지식 및 기술을 의미한다. 핵심역량은 수업컨설팅에 필요한 구체적인 지식 및 기술을 지칭한다(배미은, 이은택, 김희은, 2016; 이유나, 강정찬, 오영범, 이상수, 2012). 수업컨설팅의 핵심역량에는 수업개선을 위한 진단, 원인 분석, 해결방안의 제시, 컨설팅 결과에 대한 평가를 수행할 수 있는 지식과 기술이 포함되어 있다. 이러한 수업컨설팅 역량에 대한 내용은 2부에서 다루기로 한다.

이 장에서는 수업컨설턴트에게 필요한 다섯 가지 기초역량인 의사소통, 수업 분석, 수업 이론, 수업 연구, 윤리준수에 대해서 살펴볼 것이다. 수업컨설턴트가 되기 위해서는 이러한 기초역량을 바탕으로 2부에서 다룰 수업컨설팅에 대한 구체적인 지식과 기술을 습득해야 한다.

첫째, 수업컨설턴트는 컨설티 교사와 의사소통을 원활하게 할 수 있는 역량을 갖고 있어야 한다. 의사소통 역량은 교사와의 협력적인 상호작용을 유지하는데 필요한 능력이다. 수업컨설턴트는 대인관계 기술이나 의사소통 능력을 중심으로 교사와의 긴밀한 의사소통 구조를 형성할 수 있어야 한다. 의사소통을 구성하는 하위지식 및 기술은 대인관계 기술과 의사소통 능력으로 나눌 수 있다.

둘째, 수업컨설턴트가 되기 위해서는 수업과정을 이해하기 위한 수업 분석 역량을 갖춰야 한다. 이 역량은 수업의 문제점을 파악하기 위한 것으로 수업이 진행되고 있는 현상을 분석적으로 해석할 수 있는 능력이다. 수업은 학생-교사-학습 내용이 역동적으로 작용하는 과정이다. 그렇기 때문에 수업의 문제점을 파악하기 위해서는 수업현상을 이해하고 수업의 문제를 유발하는 원인을 도출할 수 있어야 한다.

셋째, 수업컨설턴트가 되려면 수업이론에 대한 충분한 지식을 갖추고 있어야 한다. 수업이론은 수업개선에 필요한 수업설계이론이나 수업방법을 제시할 수 있는 지식이다. 수업컨설턴트는 수업이론을 바탕으로 수업개선에 필요한 수업모형을 제시하거나 특정한 수업문제의 원인이 무엇인지를 평가한다. 따라서 수업컨설턴트는 교사들에게 수업을 효과적으로 진행하기 위한 수업방법이나 전략에 대한 조언도 할 수 있어야 한다.

넷째, 수업컨설턴트는 수업연구를 수행할 수 있는 연구역량을 갖추고 있어야 한다. 수업컨설턴트는 제시한 수업개선안이 효과적으로 작용하고 있는지와 수업문제가 제대로 해결되었는가를 평가할 수 있어야 한다. 이와 같이 수업컨설팅의 결과가 효과적이었는지를 평가하기 위해서는 수업연구에 필요한 분석역량을 갖고 있어야 한다.

다섯째, 수업컨설턴트는 수업컨설팅과 관련된 윤리준수 역량을 갖추고 있어야 한다. 수업컨설팅은 수업컨설턴트와 컨설티 사이의 상호신뢰에 근거하고 있다. 수업컨설팅이 원활하게 진행되기 위해서는 수업컨설턴트가 컨설티에게 윤리적으로 믿음을 주어야 한다. 수업컨설팅이 진행되는 과정에서 생성되는 일체의 내용은 철저하게 비밀을 보장해야 한다. 이러한 윤리준수가 지켜지지 않는다면 컨설티는 수업컨설턴트와의 신뢰관계를 형성할 수 없다. 수업컨설턴트는 정직을 바탕으로 끊임없이 수업을 개선하기 위한 솔선수범을 보여야 한다.

[그림 2-2]에서 보는 바와 같이 수업컨설팅이 효과적으로 이루어지기 위해서는 기초역량을 기반으로 수업컨설팅 핵심역량을 습득해야 한다. 〈표 2-1〉은 기초역량에 대한 지식 및 기술에 대한 설명이다. 또한 각 기초역량을 보여주는 행동지표를 제시하고 있다.

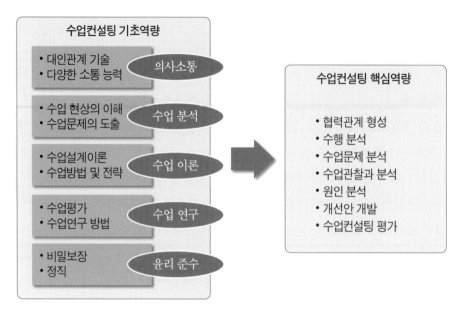

[그림 2-2] 수업컨설팅을 위한 기초역량과 핵심역량

표 2-1 수업컨설턴트를 위한 기초역량

기초역량	지식 및 기술	행동지표
의사소통	• 대인관계 기술 • 의사소통 능력	• 수업개선을 요청한 컨설티와의 원활한 의사소통을 바탕으로 협력적인 관계를 구축한다.
수업 분석	• 수업 현상의 이해 • 수업문제의 도출	• 수업과정을 충분히 이해함으로써 수업에서 발생하고 있는 문제점이 무엇인지 도출할 수 있다.
수업 이론	• 수업설계이론 • 수업방법과 전략	• 수업 개선에 필요한 수업이론, 수업방법, 수업전략 등을 적절하게 활용할 수 있다.
수업 연구	• 수업평가 • 수업연구 및 개선	• 개선안을 적용하기 위하여 지속적으로 수업평가와 수업연구를 수행할 수 있어야 한다.
윤리 준수	• 비밀보장 • 정직	• 신뢰를 형성하기 위해서는 비밀을 보장하고 수업개선을 위한 노력을 보여야 한다.

1) 의사소통

교사와 협력관계를 형성하려면 원활한 의사소통이 중요하다. 교사가 지각하고 있는 수업의 문제점이나 학교풍토에 대하여 자유롭게 의사소통을 함으로써 협력관계를 구성할 수 있기 때문이다. 협력관계 형성을 위한 역량을 구성하는 하위지식 및 기술은 대인관계 기술 및 의사소통 기술이다.

(1) 대인관계 기술

수업컨설턴트는 교사와 협력관계를 잘 유지하기 위해서 교사와의 원만한 대인관계를 형성해야 한다. 첫째, 대인관계를 형성하기 위해서 수업컨설팅이 수업장학과 같이 교정이나 지도 과정이 아니라는 점을 알려 줘야 한다(이상수, 2010). 이를 위해서 수업컨설턴트는 수업컨설팅은 수업장학식의 지도활동이 아니라는 점을 설명하고 교사와의 협력적인 관계를 희망한다는 의사를 전달해야 한다. 수업컨설팅이 진행되는 과정에서 교사를 편안하게 만들어 주어야 하고, 교사를 평가하는 형태의 말투를 사용해서는 안 된다.

둘째, 수업컨설턴트는 교사의 적극적 참여를 유도함으로써 수업컨설팅에 대한 긍정적인 기대감을 갖도록 해야 한다. 교사가 자발적으로 수업컨설팅에 참여했다면 수업개선을 위한 명확한 목표를 함께 설정함으로써 자신의 수업이 성장할 수 있다는 믿음을 주어야 한다(이유나, 강정찬, 오영범, 이상수, 2012). 만일 수업컨설팅이 교사의 자발적인 의사에 의한 것이 아니라면 수업컨설팅을 통해 무엇을 얻을 수 있는지에 대한 비전을 함께 만들어야 한다. 이때 중요한 것은 교사의 관점에서 교사가 원하는 수업개선 방향을 설정하는 것이다. 수업컨설팅이 진행되는 과정에서 수업컨설팅의 핵심 책임자는 교사 자신이라는 점을 강조해서 수업개선에 대한 주인의식을 갖도록 해야 한다.

셋째, 수업컨설팅 과정에서 교사가 수업컨설턴트의 전문성을 인지하도록 해야 한다. 수업컨설턴트는 너무 잘난 척을 해서도 안 되며 너무 겸손한 모습을 보임으로써 전문성이 결여된 것 같은 모습을 보여서도 안 된다. 수업과 관련된 역량을 충분히 갖춤으로써 전문적인 지식을 활용해서 수업문제를 분석하고 이론에 근거한 개선을 제시해야 한다. 수업컨설턴트는 교사의 상황을 정확하게 판단하고, 명확한 용어와 상냥한 태도를 보임으로써 의사소통이 촉진되도록 해야 한다.

(2) 의사소통 기술

의사소통 기술은 질문하기, 탐색하기, 바꾸어 표현하기, 방향 바꾸기, 다양한 관점 격려하기, 종합하기, 다리 놓기 등의 다양한 전략으로 구성되어 있다(정혜선, 2005; Kampwirth, 2006). 비언어적 소통의 기술로는 경청, 목소리, 눈 맞춤, 얼굴표정, 침묵, 신체언어, 공간, 열정 표현, 외모 등이 있다. 여기에서는 의사소통을 높이는 데 가장 큰 역할을 하는 질문 방법에 대해서 살펴본다.

질문은 수업컨설턴트가 가장 많이 사용하는 중요한 소통의 기술이다. 질문은 시기 적절해야 하며 명료해야 한다. 질문은 개방형과 폐쇄형 그리고 직접적과 간접적 질문으로 구분할 수 있다. 개방형의 경우는 무엇을, 어떻게, 왜 등의 형태로 질문이 이루어진다. 개방형 질문은 아이디어를 만들어 내거나 상대방의 이해 정도나 태도 등을 알아보기에 적합한 방법이다. 폐쇄형 질문은 '예/아니요?' 같은 단순 형태로 답을 하게 하는 질문으로 "이번 주에도 철수가 문제행동을 보였나요?" "선생님은 수업문제가 학교의 잘못된 정책에 의해 발생한다고 생각하십니까?" 등이 대표적인 예이다. 폐쇄형 질문보다는 가능한 개방형 질문을 통해 다양한 정보를 탐색하는 것이 좋다.

직접질문은 "선생님 반 아이들의 학습동기가 다른 반 아이들에 비해 떨어지는 근본 원인이 무엇이라고 생각하십니까?"와 같이 명확한 정보를 얻기 위해 사용된다. 반면에 간접질문은 "선생님 학급의 학습 동기는 다른 학급 학생들과 비교하여 어떻습니까?"와 같이 질문을 하는 것이다. 이렇게 질문하는 것은 수업컨설턴트가 실제로 동기 수준이 낮다는 사실을 몰라서 하는 것이 아니다. 오히려 이와 같은 간접질문을 통해서 학생들의 낮은 학습동기에 대해서 교사가 어떻게 판단하고 있는가를 확인하기 위한 것이다. 그런데 교사가 부정적 피드백에 매우 민감해 하는 특성을 가지고 있다면 직접질문보다는 간접질문을 통해 자연스럽게 교사에게 필요한 이야기를 시작하는 전략을 사용할 필요가 있다.

2) 수업 분석

(1) 수업현상의 이해

수업컨설턴트에게 가장 중요한 지식 중 하나는 수업현상을 이해할 수 있는 능력이다. 수업은 역동적으로 진행되기 때문에 체제적인 관점에서 분석하는 것이 바람직하다(Reiser & Dempsey, 2017). 체제적인 관점에서는 수업을 일정한 틀(투입, 과정, 산출, 피드백)에 따라서 분석하기 때문에 다양한 문제점을 고려하면서 종합적인 판단을 할 수 있다. 만약 수업컨설턴트가 수업과정에 대한 종합적인 이해능력이 없다면, 수업문제를 진단하기 어렵다.

또한 수업컨설턴트는 수업현상에 대한 철학적 견해를 갖고 있어야 한다. 수업컨설팅은 교사가 갖고 있는 수업문제를 해결해 주는 것이 목적이지 컨설턴트가 가지고 있는 견해나 철학을 강요하는 것은 아니다. 그렇지만 수업컨설턴트가 좋은 수업에 대한 자신의 철학적 견해나 이론적인 근거를 전혀 가지고 있지 않다면 수업 개선안의 구상 단계에서 좋은 수업을 위한 전략의 방향성을 잃을 수 있다. 특히, 수업컨설팅이 진행되기 위한 예비 단계에서 컨설턴트가 수업의 방향성을 제시해야 하며 때로는 교사의 저항을 극복하고 새로운 비전의 제시와 비전 성취를 위해 적극적인 설득 작업이 필요하다(이상수, 2010). 이를 위해서 수업컨설턴트는 좋은 수업에 대한 자신의 철학적 견해를 갖는 것이 필요하다.

(2) 수업 분석 및 관리 지식

수업컨설팅의 핵심 과정 중 하나는 수업 분석을 통해 수업문제를 진단하고 그 원인을 찾아내는 것이다. 만일 수업문제와 원인이 잘못 진단된다면 수업컨설팅의 전 과정이 잘못 전개될 수 있다. 따라서 수업컨설턴트는 수업 분석에 대한 전문지식을 갖고 있어야 한다. 수업 분석을 통하여 수업과정에서 발생하는 수업 요인들의 관계를 파악하고, 이를 토대로 수업의 문제점이 무엇인지 밝히게 된다. 이러한 관점에서 수업 분석은 "교수 및 학습의 과정에서 이루어진 모든 사실과 현상을 비판적인 시각으로 보고 교수학적 이론을 배경으로 그 적절성을 검토하는 일"로 정의될 수 있다(천호성, 2014).

이 정의에 따르면, 수업 분석은 수업의 결과뿐만 아니라 과정적인 차원에서 어떻게 수업이 진행되었는지를 알 수 있는 체계적인 해석이라고 할 수 있다. 넓은 의미에서 수업 분석은 수업을 구성하고 있는 법칙이나 원리를 분석적으로 밝히기 위한 종합적인 수업연구 활동이다.

또한 수업컨설턴트는 수업관리에 대한 전문지식을 갖고 있어야 한다. 수업관리는 수업 효과를 높이기 위한 수업시간 관리, 학습 환경 관리, 수업규정 관리, 학생 통제 등이 포함된다. 일반적으로 수업에 관한 기초적인 규칙을 정해 놓고 수업을 관리하는 것이 효과적이다(Emmer & Evertson, 2012). 예를 들어, 수업시간 방해, 수업자료를 가져오지 않는 행동, 수업에 적극적인 참여, 모둠활동의 절차 등과 같이 수업과 관련된 행동 규칙을 미리 정하는 것이다. 이와 같이 수업과 관련된 규칙을 정하면, 교사가 따로 설명을 하지 않더라도 학생 스스로 규칙에 따라 행동하게 된다. 그렇게 되면 시간도 절약되고 학생들은 명확한 규칙을 지키려는 노력을 하게 된다. 그러나 이러한 규칙이 없는 수업은 매 시간마다 교사가 학생들과 수업을 통제하는 데 많은 시간을 투자하게 되고 학생들 역시 교사의 지침만을 기다리게 된다. 효과적인 수업을 위해서는 적절한 수업관리 전략이 필요하며 수업컨설턴트는 이런 전략에 대해서도 전문적인 지식을 가지고 있어야 한다.

3) 수업이론

(1) 수업설계이론

수업컨설턴트는 수업현상에 대한 이해를 기초로 하여 다양한 수업이론에 대해서도 전문적인 지식을 갖고 있어야 한다. 수업이론은 학습이론과는 다르다. 학습이론은 학습이 일어나는 과정을 설명하기 위한 것이지만, 수업이론은 어떤 방식으로 가르쳐야 한다는 처방적인 성격을 가지고 있다(변영계, 이상수, 2003). 예를 들어, 학습동기에 관한 학습이론은 학생들이 왜 학습동기가 낮아지고 혹은 높아지는지 그 원인을 찾고 설명하기 위한 것이다. 그러나 수업이론은 원인에 대한 설명보다는 학습동기가 낮은 학생들의 학습동기를 높이기 위해 어떻게 수업을 해야 하는지에 초점을 두고 있다. 수업이론을 처방적이라고 하는 것은 이와 같이 어떤 목표를 달성하기 위한 실천적 방법을 제시하고 있기 때문이다.

수업컨설턴트는 수업설계에 대해서도 전문지식을 갖고 있어야 한다. 수업설계는 효과적이고 효율적인 수업을 계획하기 위해 다양한 이론을 적용하는 과정이다(임철일, 2012). 수업설계는 요구분석 과정을 통해 수업목적을 규정하고 학생, 학습 내용, 학습 환경의 맥락적 성격에 따라 적절한 수업 내용을 선정하고 수업 전달 전략과 매체 그리고 평가방법 등을 계획하는 과정이다. 그리고 수업이 실행된 후에는 그 결과를 반영하여 다음 수업을 개선하기 위한 재설계 과정도 포함하고 있다(Reiser & Dempsey, 2017). 따라서 수업컨설턴트는 이러한 수업설계에 대한 지식을 바탕으로 효과적인 수업방법을 제시해야 한다.

(2) 수업방법과 전략

수업방법과 전략은 수업목적을 달성하기 위해서 교사가 적용할 수업활동을 의미한다. 여기에는 수업모형과 차시별 수업전략도 포함된다. 수업모형은 프로젝트학습, 협동학습, 문제중심학습, 발견학습, 토의학습과 같이 정형화된 수업과정을 의미한다(임철일, 2012). 그리고 수업전략은 수업과정에서 적용할 수 있는 발문 전략, 수업 화법, 학습동기 전략, 학생 활동 전략, 내용 제시 전략, 암기전략, 부호화 전략, 평가 전략 등 다양한 미시적 활동을 지칭한다. 수업컨설턴트는 이러한 전략을 잘 알고 있어야 하며, 수업에 대한 개선안을 제시할 때 수업문제 해결에 적합한 수업모형과 구체적인 수업전략을 제시할 수 있어야 한다.

수업매체는 수업방법을 구성하는 중요한 요인 중 하나이며, 수업 내용을 전달하고 수업방법을 적용하는 데 항상 고려해야 하는 중요한 요인이다(정현미, 김광수, 2012). 예를 들어, 디지털 시대를 살고 있는 학생들은 디지털 혹은 소셜 미디어를 통해 정보를 수집하고 처리하는 데 익숙하다. 그렇기 때문에 수업에서도 이러한 학생의 특성에 맞게 다양한 소셜 미디어를 사용한 멀티미디어적 소통을 통해 학습활동이 이루어져야 할 필요성이 강조되고 있다. 수업컨설턴트는 다양한 수업매체, 즉 동영상, 사진 자료, 사운드 자료 등을 활용한 수업뿐만 아니라 인터넷을 활용한 수업형태에 대한 전문적인 지식도 갖추고 있어야 한다.

4) 수업연구

(1) 수업평가

수업컨설턴트는 교사에게 제시한 수업 개선안이 효과적이었는지를 평가할 수 있어야 한다. 수업평가를 통해서 수업 개선안이 수업문제를 해결했는가를 확인하기 위한 것이다. 수업 개선안이 적용된 이후에 실제로 수업문제가 개선되었다면, 성공적인 수업컨설팅이 진행된 것이다. 수업평가를 수행하기 위해서는 질적·양적 분석 방법을 잘 알고 있어야 할 뿐만 아니라 수업문제에 적합한 수업관찰 도구들을 선정하여 활용하는 능력도 필요하다. 이러한 수업 분석 방법과 도구들에 대해서는 수업컨설팅 과정에 대한 설명에서 보다 자세히 다룰 것이다.

(2) 수업연구 및 개선

수업컨설턴트는 지속적으로 수업현장에 대해서 관심을 갖고 수업을 개선하기 위한 방법을 탐구해야 한다. 그래서 수업컨설턴트는 현장연구방법이나 설계기반연구(design-based research)와 같은 수업개선을 위한 연구방법론과 수업에 대한 변화 관리 혹은 수업혁신 또는 개선 등의 방법론에도 전문성을 가지고 있어야 한다. 이러한 방법론적 지식이 많아질수록 수업문제를 개선하기 위한 다양한 전략을 적용할 수 있다.

수업컨설턴트의 핵심적 지식 중 하나는 수업설계가 제대로 이루어졌는지를 진단하고 처방하는 것이다. 수업컨설팅의 원인 진단 과정은 수업 분석 과정을 통해 잘못된 수업활동을 찾아내는 것이다. 수업문제를 유발하는 원인을 살펴보면, 학생 수준에 맞지 않는 수업 난이도, 수업의 양, 수업매체의 선택, 수업전략의 적용, 학습 환경 등과 같이 다양하다. 만약 수업설계 과정에서 학습자 분석을 정확하게 수행하고, 이러한 분석 결과에 근거해서 수업전략을 설계했다면 수업문제를 최소화할 수 있을 것이다. 수업컨설턴트는 이러한 수업설계의 오류를 찾아내어 개선하고 적절한 수업설계를 이끌어 내야 한다.

5) 윤리준수

수업컨설턴트는 컨설팅 과정에서 발생하는 윤리적인 문제에 대한 강령을 지켜 컨설티와의 신뢰를 형성해야 한다. 컨설티는 자기 수업의 문제점을 공유하고 수업과정에서 발생하는 문제점을 수업컨설턴트에게 공개하는 입장이다. 그렇기 때문에 이러한 관계가 원만하게 진행되기 위해서는 수업컨설턴트와 컨설티 사이에는 충분한 신뢰가 형성되어야 하는데, 이를 위해서 반드시 컨설턴트로서 윤리강령을 지켜야 한다(송윤희, 남민우, 엄미리, 2014; 이상수, 2010). 컨설티가 컨설팅 과정에 대해서 쉽게 개방하지 못하는 것은 수업컨설팅 과정에서 컨설티의 수업이 다른 사람에게 공유되기 때문에 방어적인 입장을 취하기 때문이다. 그렇기 때문에 신뢰관계를 형성하기 위해서 수업컨설턴트는 컨설팅 과정에 대한 윤리강령을 철저하게 따라야 한다.

수업컨설턴트에게는 비밀보장과 정직이라는 두 가지 윤리강령이 요구된다. 첫째, 비밀보장이다. 수업컨설팅이 시작되는 시점부터 컨설턴트는 모든 컨설팅 과정에 대해서 컨설티의 동의 없이는 외부에 유출되지 않는다는 점을 명확히 해야 한다. 예를 들어, 수업컨설팅을 진행하고 있는 학교의 교장이 자료를 요청한다고 하더라도 컨설티와 사전에 협의된 부분이 아니라면 어떠한 정보도 공유되지 않다는 점을 주지시켜야 한다. 수업컨설턴트는 컨설티를 보호하고 컨설팅 과정에서의 모든 내용을 비밀로 준수해야 한다. 둘째, 정직한 컨설팅이다. 수업컨설턴트는 컨설팅 과정에서 나타나는 문제요인에 대한 분석 및 해석 과정에서 정직하게 접근해야 한다. 수업컨설턴트는 컨설티의 수업개선을 위한 도움을 제공하기 위한 일이다. 따라서 문제해결을 위하여 수업컨설턴트는 정직하게 접근하고 컨설티의 문제나 문제해결에 필요한 요인을 탐색할 때도 정직한 접근이 필요하다. 수업컨설팅은 컨설턴트의 전문가적 성장을 위한 과정이다. 스스로 노력하는 솔선하는 자세를 보이지 않는다면 신뢰 과정을 수립하기 어렵다.

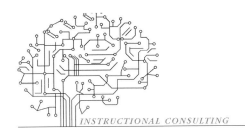

제3장
수업컨설팅 모형

INSTRUCTIONAL CONSULTING

수업컨설팅은 다양한 형태로 이루어진다. 어떤 활동이 수업컨설팅에 속하느냐를 판단하는 기준은 앞서 수업컨설팅 정의에 포함되어 있는 속성이다. 학습 증진을 목표로 하고, 수업전문가와 교수자가 수평적 협력활동이 이루어지고, 수업문제를 체계적으로 해결한다면 그 활동은 수업컨설팅이다. 이 책에서는 이러한 수업컨설팅이 효과적으로 이루어지도록 안내하기 위한 단계와 절차를 모형으로 표현하였다.

모형(模型, model)은 '모양이 같은 물건을 만들기 위한 틀' 또는 '실물을 모방하여 만든 물건'(표준국어대사전, 2017)이다. 예를 들면, 다리를 건설하기 전에 미리 실물보다 작게 만든 다리를 모형이라고 한다. 사물이 아닌 특정 활동에 대한 모형도 구성할 수 있는데, 이 활동이 이루어지는 과정이나 단계 간의 관계를 요약하여 제시한 것을 의미한다. 수업컨설팅 모형도 수업컨설팅의 세부 단계와 그 관계를 표현하고 있다.

사물이나 활동을 모형으로 표현하여 제시하면 다양한 장점이 있다. 첫째, 목표로 하는 사물이나 활동을 명확하게 보여 준다. 둘째, 미리 명확한 모습을 볼 수 있으므로 관련 집단 간에 의사소통이 명확하게 이루어진다. 셋째, 실물을 제작하거나 활동을 수행할 때 안내와 지침이 된다. 이 책에서도 모형이 가진 이와 같은 장점을 살리기 위해 수업컨설팅 모형을 개발하였다. 이 책의 수업컨설팅 모형은 수업이라는 수행에서 교수자가 직면하는 여러 가지 교육 문제를 컨설턴트와 교수자 간의 수평적 협력을 통해 체계적으로 해결해 가는 데 필요한 컨설팅의 과정 및 절차와 그 관계로 구성되어 있다. 즉, 수업컨설팅 모형은 수업컨설팅이 무엇인지, 어떻게 이루어지는지를 명확하게 표현하도록 구성되었다. 이를 바탕으로 수업컨설팅에 참여하는 관련 집단 구성원들(교수자, 수업전문가, 학생, 학부모 등) 간의 의사소통에 활용되도록 하였다. 마지막으로 수업과 관련한 문제의 진단과 개선안을 개발하고 실행할 때 안내와 지침이 될 수 있도록 하였다.

이 모형은 개념의 속성과 더불어 특히 체제적 접근과 수행공학을 기반으로 하고 있다. 수업은 체제이면서, 동시에 수행이다. 수업의 세부 요소는 독립적으로 작용하기보다 서로 유기적으로 연계되어 있는 체제이다. 또한 수업은 교수자와 학습자, 그리고 그 외의 지원 인력이 학습목표를 달성하기 위해 취하는 수행이다. 이 점에서 수업컨설팅도 체제와 수행의 관점에서 이루어질 때 효과적이다. 이 책에서 제시하는 수업컨설팅 모형은 무엇보다도 이 두 가지를 기반으로 하고 있다. 수행공학도 체제적 접근을 기반으로 하고 있어서, 수행공학을 기반으로 하게 되면, 자연스럽게 체제적 접근을 취하게 된다. 그렇지만 이 책에서는 수행공학과 동일하게 체제적 접근도 모형이 기초로 하는 중요한 근거라는 점에서 이 두 가지를 구분하여 제시하였다.

1. 수업컨설팅 모형의 이론적 근거

1) 체제적 접근

수업문제는 학습자와 교수자를 포함하여 관련 집단, 상황, 맥락 등이 상호작용하여 그 결과로 발생한다. 교수자 문제는 교수자에 의해서만 생겨나지는 않는다. 교수자와 학습자, 학교 행정가, 동료 교사, 더불어 학교 문화 등이 상호작용하는 과정에서 생겨난다. 학습자 문제도 동료 학습자나 교수자, 학급 분위기, 교재, 물리적 환경 등이 상호작용한 결과로 생겨난다. 이처럼 수업문제는 다양한 차원에서 여러 요인이 상호작용하는 과정에 의해 발생하므로 이 문제를 단일 차원에서 바라보면 해결하기 어렵다.

수업은 교수자, 학습자, 수업 내용, 교수-학습 환경 등과 같은 여러 요인이 상호의존적으로 얽혀 있는 체제이다. 체제(體制, system)는 구성요소들이 상호의존적으로 엮여 있으며, 입출력과 피드백이 이루어지는 것을 말한다. 수업 구성요소인 교수자와 학습자, 교수-학습 환경, 수업매체와 시설, 학습목표와 내용 등은 상호의존적이며, 서로 간에 입출력과 피드백이 이루어지고 있다. 이점에서 수업문제를 해결하려면 수업을 하나의 체제로 보는 시각이 필요하며, 동시에 문제해결 절차와 과정도 체제 형태로 구성될 필요가 있다. 이 책에서 수업컨설팅 모형은 수업과 수업문제 해결 과정을 체제로 보는 관점, 즉 체제적 접근에 기초하여 구성되었다.

수업컨설팅은 수업장학과 유사한 것처럼 보이지만, 수업을 체제로 보며, 수업문제도 체제적 관점에서 해결하려고 한다는 점에서 근본적으로 차이가 있다. 수업장학에서 학습부진 문제는 교수자의 수업능력이라는 단일 차원에서 해결하려고 한다. 즉, 학습자의 학습을 증진하는 방안은 교수자의 수업역량을 개선하는 것이다. 앞서 언급하였듯이 수업은 수업 전에 이미 결정되어 있는 교수자, 학습자, 학습 환경 등과 같은 전제 요인과 수업과정에서 작용하는 수업 요인 등이 상호의존적으로 엮여 있다. 학습부진은 교수자의 수업능력이 부족해서 생겨난 것처럼 보이지만, 그러한 능력이 발휘되지 못하도록 하는 환경이나 동료 교수자의 태도가 실질적인 원인일 수도 있다. 이처럼 수업문제는 단순히 고립된 현상이 아니라 여러 요인이 얽혀 있는 체제 속에서 발생하므로, 그 원인도 이 체제를 고려하여 탐색해야 한다. 이 책에서 제시한 수업컨설팅 모형은 수업과 수업문제를 체제적 관점에서 바라보고자 하였다.

2) 수행공학

이 책의 수업컨설팅 모형은 수행공학(遂行工學, Performance Technology)을 기초로 하고 있다. 수행공학은 인간수행공학(Human Performance Technology: HPT)을 줄인 것이다. 인간수행공학은 인간의 수행을 과학적으로 분석, 연구, 개선하는 활동이다. 간단히 말하면 수행공학은 수행에 관한 공학이다. 공학은 과학 지식을 활용하여 실제 문제를 해결하는 활동이다. 수행은 인간이 정신적, 신체적, 정서적 능력을 사용하여 특정 목적을 위해 활동하는 것(Nilson, 1999)을 의미한다. 일반적으로 연극을 공연예술이라고 한다. 이때 공연이 'performance', 즉 수행을 다르게 표현한 것이다. 배우가 대본에 따라 연기하는 것이 공연, 곧 수행이다. 이와 동일하게 교실에서 교사는 수업지도안에 따라 다양한 교수-학습 활동을 수행한다. 연기를 잘하면 만족하는 관객이 증가하듯이, 교수-학습 활동이 잘 수행되면 의도하는 학습이 이루어진 학습자도 증가한다. 수업이 의도하는 학습이 이루어지려면 이런 결과를 낳게 하는 수행이 이루어져야 한다. 따라서 수업 효과, 즉 학습을 증진하려면 수업에서 교수자와 학습자의 수행을 분석하고, 이를 체제적으로 개선하는 활동이 중요하다. 수업컨설팅 모형은 바로 이러한 이유에서 수행공학을 기초로 구성되었다.

수행(performance)은 성과, 성취, 업적 등으로 번역되기도 한다. 연극에서 연기는 사전 연습의 성과로 볼 수도 있다. 수업에서 수행도 그 이전의 노력으로 얻어진 성과인 셈이다. 그렇지만 이 경우에도 수행은 여전히 행위가 이루어지는 모습, 그 자체를 의미하며, 그러한 행위로 얻어진 결과, 즉 성취나 업적은 아니다. 자동차 판매원의 수행은 판매하는 행위 자체이며, 그 결과로 얻어진 판매 실적이 성취, 또는 업적이다. 수업에서도 교수자와 학습자의 활동은 수행인 반면, 그 결과로 얻어진 학습은 성취, 또는 업적이다. Addison과 Haig(2006)는 수행을 활동(activity), 결과(results), 가치(value) 관점에서 설명하고 있다. 즉, 수행이란 어떤 특정 목적이나 결과를 성취하기 위한 활동을 의미하며 특히 조직의 특정 가치 추구를 내재하고 있다는 것이다. 따라서 수행이란 인간의 단순행동을 의미하는 것이 아닌 조직의 가치를 추구하는 활동이며, 목표를 달성하는 성취활동을 의미한다고 볼 수 있다. 이러한 수행의 의미에 기초하여 수행공학을 이해할 필요가 있다.

수행공학은 "인간 수행의 역량과 생산성을 개선하기 위한 목적으로 한 일련의 문제해결을 위한 방법, 절차, 전략"(ISPI, 2000)이다. Stolovitch와 Keeps(1999)는 수행공학에 대한 다양한 정의를 분석하여 다섯 가지 공통적인 특성을 제시하였다. 첫째, 수행공학은 체계적(systematic) 접근을 한다. 인간 수행은 엄격하고 조직화된 과학적인 방법론을 사용하여 분석한다. 수행공학은 수행문제를 진단하고 해결책을 선정할 때 전문가의 직관에만 의존하기보다 실증적 자료를 활용한다. 인간 수행을 분석하고 변화를 확인할 때에는 측정 및 관찰 가능한 방법이 활용된다. 둘째, 수행공학은 체제적(systemic) 접근을 한다. 체제적 관점에서 보면 구성요소들은 서로 상호의존적으로 연관되어 있으며 끊임없이 상호작용을 통해 영향을 주고받는다. 인간 수행도 이 수행이 이루어지는 체제의 다양한 구성 요인으로부터 영향을 받는다. 이 요소와 이들 간의 관계를 분석하여 수행에 영향을 미치는 요인을 찾고, 이들을 변화시키기 위한 전략을 사용할 때 인간 수행에 변화가 가능하다. 셋째, 수행공학은 과학적인 이론과 최고의 경험적 증거에 기반한다. 수행공학은 이상적인 인간 수행을 추구한다. 따라서 반드시 과학적인 근거에 의해 인간수행의 분석과 개선안을 선정하게 된다. 이를 위해 수행공학은 행동주의, 인지주의, 조직이론, 의사소통이론, 체제이론, 정보이론 심지어는 신경과학과 같은 관련된 연구들의 검증된 결과물을 활용하여 인간 수행 문제를 해결한다. 넷째, 수행공학은 모든 수단, 방법, 그리고 매체에 개방적이다. 수행공학은 항상 가장 효과적이고 효율적인 문제해결 전략을 추구하기 때문에 어떤 새로운 접근방법에 대해서도 수용적이고 실용적인 입장을 취하고 있다. 마지막으로 수행공학은 인간수행의 성취와 체제의 가치를 추구한다. 수행공학은 어떤 특정 집단의 입장을 추구하는 것이 아니라 그 조직 전체의 가치와 성취를 추구한다.

수행공학에 대한 대표적인 연구로는 인간수행 문제의 체계적인 분석과 해결안을 찾기 위한 모형 개발(Mager & Pipe, 1984; Robinson & Robinson, 1996; Tiem, Moseley, & Conway, 2004), 수행문제의 원인 탐색(Addison & Johnson, 1997; Addison & Haig, 2006), 수행문제의 해결을 위한 개선안의 개발(Langdon, Whiteside, & McKenna, 1999; Pepitone, 2000; Stolovitch, & Keeps, 1999) 등이 있다. 이러한 연구들은 인간 수행의 문제 규정, 원인 분석, 해결안의 선정과 실행에 많은 과학적인 자료를 제공해 수업컨설팅에 많은 시사점을 주고 있다.

Addison과 Johnson(1997)은 수행공학연구에서 인간수행 문제의 원인을 분석하여 학습, 동기, 환경, 구조, 문화라는 다섯 가지 범주로 나누어 설명하고 있다. 학생의 동기 부재는 단순히 교사의 수업동기 부여 전략 부재에 기인하는 것만은 아니다. 교사의 동기 전략에 대한 지식의 부재(학습), 교사 스스로 열심히 수업을 준비하고자 하는 동기의 부재(동기), 열심히 하는 교사들에 대한 인센티브의 부재(조직), 학교나 학급풍토의 문제(문화), 학생들의 가정 문제나 학생들의 자리 배치나 교실 온도(환경)와 같은 수많은 원인이 영향을 미칠 수 있다. 이런 요인들을 체계적으로 분석함으로써 수업문제에 대한 근본적인 해결안을 찾아낼 수 있다. 이 책의 모형에서는 이 다섯 가지 원인을 재분류하여 지식 및 기술, 동기, 교육 여건 등 세 가지로 제시하였다. 앞서 제시한 다섯 가지 중에서 지식에 기술을 추가하고, 환경, 구조, 문화를 교육 여건에 포함시켜서 세 가지로 제시한 것이다.

수업에서 핵심 활동은 교수자와 학습자가 가르치고 배우는 활동, 교수-학습활동이다. 교수자와 학습자 간의 상호작용은 수행에 해당한다. 수행공학은 수행에 대해 조직화되고 엄격한 과학적 접근을 강조한다. 수업컨설팅은 수업에서의 수행을 개선하는 것에 초점이 맞춰져 있다. 따라서 수행공학을 바탕으로 한 수업컨설팅 모형은 체제적 관점에서 수업에 영향을 미치는 다양한 상황과 맥락 요인을 보다 과학적이고 증거에 기반을 둔 분석을 통해 찾아냄으로써 수업의 본질적 문제를 해결하려는 모형이다.

2. 수행공학 기반 수업컨설팅 모형

이 모형은 [그림 3-1]에 제시된 것처럼 크게 5개의 과정과 각각에 대한 하위 과정으로 구성되어 있다. 5개의 과정은 협력적 컨설팅 계획 수립, 수업 분석, 원인 분석, 개선안 설계 및 실행, 협력적 평가로 구성되어 있다.

첫 번째 과정인 '협력적 컨설팅 계획 수립'은 컨설턴트와 컨설티(교수자)가 최초로 만나서 신뢰를 형성하고, 잠정적 문제를 규정하여 수업컨설팅 계약서를 작성하는 단계이다. 이 단계에서 핵심은 신뢰를 기초로 목표의식을 공유하고, 공유된 목표를 달성하기 위한 협력관계를 구축하는 것이다. 협력관계 형성은 수업컨설팅 의뢰가 교수자 당사자에 의해 이루어진 것인지 아니면 교장이나 교감, 대학의 교수학습센터 등 학교 책임자를 통해 이루어진 것인지에 따라 달라질 수 있다. 만일 교수자 자신에 의해 의뢰된 컨설팅인 경우는 자발성에 근거한 컨설팅이라 쉽게 협력관계를 형성할 수 있지만 학교장과 같은 다른 의뢰인에 의해 컨설팅이 시작되는 경우는 컨설팅의 대상이 되는 교수자의 자발적 참여와 협력을 이끌어 내야 하는 과제가 중요하다. 이 단계에서 컨설턴트는 컨설티에게 수업컨설팅에 대한 기본적인 이해를 도와주게 되고 수업컨설팅을 통해 수업문제를 해결할 수 있다는 기대감을 형성하는 것이 중요하다. 더불어 컨설팅을 통해 해결하고자 하는 수업문제를 중심으로 컨설팅 과제를 도출하고, 공유한다. 마지막으로 이상의 과정에서 확인된 내용을 반영하여 수업컨설팅 계획서를 작성하고, 계약을 맺는다. 이 과정이 수업컨설팅 시작에 해당하지만, 전체 과정의 성공 여부를 결정한다고 할 정도로 매우 중요하다.

두 번째 과정은 '수업 분석'이다. 이 과정은 바람직한 상태와 현재 상태를 확인하고, 그 차이를 바탕으로 문제를 식별하는 수행공학의 기본 원리를 따른다. 컨설턴트는 컨설티인 교수자와 합의한 컨설팅 과제를 중심으로 '지향하는 수업(Should)'과 '현재 수업(Is)'을 명확히 하고, 이 두 수업에서 교수자와 학습자의 수행을 분석하여 수업문제를 규명한다. 이 과정에서 자료를 체계적으로 수집하여 분석함으로써 컨설팅에 필요한 정보를 획득한다. 교수자와 학습자, 그리고 학습 내용과 학습 환경 간의 역동적 상호작용을 확인하기 위해 다양한 분석 도구가 사용된다.

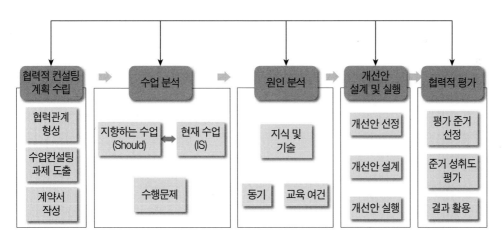

[그림 3-1] 수업컨설팅 모형

세 번째 과정은 '원인 분석'이다. 이 과정은 수업문제를 유발하는 원인을 분석하고 진단하는 것을 목적으로 하고 있다. 이 과정은 Addison과 Johnson(1997)의 연구에서 제시한 동기, 환경, 구조, 학습, 문화의 다섯 영역을 참고하여 본 모형에서는 원인을 지식 및 기술, 동기, 교육 여건으로 구분하여 탐색하였다. 수업이 체제라는 점을 고려하면, 수업문제의 원인도 다양한 영역에서 다양한 요인의 복합적 작용에 의해 발생할 가능성이 높다. 따라서 이 과정에서는 이들의 복합적 원인을 체계적으로 진단하는 것이 중요하다.

네 번째 과정은 '개선안 설계 및 실행'이다. 이 단계의 목적은 수업문제를 해결하기 위한 구체적인 해결방안을 찾는 것이다. 개선안 설계 과정에서는 수업문제의 원인에 따라 개선안을 선정하고, 선정된 개선안을 설계하는 과정을 거친다. 개선안을 찾기 위해 가장 먼저 해야 할 일은 진단된 원인별로 잠정적인 개선안을 예상하고 어느 정도 수준까지 적용할 것인지 개선안 목표를 규정하는 것이다. 이러한 개선안 예상과 목표 규정은 최선의 개선안을 찾고 선택하기 위한 활동이다. 의뢰한 문제를 해결하기 위해 여러 차원에서 개선안을 설계하고 개발하여 교사에게 제시하고, 교사와 협력하여 합의된 최선의 최종 개선안을 선정하는 것이 중요하다. 개선안이 선정되면 구체적인 실천 전략을 설계하는 단계를 거친다. 설계된 개선안은 교수자에게 제공하여 실행하도록 한다. 이 과정에서 컨설턴트와 교사 간에 더욱 긴밀한 상호작용이 필요하며, 컨설턴트는 실행 도중에 필요한 안내를 제공하고, 적절하게 조언하여 올바른 방향으로 개선안이 실행될 수 있도록 한다. 이 단계에서 컨설턴트는 지속적인 모니터링과 면담을 통해서 실행을 점검하고 도와주어야 한다.

마지막 단계는 전체적인 컨설팅 과정 및 결과를 평가하는 '협력적 평가'단계이다. 협력적 평가는 전체 컨설팅 과정에서 컨설턴트와 컨설티가 협력적으로 수업컨설팅 과정과 결과물에 대해 평가하고 성찰하는 것이 목적이다. 이 과정의 결과물은 수업문제를 보다 효과적이고 효율적으로 해결하는 전략을 도출하고 수업컨설팅 과정 자체도 개선할 수 있는 자료를 얻게 한다.

[그림 3-1]은 이들 수업컨설팅 과정의 대범주를 제시하면서 본 모형이 단순한 선형적 모형이 아닌 순환적 모형임을 보여 주고 있다. 협력적 평가에서는 컨설팅에 대한

과정 평가뿐만 아니라 그 평가 결과를 모아 컨설팅에 대한 결과 보고서를 작성하게 된다. 이러한 보고서 작성은 단순히 의뢰인에게 결과를 보고하는 차원뿐만 아니라 컨설턴트 자신에게 다음 컨설팅을 위한 자료가 되며, 추후 컨설팅 종료 후에 발생하는 여러 가지 정보제공 및 관리를 위해서도 필수적인 과정이다.

수업컨설팅 모형의 특징은 다음과 같이 정리할 수 있다. 수업컨설팅 모형의 핵심적인 특징으로, 첫째, 이 모형은 학교 및 학급이 처한 상황과 환경에 따라 적응적으로 융통성 있게 조절이 가능하다(Spitzer, 1999; Stolovitch & Keeps, 1992). 기본적인 5단계를 순차적으로 모두 적응하여 문제를 해결할 수도 있지만 필요한 단계만을 선택적으로 선정하여 적용 가능하다. 만약 시간과 비용의 부족으로 빨리 문제해결이 필요할 경우 협력적 컨설팅 계획 수립과 수업 분석의 과정을 함께 진행할 수 있고 수업 분석에서도 거시적 분석을 제외한 중간 분석만으로 분석을 종료할 수 있다. 때에 따라서는 수행문제와 원인 분석을 동시에 진행하고 바로 개선안 선정과 실행으로 연결할 수 있다. 이는 현장의 상황과 특수성을 고려하여 필요한 단계를 선택하여 적용 가능하며, 필요에 따라 생략할 수도 있다는 의미이다.

둘째, 이 모형은 선형적이기보다는 순환적인 성격이 있다. 즉, 모든 단계가 순차적으로 단계를 거쳐서 발생할 수도 있지만 모든 단계가 동시 다발적으로 발생할 수 있다. 예를 들어, 수업 분석, 원인 분석, 개선안 설계가 동시에 진행될 수 있으며 빠른 원형(rapid prototype) 설계처럼 뼈대를 만들고 살을 붙여 가는 형식으로 수업 분석, 원인 분석, 개선안 선정과 개발 단계가 나선형으로 실행될 수도 있다.

셋째, 컨설팅의 두 가지 접근인 반응적(reactive) 접근방법과 예방적(proactive) 접근방법에 따라 컨설팅의 과정 및 절차가 다르게 적용될 수 있다(Robinson & Robinson, 1996). 반응적 접근은 교수자가 수업에 관련한 문제가 발생한 뒤 문제해결을 의뢰하여 컨설팅이 이루어진다. 이 경우 착수 및 컨설팅 계약을 간소화하고 바로 수업 분석, 원인 분석으로 들어가며 문제 규정을 위한 자료 수집을 하고 근본적인 원인을 분석하여 진단한다. 하지만 예방적 접근의 경우 수업과 관련된 유사한 문제가 발생할 것을 예상하여 예방 차원에서 컨설팅을 하게 되므로 초기 협력관계 형성이 중요한 과정이 된다. 이 경우 충분한 시간을 거쳐 협력관계를 조성하여 교수자의 자발적 참여를 유도하고

동기를 유지하는 것이 중요하다. 이때 컨설턴트에게는 변화나 저항에 대한 관리 역할
이 중요해질 수 있다.

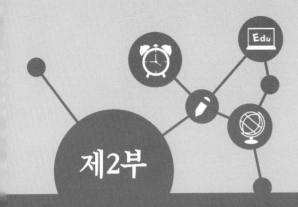

제2부

수업컨설팅의 실제

INSTRUCTIONAL CONSULTING

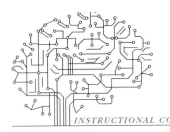

제4장
협력적 컨설팅 계획 수립

INSTRUCTIONAL CONSULTING

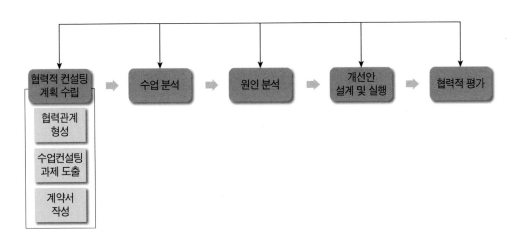

수업컨설팅을 처음 시작하는 단계에서는 컨설턴트와 컨설티 간에 상호 협력관계를 형성하는 것이 매우 중요하다. 긍정적인 협력관계를 구축하기 위해서는 컨설턴트가 열린 마음으로 컨설티의 어려움을 경청하고 신뢰를 형성할 수 있는 방법을 익히고 공감적 대화(비폭력 대화) 등의 의사소통 능력을 갖추어야 한다. 컨설턴트의 협력관계 형성 능력은 컨설티의 적극적인 참여를 이끌어 내는 데 필요하다. 협력관계를 통해 컨설턴트와 컨설티는 수업컨설팅의 목적 및 과제를 규정하고 컨설팅 계약을 맺게 된다.

이 장의 수행목표

- 수업컨설팅 의뢰 목적을 규정할 수 있다.
- 다양한 협력관계 형성 전략을 사용하여 컨설티와 협력관계를 형성할 수 있다.
- 협력관계 형성을 통해 컨설티의 적극적인 참여를 이끌어 낼 수 있다.
- 컨설티와 면담을 통해 수업컨설팅 과제를 도출할 수 있다.
- 수업컨설팅 계약서를 작성할 수 있다.

핵심과정 및 산출물

컨설팅 과정	협력활동	결과물
• 수업컨설팅 의뢰 · 접수	• 수업컨설팅 목적 규정	• 수업컨설팅 의뢰서
• 면담계획서 사전 준비 • 최초 면담	• 협력관계 형성 • 수업컨설팅 목적 및 필요성에 대한 인식 공유 • 컨설팅 과제 탐색	• 협력관계 형성 • 수업컨설팅 과제 도출
• 수업컨설팅 계약	• 수업컨설팅 계약사항 협의 및 확인	• 수업컨설팅 계약서

1. 협력관계 형성

1) 협력관계 형성의 필요성

학교기반 컨설팅은 크게 '컨설티 중심 컨설팅'과 '협력적 컨설팅'의 두 가지 접근이 존재한다. 컨설티 중심 컨설팅은 컨설팅의 문제는 컨설티(교수자, 학교 관리자 등)의 주된 관심 영역에 초점이 주어져야 하고, 컨설팅의 주된 목적은 컨설티의 전문성 발달에 있다는 접근이다. 반면, 협력적 컨설팅은 다양한 전문성을 가진 구성원들이 상호 공유한 문제에 대해 창조적인 문제해결을 하는 상호작용적인 과정으로 정의된다(Idol et al., 1995, p. 347). 협력적 컨설팅의 특징은 컨설턴트, 컨설티(교사), 그리고 클라이언트(학생)의 삼각관계를 전제로 한다.

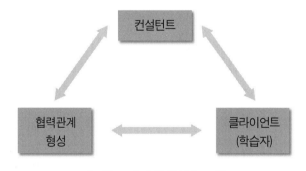

[그림 4-1] 수업컨설팅 모형

만일 컨설턴트와 컨설티 간 일대일의 이중적 관계가 되면 전문가가 비전문가를 대상으로 정보, 기술, 지식 등을 제시하는 일방적인 도움의 관계를 전제하게 된다. 그러나 삼각관계는 클라이언트인 학습자들의 학습문제 해결을 위해 컨설턴트와 컨설티가 상호협력하는 상호 의존적 관계를 형성하게 된다. 이러한 협력 구조는 수업컨설팅의 가장 중요한 요소인 교사들의 자발적인 참여를 이끌어 내고 문제에 대한 인식을 함께 공유하게 한다. 그래서 결국 개선안 실행에서 최종 권한을 가지는 교사의 적극적 참여를 유도하는 장점을 갖는다(McKenna, 2005).

따라서 협력적 컨설팅을 위한 협력관계 형성은 전체 수업컨설팅 과정에서 매우 중요하다(Idol et al., 1995; Rosenfield, 1995; Zins & Illback, 1995). 이러한 협력관계 형성을 위한 전략으로 4단계를 염두에 두어야 한다. 첫째, 컨설턴트와 컨설티 모두 컨설팅의 목적과 필요성을 명확하게 인식하고 이를 공유하는 것이다(Idol et al., 1995). 목표의식을 공유했을 때 교사의 자발적인 참여와 협력을 이끌어 낼 수 있다. 둘째, 컨설턴트는 컨설티가 수업컨설팅의 의미와 과정을 정확히 이해할 수 있도록 돕는 것이다. 이때 수업컨설팅이 이전의 수업장학이나 잘못된 컨설팅적 접근과 어떻게 다른지를 컨설티가 인식하도록 도움을 주는 것이 중요하다. 특히 수업컨설팅이 컨설티 중심의 컨설팅이며 협력관계를 통해 수업 문제를 보다 체제적 관점에서 접근하고 있음을 이해하도록 하는 것이 중요하다. 무엇보다 수업컨설팅은 교사의 수업능력 개선에만 초점이 있는 수업장학과는 달리 학습자의 학습개선을 중심으로 컨설턴트와 컨설티가 협력적인 노력으로 문제를 해결해 나가는 것임을 컨설티에게 인식시키는 것이 중요하다. 셋째, 컨설턴트와 컨설티 간의 협력관계 형성을 위해 문제에 대한 공동의 책임감을 갖되 실제 문제해결에 대한 책임감은 컨설티에게 더 있음을 명확히 인식시켜야 한다. 컨설턴트는 외부자이고 수업을 개선하려는 문제해결 전략 수행 여부는 전적으로 컨설티의 의사결정에 달려 있다는 것을 함께 정확하게 인지해야 한다. 마지막으로 컨설티는 또한 수평적 도우미로서의 컨설턴트의 역할을 이해하여야 하며 컨설턴트는 컨설티가 언제든 컨설팅 자체를 거부할 수 있는 자유가 있음을 알아야 한다. 컨설티는 언제든 컨설팅을 거부할 수 있으며 거부 시에는 컨설팅을 바로 종료해야 한다. 그 이유는 아무리 좋은 해결책을 제시하더라도 컨설티의 실천 의지가 없으면 결국 컨설팅은 의미를 상실하기 때문이다. 따라서 컨설티에게 이런 자유의지를 인식하게 함으로써 책임감과 협력의식을 갖게 할 수 있다.

이러한 협력관계를 형성하기 위해서는 수업컨설팅 착수에서부터 면담 계획 수립, 수업컨설팅 과제 도출, 계약서 작성에 이르기까지 전 과정에 걸쳐 컨설턴트의 세심한 준비와 노력이 필요하다. 이에 이 장에서는 협력적 컨설팅을 위한 계획과 전략에 대해 살펴보고자 한다.

2) 수업컨설팅 착수

수업컨설팅은 수업 문제를 해결하기 위해 컨설턴트에게 컨설팅을 요청하면서 시작된다. 수업컨설팅은 전화 또는 이메일로 간단하게 접수할 수 있으나, 의뢰 목적과 수업에 관한 제반 사항을 확인할 수 있도록 수업컨설팅 의뢰서를 마련하기도 한다.

수업컨설팅 의뢰서는 대체로 의뢰인이나 컨설티에 대한 기본정보, 컨설팅 대상 수업 정보, 파악하고 있는 수업 문제 또는 의뢰 문제, 문제해결을 위해 그동안 시행했던 노력, 희망하는 컨설팅 날짜 등의 사항으로 구성된다. 의뢰인과 컨설티가 동일한 경우도 있으나, 의뢰인이 학교 교장, 교감, 연구부장이고, 컨설티는 교사인 경우도 있어 구분하여 정보를 기술한다. 수업컨설팅을 받고자 하는 수업의 정보와 의뢰 목적, 관찰된 문제 및 해결을 위한 노력을 기록한다. 희망 컨설팅 날짜는 조율을 위해 여러 일정을 기록한다. 수업컨설팅 의뢰서는 [자료 4-1]과 같다.

3) 수업컨설팅 의뢰 목적 확인

수업컨설팅은 의뢰인의 의뢰 목적을 확인함으로써 시작된다. 수업컨설팅 의뢰 목적을 확인하는 방법으로는 두 가지가 있다. 첫째, 수업컨설팅 의뢰서와 같은 공식적인 자료를 작성하는 것이고, 둘째는 전화나 이메일과 같은 일반적 소통의 도구를 활용한 비공식적 자료를 활용하는 것이다. 하지만 비공식적 접촉에 의해 시작되었다 하더라도 수업컨설팅 의뢰서를 작성하게 함으로써 공식적인 근거 자료를 남기는 것이 좋다.

수업컨설팅 의뢰서를 받으면 잠정적으로 수업컨설팅 의뢰의 목적을 확인할 수 있다. 그러나 수업컨설팅 의뢰서에 드러난 정보로는 수업컨설팅의 실제 목적을 파악하기 어렵다. 따라서 수업컨설팅의 의뢰목적을 면담이나 전화로 보다 구체적으로 확인할 필요가 있다. 의뢰된 수업 및 교수자에 대해 보다 풍부한 정보를 얻기 위해 첫 번째 면담 시 의뢰서 외에 교수자의 수업계획서, 교육철학, 교수자가 생각하는 교과의 교육목표(학습목표), 교수자가 추구하는 수업 모습 등을 추가로 요청할 수 있다.

컨설턴트가 의뢰서로만 의뢰 목적을 속단하지 말아야 하는 이유는 다음과 같다(이상

수, 강정찬, 이유나, 오영범, 2015). 첫째, 의뢰인과 컨설티가 다른 경우에는 의뢰인과 컨설티 간의 의뢰목적이 다를 수 있기 때문이다. 이 경우 의뢰인과 컨설티 간의 대화를 통해 정확한 의뢰 목적을 재규정해야 한다. 둘째, 의뢰인과 컨설티가 동일한 경우에도 수업에 대한 문제와 의뢰 사유가 수업의 근본 문제 개선보다는 단순 증상 개선에 한정된 경우가 있다. 따라서 수업컨설팅 의뢰서를 바탕으로 의뢰목적을 명확히 파악하기 위해 면담을 실시하는 것이 필요하다.

자료 4-1   수업컨설팅 의뢰서 예시

수업컨설팅 의뢰서

의뢰인	소속:	직위 :	이름 :	연락처: email
컨설티	소속:	직위 :	이름 :	연락처: email
의뢰 과목	과목명(교과명):		학년 :	학생수 :
의뢰 사유				
수업 문제 (의뢰 문제)	수업에서 관찰되거나, 파악된 문제 사항들을 기술합니다.			
문제해결을 위한 시도				
희망 컨설팅 일시	1순위	○○○○년 ○ 월 ○ 일 ○○시		
	2순위	○○○○년 ○ 월 ○ 일 ○○시		
	3순위	○○○○년 ○ 월 ○ 일 ○○시		

의뢰일: ○○○○년 ○ 월 ○ 일
의뢰인: 홍길동 (인)

4) 첫 면담을 통한 협력관계 형성

(1) 면담 계획

수업컨설팅 의뢰서에 기초하여 면담을 계획할 경우 컨설티에게 사전에 면담계획서를 전달하여 첫 면담의 진행 목적과 방향에 대해 이해하고 면담 준비를 할 수 있도록 한다. 면담계획서를 활용하면 컨설티는 면담의 주요 질문에 대한 답변을 미리 생각해 봄으로써 시간을 절약할 수 있고, 컨설턴트는 컨설티와의 만남을 체계적으로 계획할 수 있으므로 면담 시간을 효율적으로 활용할 수 있다. 면담계획서는 면담의 목적, 면담 예상시간, 면담 장소, 요청 자료, 면담에서의 논의사항, 컨설티가 준비해야 할 사항 등 면담 진행 전반에 대한 정보를 제공한다. 면담 장소는 가능한 한 다른 사람들의 방해를 받지 않는 조용하고, 독립된 장소가 좋다. 대면 면담이 어려울 경우엔 전화로 대신할 수 있으며, 통화가 편한 시간에 협의하여 진행한다.

자료 4-2 면담 계획서 예시

면담 계획서

• **면담 목적**: 이번 면담은 다음과 같은 세 가지 목적을 가지고 있습니다.
첫째, 수업컨설팅 의뢰서에 기초하여 선생님의 의도를 다시 확인하고 수업컨설팅의 목적을 합의하고자 합니다.
둘째, 실제 수업문제가 무엇인지에 대해 선생님의 의견을 듣고 수업컨설팅 과제를 도출하고자 합니다.
셋째, 합의된 수업컨설팅 목적에 기초하여 구체적인 수업컨설팅 계획을 수립하고 수업컨설팅 계약서를 작성하는 것입니다.

• **면담 예상 시간**: 위에서 제시한 세 가지 목적을 달성하기 위해서는 최소한 1시간 정도의 시간을 예상하고 있습니다. 따라서 다음과 같이 면담 시간을 갖고자 합니다.
일시: ○○○○년 ○○월 ○○일 13:00~14:00

• **면담 장소**: 교사 휴게실

• **자료 요청 사항**: 면담 시간을 절약하고 보다 효율적인 면담을 위해 다음과 같은 자료가 있다면 준비해 오시면 도움이 됩니다.
1. 선생님 반 학생들의 중간시험 결과(가능한 전체 과목에 대해)
2. 수업컨설팅 의뢰서 내용 중 선생님께서 새롭게 시도하신 수업의 교수학습지도안

• **면담을 통해 논의될 사항**
1. 수업컨설팅이 끝난 후 성취하고자 하는 이상적인 수업 상황
2. 현 수업 실태와 수업문제의 심각성, 기간, 정도, 빈도 등
3. 향후 수업컨설팅 단계와 일정, 자료수집 방법, 최종 컨설팅 산출물, 정보의 보안 방법 등

(2) 수업컨설팅의 목적과 필요성에 대한 인식 공유

컨설턴트는 첫 면담에서 컨설티가 현재 직면하고 있는 문제에 대하여 솔직하게 이야기할 수 있는 편안한 분위기를 만들어야 한다. 이를 위해 컨설턴트는 자신의 의견을

많이 이야기하기보다는 주의 깊게 경청하고, 섣부른 판단이나 진단을 내리지 않아야 한다. 컨설티와의 첫 면담에서 중요한 과제는 수업컨설팅의 목적과 필요성에 대한 공감대를 형성하는 것이다. 컨설턴트는 컨설티의 의뢰목적을 정확히 확인하며, 수업컨설팅의 목적과 필요성에 대한 공감대를 형성해야 한다. 만약 서로 다른 목적의식을 가지고 있다면 컨설팅의 방향과 효과성에 문제가 생길 수 있기 때문에 이 과정은 매우 중요하다. 또한 의뢰인에 대한 기본적인 신상정보 및 컨설팅 과정상 알게 된 정보에 대한 비밀을 보장함을 밝히며, 필요시에 비밀유지 협약서를 작성할 수도 있다.

첫 면담의 또 하나 중요한 과제는 협력적 컨설팅을 위한 관계를 형성하는 것이다. 협력적 컨설팅은 컨설팅의 최종 목표는 단순히 교수자의 문제를 도와주는 것이 아니라 학습자의 학습문제를 해결하기 위해 컨설턴트와 컨설티가 상호 협력하는 것임을 인지시키는 것이 중요하다. 따라서 컨설턴트와 컨설티는 컨설팅 과제에 대한 공동의 책임감을 갖되 실제 문제해결을 위한 책임은 컨설티에게 있음을 명확히 인식시켜야 한다. 또한 컨설턴트와 컨설티의 관계가 종속적이거나 상하관계가 아닌 대등한 입장으로 수평적이며, 컨설티가 컨설팅을 거부할 수도 있음을 알려 주어야 한다.

이러한 협력관계가 긍정적으로 잘 형성되기 위해서는 협력관계 형성을 위한 컨설턴트의 전략과 능력이 요구된다. 면담에서 컨설턴트는 의뢰인이 적극적으로 의견을 제시할 수 있는 분위기(라포)를 형성해야 한다. 또한 컨설턴트는 의뢰인의 관심사항이나 요구사항을 경청하고 의견 제시나 판단은 자제하는 것이 필요하다. 컨설턴트는 면담에서 다음과 같은 태도나 행동을 보이지 않도록 유의해야 한다.

표 4-1 라포 형성을 위해 컨설턴트가 하지 말아야 할 것

- 컨설티를 자신과 동등한 교육적 주체로서 바라보지 못하고 단순히 수업컨설팅의 대상으로만 바라보지 않도록 한다.
- 컨설티의 교육적 열정이나 수업 능력을 과소평가하지 말아야 한다.
- 컨설티의 교육적 경험이나 전문성을 폄하하는 권위적 태도를 가지지 말아야 한다.
- 컨설티에 대한 배려 없이 컨설턴트의 편의만을 우선하지 않도록 유의해야 한다.

5) 협력관계 형성 방법

(1) 상호 신뢰 형성 방법

협력관계를 형성하기 위한 방법은 매우 다양하나 이 장에서는 미러링 전략, 상호주의 전략, 공통성 전략에 대해 다루기로 한다. 먼저, 미러링은 다양한 수준과 관점에서 상대방의 리듬에 맞추는 것으로, 상대방의 관심과 요구 등 개인적인 특성을 파악하여 상대방과 눈높이를 맞추는 활동을 함으로써 서로를 이해하려는 자세를 의미한다. 둘째, 상호주의 전략은 서로 간의 이익을 교환한다는 인식을 심어 주도록 호의를 베푸는 전략을 의미한다. 셋째, 공통성은 상대방과 친근함과 신뢰를 형성하기 위해 공통점을 찾는 기법이다. 이것은 관심, 취미, 좋아하는 것, 상황 등을 공유하여 라포(rapport)를 형성하는 전략이다. 이와 관련된 구체적인 내용은 〈표 4-2〉와 같다.

표 4-2 미러링 전략, 상호주의 전략 및 공통성 전략

구분	내용
미러링 전략	• 감정적 미러링 전략 감정적 미러링 전략이란 상대방 입장에서 그 사람의 감정적 상태에 공감하는 것을 의미한다. 상대방이 말을 할 때 주요 용어와 문제를 파악하기 위해 상황에 맞게 경청하는 기술을 말한다. 컨설턴트는 컨설티의 기분을 확인하고 함께 공감하여 주고 이야기를 많이 들어주어야 한다. 그리고 컨설티의 이야기를 들어주면서 공감의 표시인 신체적, 언어적 표현의 반응을 보여 주어야 한다. 구체적인 예들은 다음과 같다. 　- 신체적 표현: 경청하고 있음을 보여 주는 신체적 반응(자세) 　① 고개 끄덕이기 　② 자연스럽게 얼굴 보기 　③ 긍정적인 얼굴표정, 미소 짓기 　- 언어적 표현: 공감하는 표현 　① 관련된 질문하기 　② 명료하게 재진술하기 　③ 요약 및 확인하기 　④ 정보 제공하기, 사례 제시하기 • 태도 미러링 전략 태도 미러링이란 직접적인 모방이 아닌 상대방의 태도와 반응에 맞추어 신체적 언어의

톤을 맞추는 것을 의미한다. 만약 컨설티가 팔짱을 끼고 있다면 컨설턴트는 다리를 꼬는 행동을 한다든지, 컨설티가 팔에 머리를 기대고 있다면 컨설턴트는 턱을 만지는 행동을 한다든지, 컨설티가 손을 호주머니에 넣고 있다면 컨설턴트는 무릎 사이에 손을 끼우는 행위 등을 하는 것이 좋은 예이다. 이는 비슷한 행위를 함께 함으로써 컨설티와 라포를 형성하는 데 효과적이다. 그러나 단순히 따라하거나 모방하면 상대방을 모욕하는 행위가 되어 역효과를 가져올 수 있다.

• 톤과 템포 미러링 전략
톤과 템포 미러링이란 상대방의 목소리 크기, 톤, 속도 등에 맞추어 목소리와 언어 패턴을 조절하는 것을 의미한다. 만약 컨설티가 목소리가 크고, 톤이 높으며, 속도가 빠르다면 거기에 맞추어서 언어 패턴을 적용할 필요가 있으며 반대일 경우에도 마찬가지이다.

• 가치와 믿음 미러링 전략
사람은 가지고 있는 가치와 믿음이 다르며 그 수준 또한 다양하다. 가치와 믿음 미러링이란 이러한 다양성과 예외적인 것 등 상대방의 가치와 믿음을 인정하는 것을 의미한다. 컨설턴트는 가능하면 '그러나' 라는 용어보다 '하지만' '그리고' 라는 용어를 사용하여 긍정적인 반응을 보여야 한다. 예를 들어, '당신은 학생들에게 여러 가지 관심이 참 많군요. 그러나 학생들 정서에는 관심이 적군요.'라고 했을 경우, '그러나' 라는 용어 사용으로 상대방의 가치와 믿음을 부정하고 자신의 가치를 내세우게 되면 곤란하다. 이 경우에는 '당신은 학생들에게 여러 가지 관심이 참 많군요. 그리고 학생들 정서도 어느 정도 고려하는군요.' 라고 표현하는 것이 적절하다.

상호 주의 전략	• '이익 공유하기' 전략 　- 수업컨설팅에서 상호주의란 수업컨설팅의 결과로 교수자는 자신의 수업문제를 개선하고 차후 유사한 문제가 발생할 경우 그 문제를 교수자 스스로 해결할 수 있는 역량이 개발될 수 있음을 인지시켜 주는 것이 효과적이다. 　- 컨설턴트 역시 수업컨설팅 과정에서 많은 경험을 쌓게 되고 수업 현상은 이해하는 경험을 확대하는 이익이 있다는 것을 강조함으로써 서로에게 도움이 되는 활동임을 인식시키는 전략을 의미한다.
공통성 전략	• 관심(좋아하는 것) 공유하기: 공통된 관심사를 먼저 꺼내어 이야기를 진행하는 전략 • 취미 공유하기: 취미를 물어 보고 관련 일들을 물어보며 이야기를 진행해 나가는 전략 • 상황 공유하기: 현재 직장, 가정, 관심사 등을 물어보고 공감대를 형성하면서 이야기를 진행해 나가는 전략

(2) 공감적 대화 방법

컨설팅을 위한 협력관계 형성을 위해 대화 방법도 효과적으로 이루어지도록 하는 것이 중요하다. '공감적 대화 방법'은 Rosenberg의 NVC(Nonviolent Communication) 의사소통 방식을 의미한다. NVC 의사소통방식은 '비폭력대화'라고도 하는데, 이 '공감적 대화'는 컨설턴트와 컨설티가 서로 상대방의 이야기를 주의 깊게 듣고 또 이를 근거로 자신의 생각과 의견을 주고받을 수 있도록 하는 의사소통 방법을 의미한다.

효과적인 의사소통을 위한 공감적 대화 방법은 다음과 같다. 공감적 대화 방법은 의사소통 상황에서 자신이나 상대에게서 무엇을 관찰하고, 느끼고, 원하고, 부탁하고 싶어 하는가를 4단계 과정을 통해 마음을 읽어 내며 대화를 주고받는 방법이다. 이러한 방법은 자신이 말하고 싶어 하는 것을 더 정직하고 정확하게 표현할 수 있으며 또 상대가 이야기하고자 하는 핵심을 주의 깊게 듣고 공감하며 이해하게 도와주어 의사소통의 효과를 높일 수 있다. 공감적 대화는 [그림 4-2]와 같이 4단계를 통해 이루어진다(Rosenberg, 2004).

1. 관찰 어떠한 일이 있는가?	2. 느낌 무엇을 느끼고 있는가?	3. 욕구 어떠한 필요가 있는가?	4. 부탁 무엇을 청하고 있는가?

[그림 4-2] 공감적 대화 방법

첫째, 관찰 단계는 어떤 상황에서 말이나 행동에 대해 사실 그대로를 관찰하고 말하는 것이다. 일이 일어난 (또는 이야기를 하는) 사실 그대로를 관찰하고, 개인적 판단이나 선입견을 전혀 개입하지 않고 기억하여 표현하는 것이다. 이는 있는 사실 그대로 보거나 듣고 이를 말해 주는 것이므로 상대방의 감정이 상하거나 저항하는 부정적 감정을 최소화할 수 있다(예: 학습자들이 수업 중에 하는 딴짓을 세 가지로 말했어요).

둘째, 느낌 단계는 어떤 행동을 보거나 말을 들었을 때 자신이 어떻게 느꼈는가를 말하는 것이다. 자신의 내면에서 어떠한 느낌을 느꼈는지 명확하게 표현하는 것이 중요하다. 예를 들어, 속상하다, 기쁘다, 슬펐다, 외로웠다, 답답했다 등 자신의 느낌을 솔직하게 표현하는 단계이다.(예: 많은 학습자가 수업에 집중하지 않고 딴짓을 하여 많이 속상하시군요.)

| 자료 4-3 | 협력관계 형성을 위한 공감적 대화의 예 |

상황: 학교 관리자가 일부 교수자들의 수업개선이 절실히 필요하다고 생각하여 수업컨설팅을 의뢰하였다. 따라서 해당 교수자는 수업컨설팅에 대해 마음에 부담과 저항을 느끼고, 관심이 매우 낮은 상태로 컨설턴트와 교수자가 첫 만남을 하는 상황이다.

〈공감적 대화의 예〉

공감적 대화	좋은 예	좋지 않은 예
1. 관찰 (사실)	(컨설턴트) "수업컨설팅 의뢰자가 교장선생님이었고 김 선생님의 수업컨설팅을 요청하셨어요. 김 선생님도 충분히 컨설팅 필요를 공감하시고 동의하시는지요?" (교수자) "글쎄요…… 뭐 그냥 그렇습니다."	(컨설턴트) "교장선생님이 김 선생님의 수업컨설팅을 요청하셨어요. (교수자) "아, 네……."
2. 느낌	(컨설턴트) "아, 네. 그러시군요. 좀 불편하고 난처하시겠어요. (교수자) "뭐 그렇지요…… 부담입니다."	
3. 욕구	(컨설턴트) "그럼, 어떻게 하시면 좋으시겠어요? 혹, 컨설팅을 아예 하고 싶지 않으신지요?" (교수자) "뭐 그렇게까지는 아니고요."	
4. 부탁	(컨설턴트) "그러시면, 이왕 이 기회에 평상시 선생님 수업에 무엇이 가장 힘든지 서로 같이 이야기해 보고 좋은 개선 방법도 찾아보면 어떨지요?" (교수자) "네, 그립시다. 그러면 저도 좋지요."	
비고	교수자의 상황과 실제 마음을 단계별로 잘 들여다보고 표현하도록 도와주며 결국 강요나 체념으로가 아니라 자발적인 동기를 가지고 컨설팅을 시작하도록 인도한다.	교수자의 느낌, 욕구 등을 제대로 살피고 표현하도록 대화를 돕지 않고 컨설턴트의 전문성을 앞세우고 일방적으로 요구한다.

셋째, 욕구 단계는 스스로가 느끼는 마음의 느낌들이 결국 내면에 더 깊이 어떠한 욕구나 바람과 연결되어 있는지를 찾아내어 말하는 것이다. 자신이 결국은 무엇을 마음에서 가장 깊이 바라고 원하는가를 인식하도록 찾아내어 표현하는 것이다. 이러한 욕구는 주로 가치관, 기대, 희망 등과 연결되어 있다. 예를 들어, 자세히 알고 싶다, 존중받고 싶다, 친하게 지내고 싶다 등등이 욕구에 해당된다(예: 대부분의 학습자가 수업에 집중하고 공부를 잘하기를 진심으로 바라시는군요).

넷째, 부탁 단계는 의사소통 상황에서 상대에게 내가 무엇을 구체적으로 해 주기를 부탁하고 싶은지 찾아 표현하는 것이다. 예를 들면, 구체적으로 상대가 해 주기를 바라는 행위나 말을 명령이나 강요가 아니라 친절하고 부드럽게 부탁하는 것이다(예: 그럼 학습자들이 딴짓하는 원인들이 무엇인지 구체적으로 알고 싶다는 것이지요?).

(3) 컨설턴트의 구체적 의사표현

협력적 컨설팅을 위해서 컨설턴트의 구체적인 표현도 중요하다. 컨설턴트는 이미 컨설팅의 전체 과정에 익숙하지만 컨설티는 그렇지 않은 경우가 많으므로 컨설턴트가 컨설팅 과정과 어떻게 협력적으로 이루어지는지 기본 방향에 대해 명료하게 표현해 주는 것이 좋다. 이러한 표현의 예를 정리하면 다음과 같다.

- 저(컨설턴트)는 교실에서 어려움을 겪는 문제를 돕기 위해서 함께 협력적으로 컨설팅합니다.
- 저는 문제해결을 위해 선생님이 수업 관련 이해를 향상하도록 도와드립니다.
- 컨설팅 과정은 선생님과 동료들과의 협력적 노력으로 진행될 것입니다.
- 저는 컨설팅 과정과 결과에 선생님과 같이 협력적으로 임할 것입니다.
- 저는 객관적으로 문제해결을 돕는 사람이며 수업 변화의 주체는 선생님이십니다.
- 컨설팅 과정과 결과는 비밀로 보장될 것입니다.
- 대부분의 문제에 빠른 해결방안은 거의 없습니다. 시간과 지속적인 노력이 필요합니다.
- 저는 선생님 의견을 존중하고 진심으로 대화할 것입니다.

- 컨설턴트 과정이 추가적 업무 부담이 되지 않도록 최선을 다 할 것입니다.
- 선생님은 컨설팅을 시작, 수용, 거절하는 데 자유로우며 계약을 재협상할 수 있습니다.
- 저는 교실 방문 횟수, 시간, 한계 등에 대해 선생님과 사전에 분명한 약속을 정하고 실시할 것입니다.

2. 수업컨설팅 과제 도출

1) 수업컨설팅 과제의 의미

수업컨설팅 의뢰자와 협력적 계획을 수립한 후에 면담에서 수행해야 할 중요한 단계는 수업컨설팅을 위한 과제를 도출하는 것이다. 수업컨설팅 과제란 컨설팅을 통해 궁극적으로 해결해야 할 수업컨설팅의 목적을 의미한다. 컨설티가 의뢰한 수업컨설팅 의뢰서에는 수업문제로 진술되어 있지만 수업컨설팅 과정에서는 수업문제라는 용어보다는 수업컨설팅 과제라는 용어를 쓰는 것이 좋다. 그 이유는 수업문제라는 용어는 부정적 의미를 담고 있어서 수업컨설팅을 의뢰한 모든 컨설티들은 수업을 잘 못하거나 심각한 개선사항을 가지고 있는 것으로 인식될 수 있기 때문이다. 이러한 부정적 의미는 곧 수업컨설팅 의뢰를 꺼리게 하거나 수업컨설팅 자체에 대한 부정적 의미로 연결될 수 있다. 따라서 수업컨설팅을 의뢰할 때에는 의뢰서에 수업문제로 제시했다고 하더라도 수업컨설팅 과정에서는 수업컨설팅 과제라는 용어를 사용할 필요가 있다. 예를 들어, 수업컨설팅 과정에서 '선생님의 수업문제는……'으로 표현하는 것보다는 '우리의 수업컨설팅 과제는……'으로 표현하는 것을 비교해 보면 후자의 경우 부정적 의미는 사라지고 수업컨설팅은 교사만의 문제가 아니라 컨설티와 수업컨설턴트가 함께 노력해야 할 '우리'의 과제라는 의미를 포함하게 된다.

수업컨설팅 과제를 명확히 진술하는 것은 매우 중요한 과정이다. 수업컨설팅의 궁극적인 목적은 컨설티가 자신이 원하는 방향으로 수업을 개선할 수 있도록 도움을 주

는 것이고 따라서 수업컨설팅 과제가 명확히 진술되어야 올바른 수업컨설팅이 이루어
질 수 있다. 그런데 수업컨설팅이 시작되기 전에 의뢰된 많은 문제는 문제 상황이 애
매하거나 아예 문제 자체가 없는 경우가 있다. 예를 들면, 컨설티가 수업컨설팅이 필
요해서 자발적으로 의뢰한 것이 아니라 학교 행정상 의무적으로 할당되는 경우 컨설
티는 수업컨설팅을 통해 개선하고 싶은 문제를 정확히 인지하고 있지 않을 수 있다.
또한 수업컨설팅을 자발적으로 의뢰한 경우라 하더라도 문제에 대한 진술이 정확하지
않고 문제와 원인, 해결방안을 혼동하는 경우가 있다. 예를 들면, 학생들이 학습동기
가 부족하고 수업에 흥미를 느끼지 못하기 때문에 재미있는 수업전략에 대한 도움을
달라고 수업컨설팅을 의뢰한 경우를 생각해 보자. 이때 컨설티가 실제 원하는 것은 학
생들의 학습동기가 높아서 좋은 성적을 올리는 것일 수 있고 학생들의 학습동기가 낮
다는 것은 컨설티가 생각하는 수업문제의 원인이지, 문제 자체는 아니다. 이 경우 수
업컨설팅을 통해 해결해야 할 수업문제는 학생들의 낮은 수업 참여도와 낮은 성적이
다. 이렇게 수업문제를 명확히 찾아서 기술해야 하는 또 다른 이유는 컨설티가 제시한
수업문제가 수업문제의 원인일 수도 있고 또한 그 원인 자체가 잘못된 판단일 수도 있
기 때문이다. 이 예에서 보면 학생들의 낮은 학습동기를 수업문제로 제시하였지만 실
제 컨설티가 의도한 것은 높은 학습동기를 통한 성적의 개선이었고 낮은 성적은 학생
들의 낮은 학습동기가 문제가 아니라 교수자와 학생들 간의 관계가 좋지 않거나 학급
풍토 자체가 좋지 않아 학생들의 학습동기가 낮고 성적이 낮게 나올 수 있다. 이런 경
우 컨설티가 의뢰한 학습동기를 높이는 수업기술적 접근만 하였다면 단기적인 효과는
있을 수 있지만 근본적인 문제의 원인을 찾아 해결하지 못하기 때문에 낮은 성적의 문
제는 계속 지속된다.

　또 다른 예로 요즘 플립드러닝이 대세이니 플립드러닝을 위한 수업컨설팅을 해 달
라고 요구하는 사례를 생각해 보자. 이 사례에서는 문제에 대한 진술이 전혀 드러나지
않는다. 교수자는 단지 플립드러닝이라는 새로운 교수법을 배우고 싶다는 요구를 가
지고 있는 것이지, 자신의 수업에 어떤 문제가 있는지는 인식하지 못하는 것이다. 플
립드러닝은 수업 개선을 위한 하나의 방법이지 문제 자체는 아니다. 따라서 플립드러
닝을 적용한다고 해도 수업이 개선된다고 보장할 수 없다. 이렇게 수업컨설팅을 통해

해결해야 하는 문제가 애매한 경우에는 수업컨설팅을 통해 무엇을 분석해야 하는지, 어떤 개선안을 제시해야 하는지 결정하기 어렵다. 그러한 경우에는 수업컨설팅을 통해 수업 개선 효과가 나타나기는 더더욱 어렵다. 따라서 체계적이고, 과학적인 수업컨설팅을 수행하려면 수업컨설팅을 통해 해결해야 하는 문제, 즉 수업컨설팅 과제를 명확히 진술하는 것이 필요하다.

2) 수업컨설팅 과제 도출 절차

성공적인 수업컨설팅을 위해서는 수업컨설팅 과제를 정확히 도출하는 것이 중요하다. 수업컨설팅 과제는 반드시 컨설티가 '지향하는 수업(Should)'과 '현재 수업(Is)' 간의 차이로 규정할 필요가 있다. 이런 방식의 기술을 강조하는 것은 수업컨설팅 과제 진술의 모호성을 피하기 위한 것이다. 예를 들어, 교사가 수업컨설팅을 의뢰한 이유를 '학생들의 성적이 낮고, 따라서 성적을 올릴 수 있는 방법에 대해 알고 싶기 때문'이라고 기술한 경우를 생각해 보자. 이 진술에서 교사는 수업문제를 학생들의 성적이 낮은 것으로 규정하고 있다. 하지만 학생들의 성적이 낮다는 것은 지극히 주관적인 판단이다. 수업컨설팅 이후 교사가 만족하는 결과가 나오기 위해서는 어느 정도의 성적이 향상되어야 하는지 객관적이고 구체적인 준거가 필요하다. 따라서 수업컨설팅 과제 기술에서는 구체적으로 지향하는 수업과 현재 수업 간 격차로 기술하여 컨설티가 바라는 이상적인 수업과 현재의 수업 모습 그리고 얼마만큼의 실질적인 격차가 있는지를 정확히 기술할 필요가 있다. 예를 들어, 학생들의 성적이 낮다는 진술을 올바른 수업컨설팅 과제 진술로 바꾼다면 모든 학생의 성취도가 90점인데, 현재 상태는 60점이다. 따라서 수업컨설팅 과제는 학생의 성적을 30점 이상 개선하는 것이라고 진술한다. 이렇게 수업컨설팅 과제가 분명해지면, 왜 그런 격차가 나타나게 되는지, 그 격차를 해소하기 위한 방안은 무엇인지를 찾아내기가 훨씬 쉬워진다.

[그림 4-3]은 수업컨설팅 과제 도출을 위한 과정을 보여 준다. 첫째, '지향하는 수업'이란 컨설티가 궁극적으로 추구하고자 하는 수업의 이상적인 모습을 의미한다. 지향하는 수업은 학업성취도뿐만 아니라 인성, 창의성, 수업만족도, 협력관계, 학습동기 등

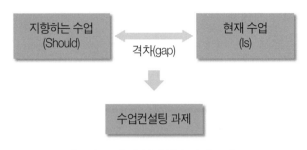

[그림 4-3] 수업컨설팅 과제 도출

의 다양한 요인으로 기술할 수 있다. 만일 수업컨설팅의 대상이 한 명의 교수자가 담당하는 수업이라면 그 교수자가 추구하는 수업목표를 의미한다. 하지만 한 학교의 특정 과목이 컨설팅 대상이라면 그 학교에서 추구하는 그 과목의 목표를 의미한다. 따라서 '지향하는 수업'을 도출하기 위한 방법은 컨설팅 대상의 수준에 따라 교수자나 학교장과의 인터뷰 또는 그 과목 교사 집단과의 포커스 그룹 인터뷰 등을 실시하여 도출할수 있다. '지향하는 수업'을 기술할 때 중요한 것이 두 가지가 있다. 먼저 지향하는 수업은 반드시 컨설티가 바라는 이상적인 수업의 모습이어야 한다. 만일 컨설턴트가 이상적인 수업의 모습을 제공하고 컨설티로 하여금 그것을 따르도록 한다면 이는 수업컨설팅이 아니라 수업장학이 된다. 만일 컨설티가 제공하는 지향하는 수업 모습에 대해 컨설턴트가 협의를 통해 수정은 할 수 있지만 강요를 해서는 안 되며 궁극적으로는 컨설티가 결정하도록 권한을 주어야 한다. 그다음으로 중요한 것은 지향하는 수업을 기술할 때 반드시 관찰 가능하거나 측정 가능한 수행 형태로 진술해야 한다는 것이다 (Robinson & Robinson, 1996). 예를 들면, 학생들의 성적을 높일 방안을 찾기 위해 수업컨설팅을 의뢰한 경우 '지향하는 수업'은 '학급의 90% 이상 학습자들이 다양한 형태의 2차 함수문제를 풀 수 있다.'와 같이 구체적인 형태로 기술해야 한다.

둘째, 현재 수업은 실제 그 수업이 달성하고 있는 수업을 기술한다. 현재 수업에 대한 정보는 컨설티에게서 얻어야 한다. 아직 수업 분석이 이루어지지 않았기 때문에 정확한 자료를 얻을 수 없고 따라서 컨설티와의 인터뷰나 컨설티가 제공하는 학생들의 성적 또는 다른 객관적 자료에 기초하여 기술하여야 한다. 이후 수업컨설팅 과정에서 현재 수업에 대한 자료에 변화가 있을 때에는 수업컨설팅 과제 진술을 수정하여야 한다. 현재 수업(Is)에 대한 기술을 할 때 중요한 것은 반드시 지향하는 수업(Should)에서 기술하고 있는 동일한 내용과 동일한 준거 차원에서 기술되어야 한다는 것이다. 예를 들면, 지향하는 수업은 '학급의 90% 이상 학습자들이 다양한 형태의 2차 함수문제를 풀 수 있는' 것이면, 현재 수업은 '학급의 60%의 학생만이 다양한 형태의 2차 함수문제를 풀 수 있다'로 기술하여야 한다.

셋째, '지향하는 수업(Should)'과 '현재 수업(Is)'간 격차(gap)를 기술하면 된다. 즉, 지향하는 수업은 '학급의 90% 이상 학습자들이 다양한 형태의 2차 함수문제를 풀 수 있다.'이고 현재 수업은 '학급의 60%의 학생만이 다양한 형태의 2차 함수문제를 풀 수 있다.'라면 격차는 '학급의 30% 학생들이 다양한 형태의 2차 함수를 풀지 못하고 있다.'가 될 것이다. 이런 격차를 수업컨설팅 과제로 기술하기 위해서는 개선하여야 할 과제 형태로 재진술하면 된다. 즉, '학급의 30% 이상 학생들이 다양한 2차 함수를 풀 수 있게 한다.'가 최종 수업컨설팅 과제가 된다. 즉, 지향하는 수업과 현재 수업 간 격차를 기술하고 이를 다시 개선해야 할 과제 형태로 진술하면 수업컨설팅 과제가 도출된다. 수업컨설팅 과제는 '지향하는 수업'과 실제 '현재 수업' 간 격차를 해결하여 컨설티가 이야기하는 지향하는 수업이 이루어지도록 하는 것이다.

어떤 경우에는 현재 수업에 대한 정보가 명확하지 않아 정확한 격차를 찾기가 힘든 경우가 있다. 이런 경우에는 컨설티와의 인터뷰를 통해 최대한 정보를 수집하여 격차를 예측하고 잠정적 형태로 수업컨설팅 과제를 기술하면 된다. 그리고 실제 수업컨설팅 과정에서 구체적인 수업컨설팅 과제를 도출할 수도 있다. 〈표 4-3〉은 컨설티가 의뢰한 수업문제가 최종 수업컨설팅 과제로 도출된 예를 제시한 것이다.

표 4-3 수업컨설팅 과제 도출 예제

최초 의뢰한 수업문제	우리 반 학생들의 수학 성적 평균이 낮다.
지향하는 수업(Should)	우리 반 학생들의 수학 성적 평균이 70점이 되는 것
현재 수업(Is)	우리 반 학생들의 현재 수학 성적 평균은 65점
협의를 통해 도출된 수업컨설팅 과제	우리 반 학생의 수학 성적 평균을 5점 이상 향상시키는 것

협력관계 형성 과정에서 도출된 수업컨설팅 과제는 컨설티가 초기에 컨설팅을 의뢰하면서 제기한 수업문제와는 다를 수 있다. 대체로 컨설티는 자신의 수업을 객관적인 관점에서 보기 힘들기 때문에 주관적인 관점에서 문제를 기술하려는 경향이 있다. 또한 컨설티들은 문제와 원인을 잘 구분하지 못하고 문제의 원인을 문제로 기술하는 경우도 종종 있다. 또는 컨설티들은 수업문제를 구체적이기보다는 추상적인 관점에서 기술하는 경향성이 있다. 특히 주의할 점은 눈에 나타나는 증상(symptom)을 문제로 규정하거나 겉으로 부각된 문제를 실질적 문제로 착각하는 경우가 있으므로 보다 근본적이고 실제적인 문제를 찾아 이를 수업컨설팅 과제로 도출하는 것이 중요하다. Bergan과 Tombari(1976)는 60%의 컨설팅 성공 여부가 문제 확인에 달려 있다고 주장하고 있다. 즉, 해결해야 할 수업컨설팅 과제를 정확히 알지 못하면 목적의식을 상실하고 문제해결 전략 역시 올바로 선정될 수 없기 때문에, 컨설팅이 성공할 확률이 떨어진다. 이에 Brown과 동료들(2001)은 컨설턴트들이 수업컨설팅 과제를 확인하는 단계에서 철저한 훈련이 필요하다고 주장하고 있다. 다른 학자들 역시 수업컨설팅 과제의 확인은 다음 단계에 영향을 미치기 때문에 가장 중요한 단계로 논의하고 있다(Gregory et al., 2007; Dougherty, 2008).

표 4-4 수업컨설팅 과제 도출을 위한 가이드

- 문제가 지나치게 광범위한 경우
  - 의뢰인이나 컨설티에게 특정한 사례를 보여 줄 것을 요청
  - 문제로 인해 나타나는 증상들을 구체적으로 나열하도록 요청

- 문제가 모호한 경우
  - 의뢰인이 이야기한 모호한 단어나 문장에 대한 질문(당신이 말한 '성숙하지 못한 행동'이 무슨 뜻입니까?)
  - 의뢰인의 말을 재진술하면서 의미의 정확성을 확인

- 문제가 너무 협의적인 형태로 표현된 경우
  - 그 문제로 인해 어떤 부정적 결과가 나타나는지를 기술해 보도록 요청
  - 그 문제로 인해 학습자 개인, 학급, 학교 수준(문제 특성에 따라 수준 결정)에 어떤 영향을 주는지 기술하도록 요청

컨설티와 면담을 통해 수업컨설팅 과제를 도출하는 과정에서 컨설티는 수업컨설팅 과제 진술 방법을 모르기 때문에 너무 광범위하거나 모호한 형태로 진술할 수도 있고 그 반대로 너무 협의적인 형태로 진술할 수 있다. 따라서 〈표 4-4〉와 같이 다양한 전략을 사용하여 정확한 수업컨설팅 과제를 기술할 필요가 있다.

3) 수업컨설팅 과제 도출 사례

수업컨설팅 과제를 도출하기 위해서는 수업컨설팅을 위한 문제를 명확히 기술하는 것이 필요하다. 문제를 명확히 기술한다는 것은 문제를 '지향하는 수업(should)'과 '현재 수업(is)'의 형태로 나누어 기술하는 것이다. 예를 들면, 컨설팅 의뢰자가 문제를 '우리 반 학생들의 수학 성적이 낮다.'라고 진술하였다고 가정해 보자. 이 경우 성적이 낮다는 것은 주관적인 판단이 될 수 있으므로, 어떤 근거에서 그런 판단을 했는지 문의 (또는 조사)해 보고, 이상적인 상태와 현재 상태의 진술로 바꿀 필요가 있다. 이 경우 '우리 반 학생의 중간고사 평균이 전체 평균보다 7점이 낮아요.'라는 진술을 얻었다고 가정해 보자. 이때 이상적인 상태는 중간고사 평균이 전체 평균과 같거나 높은 것인데, 현재 상태는 전체 평균보다 7점이 낮게 나타났음을 보여 주고 있다. 이러한 진술은 그 반 학생들이 학년 전체 평균보다 7점이 낮게 나타나는 원인과 해결방안을 모색하는 것이 수업컨설팅 과제임을 분명하게 드러내 준다. 학생들의 수행이 떨어지는 원인은 교수자, 학습자, 학습 환경 등 다양한 측면에서 찾아볼 수 있다. 따라서 컨설팅 과제가 도출되면 다양한 수업 분석 방법을 활용하여 정확한 원인을 규명하고, 이에 대한 개선안을 모색하게 된다.

표 4-5 수업컨설팅 과제 도출

최초 의뢰한 수업문제	우리 반 학생들의 중간고사 평균이 학년 전체 평균보다 낮다.
지향하는 수업(Should)	우리 반 학생들의 중간고사 평균이 학년 전체 평균과 같거나 높은 것
현재 수업(Is)	우리 반 학생들의 중간고사 평균이 학년 전체 평균보다 7점 낮다.
협의를 통해 도출된 수업컨설팅 과제	우리 반 학생들의 중간고사 평균이 학년 전체 평균보다 7점이 낮게 나타나는 원인과 높이는 해결방안을 모색

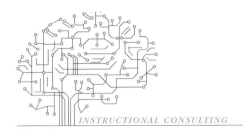

제5장
수업 분석

INSTRUCTIONAL CONSULTING

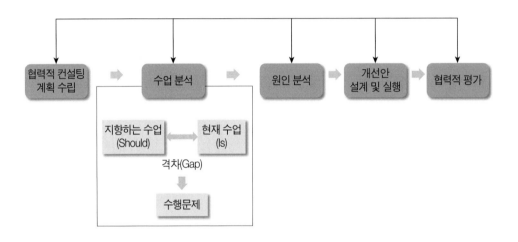

이 장에서는 협력적 컨설팅 계획에 따라 도출된 수업컨설팅 과제를 기초로 수업의 문제와 원인을 확인하기 위한 수업 분석 전략을 소개한다. 수업 분석의 범위는 크게 네 가지로서, 수업을 전체적으로 보는 관점, 교수자에게 초점에 두고 보는 관점, 학습자에게 초점에 두고 보는 관점, 수업 내용 혹은 매체에 초점에 두고 보는 관점, 마지막으로 교수자와 학습자 간의 상호작용을 초점에 두고 보는 관점 등으로 나눌 수 있다. 수업컨설턴트는 근본적 문제를 규정하기 위해서 수업관찰 도구를 정확하게 활용하여 수업을 분석할 수 있어야 한다.

🌳 이 장의 수행목표

- 의뢰한 문제나 수업 상황에 적합한 수업 분석 계획을 수립할 수 있다.
- 수업 분석 방법들을 활용하여 수업을 분석할 수 있다.
- 수업 분석 결과를 정리할 수 있다.

🌳 핵심과정 및 산출물

컨설팅 과정	결과물	협력활동
• 수업컨설팅 과제 도출	• 수업컨설팅 과제	• 협력적 과제 도출
• 수업 분석 방법을 활용한 수업 분석	• 수업 분석 방법을 활용한 분석결과표	• 협력적 분석 관계 형성
• 수업 분석 결과 정리	• 수업문제 진단	• 협력적 진단

수업 분석이란 수업 관련 자료들을 체계적으로 수집하여 수업 현상을 종합적으로 이해하는 활동이기 때문에, 수업컨설팅에서 수업 분석은 매우 중요한 과정이다. 수업컨설팅이 다른 수업개선 전략과 차별화된 점은 보다 체계적인 전략을 사용하여 자료를 수집하고 이렇게 수집된 객관적 자료와 증거에 기반을 두어 수업개선을 위한 주요 의사결정을 한다는 점이다. 따라서 수업 분석 역량은 수업컨설턴트에게 가장 중요하고 필요한 역량이다. 이에 이 장에서는 수업 분석의 의미 이해에 기초하여 수업 분석 계획, 수업 분석 방법, 수업 분석 결과 정리 방법 등에 대해 설명하고자 한다.

1. 수업 분석의 이해

수업 분석 활동은 협력적 수업컨설팅 계획 수립 단계에서 도출된 수업컨설팅 과제, 즉 지향하는 수업과 현재의 수업 간의 격차를 발생하게 하는 수업문제를 종합적으로 이해하는 활동이다. 수업 분석은 수업현상에 대한 관찰 및 분석을 통해 궁극적으로는 이들 격차가 왜 발생하는지 그 원인을 찾고, 그것을 해결하기 위한 기초 자료를 습득하는 것이다. 이런 의미에서 수업 분석과 원인 분석 활동은 책의 기술을 위해서 서로 독립된 장으로 다루어지고 있지만 실제 수업컨설팅 과정에서는 동시에 이루어질 수 있고 또한 순차적으로 일어날 수 있다. 수업현상을 이해하기 위해서는 학생과 교사의 수업수행에 대한 분석이 이루어져야 한다. 수행이란 특정 목적을 가진 성취행동을 의미한다. 수업 분석에서는 학생과 교사의 수행이 목적에 맞는 적절한 것들인지, 이들 수행이 얼마나 효율적인지, 결핍된 수행, 즉 필요하지만 하지 않는 수행은 없는지, 불필요한 수행은 없는지 등을 분석한다.

수업 분석을 위한 전략이나 도구는 정해져 있는 것이 아니라 목적에 맞게 선정하여 사용하면 된다. 일반적으로 수업 분석 전략으로는 관찰, 인터뷰, 설문이 있다. 이들 전략에 대한 자세한 설명은 다음 절에서 다룰 것이다. 수업 분석 도구들은 이미 많이 개발되어 있어 수업 분석의 목적에 따라 적절히 선택하여 사용할 수 있고, 때로는 수업컨설턴트와 교사가 직접 개발하여 사용할 수도 있다.

　　수업 분석을 위해서는 우선 무엇을 분석할 것인지 대상을 고려해야 한다. 수업 분석의 대상으로는 수업을 구성하고 있는 교수자, 학습자, 학습 내용, 학습 환경 등과 이들 간의 역동적 상호작용을 고려할 수 있다. 이들 대상에 따라 수업에 영향을 미치는 요소들을 여러 도구를 활용하여 분석할 수 있다. [그림 5-1]은 이들 수업의 구성요소들과 구성요소들 간의 상호작용을 분석하는 구체적인 분석 도구들을 보여 준다. 예를 들면, 교수자 요인의 경우 교수자 자체에 내재된 요인으로 교수 양식, 발문, 시선, 피드백 전략, 동기 유발 전략 등 교수행동에 대한 분석을 할 수 있다. 학습자의 경우는 과업집중도, 학습동기, 학습기술, 만족도 및 학업성취도 등이 분석 대상이 될 수 있다. 수업 내용의 경우는 수업 내용의 조직화, 이해 가능성 등에 대해 분석할 수 있다. 학습 환경은 수업시설 분석을, 그리고 수업 전체에 대한 분석으로 수업 일관성, 수업 명료성, 수업 구성 등을 분석할 수 있다. 그리고 이들 요소 간의 역동적 상호작용을 분석하기 위해

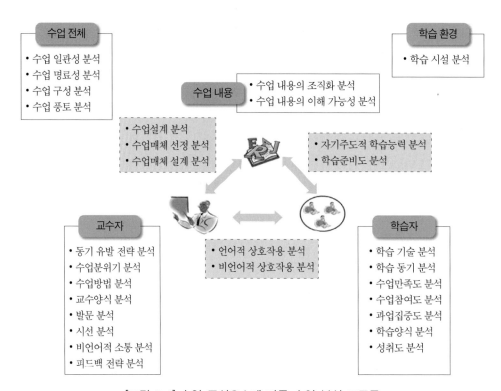

[그림 5-1] 수업 구성요소에 따른 수업 분석 도구들

서는 교사와 학생들 간의 언어적 혹은 비언어적 상호작용, 학생과 학습 내용 간의 자기 주도적 학습 과정 등을 분석할 수 있다. 교수자와 수업 내용 간의 상호작용은 수업설계와 수업매체 설계 등을 분석할 수 있다.

이 외에도 수업에 영향을 미치는 상위체제나 투입 요소들을 분석할 필요도 있다. 수업의 외부 요인들을 분석하기 위해서는 학교 경영을 맡고 있는 교장이나 교감 혹은 학부모들을 대상으로 분석을 해야 하는 경우도 있고 필요할 경우에는 학교가 속해있는 지역사회를 분석해야 하는 경우도 있다. 때로는 교육청 정책에 대해서도 분석해야 하는 경우도 있다. 우리나라 수업의 경우 교사의 전문성에 기초한 독립적인 운영이 보장되기보다는 교육청 정책에 따라 많은 영향을 받기 때문에 이들의 정책과 교사의 의지 간의 불일치에 따라 잘못된 수업현상이 나타나는 경우도 많이 있다.

이와 같이 수업 분석 방법이나 도구는 매우 다양하다. 하지만 모든 상황에서 모든 방법이나 도구를 사용할 필요는 없다. 수업 분석의 정확성을 높이기 위해서는 다양한 전략과 도구를 사용하는 것이 좋지만 비용이나 시간을 고려하여 선택적인 접근을 해야 한다. 이 장에서는 수업 분석을 위한 방법으로 일반적으로 가장 널리 사용되는 관찰, 인터뷰, 설문 전략에 대해 살펴보고, 좀 더 구체적이고 세부적인 수업 분석 도구들은 다음 장에서 독립적으로 다루고자 한다.

2. 수업 분석 계획

수업 분석은 도출된 수업컨설팅 과제를 명료화하고, 수업문제의 원인과 개선 방안을 찾는 과정이기 때문에, 양질의 자료를 체계적으로 수집하는 것이 필요하다. 일선 학교에서 수업문제를 해결하기 위한 다양한 노력을 기울임에도 불구하고 그 문제가 지속되는 이유를 파악해 보면, 정확한 자료에 근거한 과학적 분석이 이루어지지 않기 때문이라는 결론에 이른다. 수업의 문제를 정확하게 파악하기 위해서는 자료수집에 대한 계획이 선행되어야 한다.

컨설턴트가 어떠한 종류의 자료들을 수집하여 분석해야 하는가는 의뢰된 문제와 세부적인 컨설팅 목적에 따라 달라질 수 있다. 컨설팅 목적에 따라 자료 수집 계획이 반드시 이루어져야 하며, 이는 본격적인 수업 분석, 원인 분석에 앞서 구체적으로 수립되어야 한다(〈표 5-1〉 참조).

표 5-1 자료수집 계획 항목

계획 항목	세부내용
분석 목적	✓ 협력적 컨설팅 계획수립 단계에서 제시된 컨설팅 과제를 세부 문제로 나누고 각 세부 문제와 관련된 자료수집 목적을 기술 ✓ 세부 목적을 기술할 때는 무엇을 파악하기 위한 것인지 가능한 구체적으로 기술 　예 학생들이 다른 과목에 비해 수학과목의 학습동기가 낮은 이유를 밝혀낸다.
분석 방법	✓ 분석을 위한 대상과 자료수집 방법을 구체적으로 기술 ✓ 분석 대상은 수업 구성요소인 교수자, 학습자, 학습 내용, 학습 환경, 그리고 이들 요소들 간의 상호작용도 대상이 될 수 있음 ✓ 자료의 객관성 확보를 위해 동일한 현상에 대해서 두 가지 이상의 자료수집 방법을 활용하는 것이 바람직함 　예 교수자: 수업관찰과 인터뷰 　　학습자: 수업관찰, 설문, 검사지, FGI(Focus Group Interview) 　　교수자와 학습자 간 상호작용: 수업관찰과 인터뷰
분석 도구	✓ 분석 목적과 분석 대상에 적절한 분석 도구를 선정 　예 학습자 　　검사지: ARCS 동기 검사지 　　수업 관찰도구: 수업 일관성 분석 　　설문지: 동기가 저하되는 이유와 개선방법에 대한 개방형 설문지 　　FGI: FGI 질문 리스트
분석 일정	✓ 분석 일자, 장소, 시간, 횟수 등에 대한 세세한 분석 일정을 기술 　예 FGI: ○○년 ○○일 오후 ○○~○○시 1회 실시 　　장소: 학생 상담실

수업 분석 계획에는 분석 목적, 분석 방법, 분석 도구, 분석 일정 등이 포함된다.

첫째, 분석 목적은 분석활동을 통해 획득된 자료를 종합하여 내릴 수 있는 결과를 의미한다. 일반적으로 분석 목적은 수업컨설팅 의뢰 목적에 기초하여 작성한다. 즉, 수업컨설팅을 의뢰한 수업컨설팅 과제를 몇 가지 하위과제로 나누고 그 하위과제를 분석 목적 형태로 기술하면 된다. 예를 들어, 하위 수업컨설팅 과제 중 하나가 학생들의 수학과목에 대한 학습동기가 낮은 것이라면 '학생들이 다른 과목에 비해 수학과목의 학습동기만 낮은 이유를 밝혀낸다.'로 기술할 수 있다. 또는 수업에 접근하는 관점에 따라 목적을 기술할 수 있다. 예를 들어, 거시적 분석을 하기 위해서 '의뢰인(교사 또는 학교장)이 추구하는 학급의 비전, 학년의 비전, 또는 학교의 추구하는 수업목표를 도출한다.'라고 진술할 수 있다.

둘째, 분석 방법을 기술해야 한다. 분석 방법이란 분석 대상과 그 대상에 따른 자료 수집 방법을 의미한다. 이때 분석 대상이란 수업의 네 가지 요소인 교사, 학생, 학습내용, 학습 환경과 이들 요소 간의 상호작용을 포함한다. 예를 들어, 교사와 학생 간의 상호작용, 교사와 학습 내용 간의 상호작용, 학습자와 학습자 간의 상호작용 등이다. 수업 분석 방법이란 분석 대상에 대해 어떤 방법으로 자료를 수집할 것인가를 의미하는 것으로, 수업관찰, 인터뷰, 설문지, FGI, 검사지, 문헌 분석 등이 이에 속한다. 수업 분석 방법을 결정할 때는 한 가지 분석 목적에 대해서 다양한 방법을 사용하여 자료의 객관성을 확보해야 한다. 동일한 분석 대상에 대한 수업관찰, 설문지, 인터뷰 자료가 모두 동일한 패턴을 보인다면 분석 결과의 객관성이 높아질 것이다.

셋째, 분석 도구란 수업 분석에 사용될 구체적인 도구들을 말한다. 분석 도구를 선정할 때에도 분석 목적에 부합되는지 살펴야 하며, 분석 방법에 적합한 도구를 선택하거나 수정하여야 하고 적합한 도구가 없을 경우에는 개발하여 사용해야 한다. 인터뷰의 경우 반구조화된 인터뷰와 구조화된 인터뷰가 있고, 설문지의 경우 어떤 내용에 대한 어떤 유형의 설문지인지를 기술하면 된다. 수업관찰 도구는 교사와 학생의 언어적 상호작용, 판서 분석, 과업집중도, 수업분위기 분석, 수업 일관성 분석 등 다양한 도구가 있다.

넷째, 분석 일정이란 분석 일자, 장소, 시간, 횟수 등을 의미한다. 가능한 구체적으로 일자와 장소를 기술해야 하며 어느 정도의 시간이 걸리고 몇 번에 걸쳐 실시되어야 하는지 기술한다. 특히 수업관찰은 1회만 이루어질 경우 여러 가지 이유로 인한 우연적 영향이 발생할 수 있으므로 가능한 2회 이상의 관찰을 할 수 있도록 일정을 계획하는 것이 필요하다. 예를 들어, 체육 시간이나 점심시간 이후의 수업인 경우 구체적인 상황 요인에 의해 학습동기가 매우 낮게 관찰될 수 있을 것이다.

수업 분석을 계획할 때 일방적으로 컨설턴트 주도의 자료 수집 계획과 실행으로 이루어지는 것이 아니라, 교사와의 협력적인 상호작용을 통해서 이루어지는 것이 중요하다. 수업 분석의 대표적인 방법이 수업관찰인데, 이 경우 교사들이 수업을 개방하고 공개하는 것이므로 교사와의 사전 협의와 이해가 필수적이다. 컨설턴트가 수업을 관찰할 경우 교사와 학생들이 관찰자를 의식하여 지나치게 경직되거나 평소와 다른 과잉행동(평소에 잘 학습을 하지 않는 학생이 학습을 잘하는 척 하는 행동) 등을 할 수 있다.

3. 수업 분석 방법

수업 분석을 위해 수업컨설턴트와 교사들은 다양한 방법을 활용할 수 있는데, 일반적으로 해당 수업관찰, 교사, 학생 등 관련된 사람들과의 인터뷰, 설문조사, 그리고 다양한 문서 자료의 수집 및 분석을 주로 활용한다. '현재 수업'의 현상을 분석할 때는 수업관찰, 인터뷰, 설문조사, 수업과 관련된 문서 수집 및 분석 등 대부분의 방법을 활용할 수 있다. 그러나 모든 자료를 수집, 분석하는 것은 현실적인 어려움이 있으므로, 비용, 시간 등을 고려하여 분석 방법을 선정하는 것이 바람직하다. '지향하는 수업'은 대부분 인터뷰 방법을 활용하여 파악할 수 있다.

수업관찰과 인터뷰를 통해서는 질적 자료를 수집할 수 있고, 설문조사를 통해서는 양적 자료를 수집할 수 있으며, 종종 두 종류의 자료를 동시에 통합, 수집하기도 한다. 질적 접근방법에는 일화 보고서, 주제 노트, 민속학적 기록, 문서 자료 분석 등이 있고, 양적 접근방법으로는 학습동기와 교수양식 분석과 같은 자기보고 방식의 설문을 이용한 측정방법과 발문 분석과 과업집중도 분석과 같은 평정척도나 부호화 방법을 사용하여 특정 행동의 강도나 빈도를 숫자적으로 분석하는 방법이 있다. 또한 수업 분석 전략 차원에서 다양한 도구를 사용한 수업관찰과 같은 수업에 대한 직접적인 분석 전략과 인터뷰와 설문 등을 통해 수업 현상을 추론하는 간접적 분석 전략이 있다. 때로는 학생의 성취도, 학습동기, 학습기술을 직접 측정하여 분석할 수 있고 이미 분석된 자료를 획득해서 사용할 수도 있다. 정확한 수업 분석을 위해서 다양한 전략과 도구를 사용하는 것이 좋지만 비용이나 시간을 고려하여 선택적으로 접근해야 한다. 이 장에서는 수업 분석 방법 중 관찰, 인터뷰, 설문에 대해 살펴본다.

1) 관찰

관찰은 정확한 정보를 찾아낼 수 있는 유용한 방법으로, 대표적인 질적 수업 분석 방법 중 하나이다(최정임, 2002) 특히 수업관찰은 수업장면에서 교수자와 학습자들의 표정, 행동, 상호작용 등을 살필 수 있는 유용한 방법으로, '수업의 실제'에 대한 많은 정보를 얻을 수 있다.

(1) 관찰의 특성

관찰의 주요 특성은 다음과 같다. 첫째, 융통성이 있다. 일반적으로 관찰을 시작할 때는 어떤 것을 보리라는 기대감을 갖게 된다. 그러나 막상 관찰을 하다 보면 예측하지 못한 점을 발견하여 추가적인 정보를 수집할 수 있는 융통성이 있다. 둘째, 현장에서 발생하는 실상을 이해하게 된다. 관찰 대상이 처음 접하는 분야인 경우 해당 주제를 이해하는 데 어려움과 두려움을 가질 수 있는데, 관찰을 통해 해당 분야를 이해할 수 있다. 셋째, 말보다 깊은 정보를 제공한다. 관찰은 말로 제시한 정보가 실제의 현상을 반영한 것인지 구체적으로 확인할 수 있는 기회를 제공한다. 더 나아가 말로 표현하지 않은 감정이나 행동도 관찰을 통해 발견할 수 있다. 넷째, 바람직한 수업의 모습과 실제 수업의 차이를 밝혀내는 데 유용한 도구가 된다. 수업 문제를 이해하기 위해서는 교수자와 면담하고 다양한 질문을 하는 것도 중요한 방법이지만, 실제 수업 과정을 관찰하는 것이 더 정확한 방법이 될 수 있다. 다섯째, 현장에서의 관찰뿐만 아니라 현존 자료 관찰도 관찰에 포함된다. 현존 자료 분석은 인쇄물이나 파일의 형태로 저장된 자료를 관찰하고 검토함으로써 정보를 얻는 방법으로, 수업관찰의 경우 교수학습 과정안, 학습지 등이 현존 자료 관찰의 대상이 된다. 여섯째, 관찰은 또 다른 부가적인 관찰이나 다른 기법 및 도구의 사용을 유도한다. 관찰은 한 번의 행동에서 그치는 것이 아니라 다른 부가적인 행동을 유도한다. 따라서 관찰은 다른 방법 또는 도구들과의 연계를 통해 보다 정확한 정보를 파악하기 위한 수단이 될 수 있다(최정임, 2002).

(2) 관찰 가이드 작성

관찰 가이드는 관찰 시 보다 효과적인 결과를 얻기 위해 사용하는 작업 보조도구로, 다음 사항을 고려하여 작성한다. 첫째, 이해하기 쉽고 쓰기에 간편해야 한다. 따라서 관찰 가이드는 관찰자가 용도와 목적에 따라 본인이 이해하기 쉽게 직접 만드는 것이 바람직하다. 둘째, 목적에 따라 구조화한다. 일반적으로 관찰은 전체적인 분위기를 탐색하기 위한 것만은 아니므로, 구체적으로 관찰하고자 하는 목적에 맞게 관찰 내용을 정리하는 것이 바람직하다. 셋째, 영역을 제한한다. 단 한 번의 관찰로 알아야 할 모든 사항을 다 알 수는 없다. 따라서 초점을 두어 보고자 하는 일의 부분을 결정하고, 그것을 기록할 수 있도록 가이드를 작성한다. 넷째, 양적 · 질적 측면을 다 고려한다. 양적 자료는 특정한 행동의 횟수 등을, 질적 자료는 행동의 구체적인 특징이나 내용을 기술하는 것이다. 관찰의 목적에 따라 양적 자료나 질적 자료의 양과 초점이 달라질 수 있다. 다섯째, 다른 정보에 대해서도 기록할 수 있어야 한다. 관찰을 통해 의도한 목적 이외에 부수적인 정보를 얻게 되었을 때 그런 정보를 기록할 수 있는 공간을 만들어 놓아야 한다. 또한 관찰을 하는 동안 떠오른 의문이나 질문 사항도 적을 수 있어야 한다. 이러한 질문 사항은 나중에 추가적인 관찰이나 면담, 현존 자료 분석 활동을 하는 데 필요한 지침이 될 수 있다. 〈표 5-2〉는 수업컨설팅 시 수업 형태와 사용 매체를 관찰하기 위한 관찰 가이드 사례이다(최정임, 2002).

표 5-2 관찰 가이드 사례

관찰 장소: 관찰자의 위치: 관찰 시작 시간:	관찰 대상: 관찰일: 관찰 종료 시간:

1. 관찰 목적
1) 바람직한 수업
2) 실제 수업
3) 원인

2. 수업 활동 및 상황에 대한 설명

3. 양적 자료

사용된 하드웨어		수업 활동		활동의 주체	
White board		강의		교수자	
CD-ROM		개별수업		학습자	
Computer(PC)		Role Play		모두	
LCD Overhead Display		Simulation			
Multimedia system		실험			
Pictures		대집단 토의			
기타		소그룹 활동			

4. 논평: 학습자/교수자의 동기, 열의, 학습자/교수자의 활동 등
5. 추후 활동사항

(3) 관찰의 단계

관찰은 ① 관찰을 준비하고, ② 자신을 관찰 환경에 소개하고, ③ 관찰을 실시하고, ④ 후속조치를 취하는 단계로 진행된다. 각 단계의 주요 내용은 다음과 같다(최정임, 2002).

첫째, 관찰을 준비한다. 관찰을 준비하는 것은 면담이나 회의를 준비하는 것과 유사하다. 관찰을 준비할 때는 먼저 현장에 나가는 목적을 확인하고, 어떤 유형의 관찰 방법을 사용할 것인지 선택한다. 즉, 관찰자를 알리는 공개된 관찰 방법과 관찰 대상자들이 모르는 은밀한 관찰 방법이다. 일반적으로 수업을 관찰하는 행동은 공개된 관찰

이 될 것이다. 또한 관찰 가이드를 설계한다. 관찰을 목적을 달성하기 위해 〈표 5-2〉와 같은 관찰 가이드를 작성한다.

둘째, 자신을 관찰 환경에 소개한다. 자신을 관찰 환경에 소개할 때는 본인이 그곳에 온 이유, 여기서 듣고 본 것은 개인의 평가와는 전혀 상관이 없다는 점, 관찰은 관찰자가 현장에서 일어나는 일에 대한 이해를 얻기 위해 수행하는 여러 관찰의 일부라는 점, 어느 정도 오래 있으리라는 점, 평소와 같이 행동했으면 한다는 점 등을 이야기하면 된다.

셋째, 관찰을 실시한다. 관찰할 때는 사람들의 눈에 띄거나 주목을 끌지 않도록 조용히 관찰한다. 일반적으로 관찰은 전체적인 상황과 구체적인 상황 파악을 목적으로 이루어지며, 구체적인 상황 파악을 위해서는 사전에 무엇을 관찰할 것인지에 대한 관찰 가이드를 준비하여 활용한다.

넷째, 후속조치를 취한다. 후속조치는 관찰 결과에 조사가 필요한 문제가 생겼을 때 일어난다. 후속조치를 결정할 때는 관찰 노트와 관찰 가이드를 참조한다.

2) 인터뷰

인터뷰는 컨설팅을 수행하는 데 필요한 자료를 수집하기 위한 하나의 방법으로써 양방향 의사소통 활동으로 실시된다. 양방향 의사소통이므로 수업관찰이나 설문조사와 다르게 인터뷰는 다음과 같은 몇 가지 장점이 있다. 첫째, 면대면으로 이루어지는 인터뷰에서는 컨설턴트가 피면담자의 개인적인 의견뿐만 아니라 표출하는 감정의 변화 등도 함께 수집할 수 있다(조민호, 설증웅, 2006a; Krathwohl, 2009). 둘째, 컨설턴트가 인터뷰 상황이나 대상자에 따라 유연하고 적응적으로 대처할 수 있다. 셋째, 인터뷰와 수업관찰은 서로 보완적인 관계로써 상호작용을 한다. 즉, 수업관찰 결과가 인터뷰 결과에 의미를 제공해 주기도 하고, 인터뷰 결과가 수업관찰 결과에 대해 새로운 의미를 파악하여 다른 관점으로 바라보도록 도와주는 상보적 관계이다. 넷째, 인터뷰에서는 수업관찰을 통해서 얻을 수 없는 새로운 사실이나 정보 등의 자료를 수집할 수 있다.

이러한 장점을 토대로 인터뷰를 실시하는 목적을 다섯 가지로 요약할 수 있다

(Krathwohl, 2009).

첫째, 어떤 사람이나 상황에서 무엇이 일어났는지 탐구 및 탐색한다. 예를 들어, 학생들과 선생님을 대상으로 수업 중 선생님과 학생들 간의 관계 형성에 대해서 인터뷰를 한다면, '△△△ 선생님의 수업에서 학생들과 선생님의 관계가 어떠했는지 자유롭게 이야기해 주세요.'의 질문을 통해 해당 상황에 대해 파악할 수 있다.

둘째, 그와 같은 상황을 각 개인이 어떻게 받아들이고 있는지 파악한다. 즉, 그와 같은 상황이나 사람이 개인들에게 어떠한 의미이며, 얼마만큼 중요하며, 그러한 상황이 어떻게 왔는지, 그러한 상황이 미래를 어떻게 변화시킬 수 있는지에 대해서 알아보는 것이다. 예를 들어, '선생님 수업에 대해서 자연스럽게 말해 보세요. 선생님하고 수업하면서 여러분은 각자 어떤 생각을 했나요?'의 질문을 통해 개인의 생각을 파악할 수 있다.

셋째, 인과관계에서의 원인을 규정한다. 예를 들어, '왜 △△△ 선생님의 수업이 명료하고 명확하다고 생각하나요?'라는 질문을 통해 원인을 파악할 수 있다.

넷째, 관찰된 내용과 기대했던 효과가 일치하지 않은 이유나 상황에 대해서 알 수 있다. 예를 들어, '△△△ 선생님 수업을 관찰할 때는 모든 학생이 열심히 수업활동에 참여해서 동기 수준이 높을 거라 예상했는데 생각보다 낮게 나타났어요. 그 이유가 무엇일까요?'의 질문을 통해 현상에 대한 이유나 상황을 파악할 수 있다.

다섯째, 어떤 상황이 발생하게 된 기제와 과정에 대한 실마리를 알 수 있다. 예를 들어, '△△△ 선생님 수업에서 학생들이 집중을 못하고 지루해 하는 요인이 있다면 무엇인가요?'의 질문을 통해 상황 발생에 영향을 준 원인 등을 파악할 수 있다.

(1) 인터뷰의 유형 및 방식

인터뷰의 목적에 따라 유형과 방식은 다양하다. 인터뷰 방식은 인터뷰 특성 및 대상자의 규모 그리고 인터뷰 질문 구조에 따라 다양한 유형으로 구분된다.

첫째, 인터뷰 대상의 규모와 특성에 따라서 일대일(one-to-one) 인터뷰와 소집단(small group) 인터뷰, 포커스 그룹(focus group) 인터뷰로 나뉜다. 일대일 인터뷰는 자료수집의 목적에 필요한 대상인 피면담자 1명과 인터뷰를 진행하는 것이다. 소집단 인터뷰는 2명 이상 10명 이하의 피면담자와 인터뷰를 진행하는 방식으로 공동 의견을 도출하는 데 초점을 두고 있다. 포커스 그룹 인터뷰는 구조화된 소집단 인터뷰라고 할 수 있다(Kreuger, 1994: 1997).

포커스 그룹 인터뷰는 진행이 조직적 · 형식적이고 인터뷰 내용을 전사한 후 분석하여 결과를 얻는다. 또한 포커스 그룹 인터뷰는 참가자들이 서로 상호작용 과정에서 의견을 형성해 나가기 때문에 개별 인터뷰보다 더 자연스러운 환경에서 이루어진다고 할 수 있다. 다시 말하면, 포커스 그룹 인터뷰는 특정한 주제나 상황에 대한 인식이나 생각을 얻기 위한 토의 방식의 인터뷰이다.

포커스 그룹 인터뷰의 목적은 선택된 주제나 상황에 관련된 사람들과 서로의 관심사에 대한 정보를 얻는 것인데, 참가자들의 생각이나 의견의 합일점을 찾는 것이 아니라 선택된 주제에 대하여 사람들의 심도 있는 생각이나 의견을 이끌어 내어 그 경향을 파악하는 것이다. 따라서 내용이나 시각 자체가 넓게 시작해서 점점 좁고 깊게 들어가며 탐색과 구조를 모두 조합하는 방식을 취한다.

포커스 그룹 인터뷰의 규모는 대략 4명 이상 12명 이하가 적당하다. 4명보다 많으면 참여자들 간에 아이디어를 나눌 기회가 많지만 참여자 수가 적기 때문에 빈약한 정보를 얻을 수 있는 단점이 있고, 12명보다 많으면 인터뷰 중 참여자들이 고르게 의견을 말할 수 있는 기회가 적어 의견을 충분히 수렴하는 데 어려움이 있다.

포커스 그룹 인터뷰를 실행할 때는 컨설턴트가 인터뷰를 실시하기 전에 진행 방법과 질문 등에 대해 미리 계획한다. 인터뷰 시간 배정, 인터뷰 대상자 선정 등을 계획하고 질문에 대한 질 좋은 답변을 얻을 수 있는 환경과 태도, 그리고 질문을 생성하는 방법과 질문의 범위, 참가자들의 적극적인 참여를 유도하기 위해서 질문을 이끌어 가는 방법 등을 계획해서 실시한다. 인터뷰는 미리 작성한 개방형 질문에 따라 컨설턴트가 진행하는데, 이때 참가자 동의를 얻어 비디오나 오디오 기록 장치를 이용하여 인터뷰 내용을 상세히 기록하고 수집한 자료를 전사하고 분석하여 얻고자 하는 중요한 개념과 정보를 도출한다(Kreuger, 1988).

둘째, 인터뷰의 구조에 따라 구조화된(structured), 반구조화된(semi-structured), 그리고 비구조화된(unstructured) 유형으로 분류할 수 있다(Berg, 2004; Nichols, 1991).

구조화된 인터뷰는 면담자(컨설턴트)가 사전에 철저하게 준비되어 순서가 명확한 질문 문항에 따라 인터뷰를 수행한다. 질문에 쓰인 문항 그대로 유지하면서 질문하기 때문에 어떠한 상황에 적응적으로 대처하는 수준은 낮은 편이다. 즉, 상황에 따라 추가 질문을 하거나 피면담자의 응답을 다시 명확하게 파악할 수 있도록 질문하지는 않는다. 구조화된 유형은 설문조사와 거의 유사한 형식이라고 할 수 있다.

반구조화된 인터뷰는 불균형적인 구조로써 컨설턴트가 초기에 질문을 하고 피면담자의 응답에 따라 탐색하면서 준비된 질문 순서를 재구성하거나 질문 내용을 생략 또는 추가하여 유연하게 대처할 수 있다. 구조화된 인터뷰와 비교해서 피면담자의 응답을 보다 명확하게 파악하기 위한 질문을 할 수도 있다.

비구조화된 인터뷰는 대화 자체가 매우 자유롭게 이루어져 준비된 질문 문항과 순서에 따라 이루어지지 않는다. 즉, 면담자와 피면담자 모두 주제에 따라서 다양하게 질문을 주고받을 수 있다. 특히 비구조화된 인터뷰는 구조화된 인터뷰와 다르게 질문 문항의 언어 수준을 상황과 피면담자에 따라 매우 유연하게 적응적으로 대처할 수 있다. 또한 반구조화된 인터뷰와 같이 면담자가 상황과 주제에 따라 자유롭게 질문 내용을 생략하거나 추가할 수도 있다.

따라서 비구조화된 인터뷰는 어떤 자료를 깊게 탐색하는 데 매우 유용할 수 있으나 인터뷰를 수행하는 사람이 커뮤니케이션 및 대인관계 스킬이 능숙해야 하고, 자료 분석을 위한 전문성을 갖추고 있어야 한다. 반면에, 구조화된 인터뷰는 인터뷰를 수행하는 사람이 커뮤니케이션 및 대인관계 기술에 덜 능숙해도 쉽게 진행할 수 있고, 인터뷰 결과 분석도 손쉽게 실시할 수 있다. 그러나 구조화된 인터뷰를 하기 전에 인터뷰 내용과 과정을 충분히 점검하고 준비해야 한다(Krathwohl, 2009).

(2) 인터뷰 내용

인터뷰 내용은 목적과 대상자에 따라 달라지지만, 인터뷰 내용에 포함되어야 할 기본적인 영역이 있다. Patton(1987)은 인터뷰 내용 구성을 위한 여섯 가지 영역을 다음과 같이 제안하였다. 첫째, 경험(experience)과 행위(behavior)이다. 이는 면담자가 피면담자에게 현재까지 겪었던 상황 또는 피면담자가 그 상황에서 했던 활동에 대해서 묻는 내용이다. 둘째, 의견(opinion)과 믿음(belief)이다. 이는 피면담자가 갖고 있는 목적, 의도, 추구하는 바, 가치 등이 드러날 수 있는 질문이다. 셋째, 느낌(feeling)이다. 피면담자의 응답 내에 반영된 감정을 도출해 낼 수 있는 질문이다. 넷째, 지식(knowledge)이다. 이는 피면담자의 상황이나 행위에 대한 사실을 파악할 수 있는 질문을 의미한다. 다섯째, 감각(senses)이다. 피면담자가 보고, 듣고, 냄새 맡고, 접촉한 경험을 통해 이끌어 낼 수 있는 질문을 의미한다. 여섯째, 통계학적 자료(demographics) 및 배경(background)이다. 이는 피면담자와 관한 현재 위치, 경험, 학력 등의 정보를 의미한다.

일반적으로 수업컨설팅에서는 앞서 언급한 여섯 가지 영역 중 감각 영역을 제외한 다섯 가지 영역을 중심으로 인터뷰하는데, 구체적인 사례는 〈표 5-3〉과 같다. 감각 영역을 제외한 것은 수업컨설팅에서는 감각을 요구하는 정보가 경험이나 의견을 요구하는 것과 유사할 수 있기 때문이다.

표 5-3 수업컨설팅과 관련한 인터뷰 내용(예시)

영역	설명	예시			
		교사	학생	학부모	학교 관계자
경험 / 행위	• 피면담자가 수업에서 겪었던 직·간접 경험 • 가치가 배제된 사실 중심	• △△△학생이 수업에서 보여 주는 대표적인 문제행동은 어떤 것들이 있나요? • 학생들의 학습동기를 높이기 위해 어떤 전략을 사용하고 계시나요?	• 수업 내용을 이해하기 어려울 때 누구에게 어떤 도움을 요청하나요? • 방과 후에 친구들과 시간을 보낼 때 주로 무엇을 가장 많이 하나요?	• 아이가 집에서 공부를 하지 않을 때 어떻게 대처하십니까? • 아이들과 현장학습을 위한 여행을 얼마나 자주 하시나요?	• 교사들의 수업 역량 개선을 위해 어떤 정책에 초점을 두고 계십니까? • 수업을 잘하는 교사들을 위한 어떤 보상 정책을 실행하고 계십니까?

의견 / 믿음	• 수업이나 학교, 교과에 대해서 가지고 있는 개인적인 견해나 생각, 가치, 의도, 비전 등	• 선생님의 수업 철학은 무엇입니까? • 현 수업을 개선하기 위하여 어떤 점들이 가장 먼저 개선되어야 한다고 생각하십니까?	• 수학과목 수업에서 어떤 점이 가장 어렵고 어떤 점을 개선하면 좋을까요? • 다른 교우들이 수업에 열심히 참여하지 않는 가장 큰 이유는 무엇일까요?	• 학교 수업에서 가장 불만이 있는 것은 무엇입니까? • 학교 차원에서 학부모에게 제공하는 서비스 중 개선이 필요한 것은 무엇인가요?	• 학교에서 교육정책을 실행할 때 가장 어려운 점이 무엇인가요? • 수업을 개선하기 위해 교육청 차원에서 어떤 지원이 더 필요할까요?
느낌	• 수업 및 학교 상황에 대한 피면담자들의 감정적 반응	• 수업시간에 졸고 있는 학생들을 보면 어떤 느낌이 드시나요? • 열심히 수업을 개선하기 위해 노력했는데 아무런 보상이 없다면 어떤 감정이 드시나요?	• 시험에서 실패했을 경우 어떤 감정을 느끼나요? • 전반적으로 학교 수업에 대해 어떤 태도를 가지고 있나요?	• 아이가 원하는 성적을 얻지 못했을 때 어떤 감정이 드시나요?	• 교사들이 학교 정책에 반대할 때 어떤 감정을 느끼십니까?
지식	• 피면담자가 가지고 있는 특정 영역에 대한 지식	• 수업 설계를 할 때 학생 분석은 어떻게 하십니까? • 가장 많이 사용하는 수업모형은 어떤 것들이 있나요?	• 노트 필기를 어떻게 하고 있는지 설명해 주세요. • 수학과목에서 가장 풀기 어려운 영역은 어디인가요?	• 아이들에게 화를 내지 않고 설득하기 위해서 어떤 방법을 사용하시나요?	• 열심히 하지 않는 교사들의 참여를 독려하기 위한 리더십 전략이 있으십니까?
배경 / 통계학적	• 피면담자의 경력이나 나이, 현재 업무 등 배경적 사실	• 선생님의 수업 경력은 어느 정도 되시나요? • 선생님께서 현재 학교에서 맡고 계시는 업무는 무엇인지요?	• 학원을 몇 개 다니고 있나요? • 형제자매의 숫자는?	• 부모교육 프로그램에 참여하신 적이 있나요? 어떤 프로그램인가요?	• 교장 경력은 어떻게 되십니까? • 어떤 유형의 수업 관련 연수를 받으셨나요?

(3) 인터뷰 계획 및 실행

① 인터뷰 계획

인터뷰 계획을 수립할 때에는 인터뷰 대상자와 대상자로부터 수집하고자 하는 자료, 인터뷰 시기와 방법, 장소 등을 결정해야 한다. 이때, 인터뷰 문항의 내용과 해당 학교의 여건에 따라 수업을 분석하는 데 필요한 피면담자, 면담 범위, 면담 방식을 결정한다.

컨설턴트가 인터뷰를 실시하기 위해서 준비한 모든 내용을 〈표 5-4〉와 같이 정리해서 인터뷰 계획표를 컨설티와 함께 논의하거나 학교 측과 공유할 수 있다.

표 5-4 인터뷰 계획표(예시)

인터뷰 목적	대상자	인터뷰 방식	인터뷰 형식	인터뷰 공간	인터뷰 일정
학교에 대한 태도	△△△ 선생님	일대일 인터뷰	반구조화	회의실	2018년 10월 △일 13:00~14:00
△△△ 선생님의 수업에 대한 경험	△학년 △반 5명 (남2,여3)	포커스 그룹 인터뷰	비구조화	교실	2018년 9월 △일 15:0~16:00
학교 정책에 대한 소감	학부모 20명	소집단 인터뷰	반구조화	회의실	2018년 11월 △일 15:00~16:00
전체 교사들에 대한 경향성	학교 관계자 (교장/교감)	일대일 인터뷰	비구조화	교장실	2018년 10월 △일 14:00~15:00

② 인터뷰 실행 및 결과 정리

인터뷰는 피면담자로부터 솔직하고 의미 있는 답변을 유도할 수 있도록 인터뷰의 취지와 목적, 기밀 보장 등에 대해 정확히 설명하고 시작한다. 인터뷰 시간은 약 30분~1시간을 기준으로 진행하되, 인터뷰 항목별로 약 10분 내외의 시간 안배를 고려한다. 구조화된 인터뷰를 제외한 반구조화된 인터뷰와 비구조화된 인터뷰는 단답형 답변을 예방하도록 질문을 해야 한다. 또한 피면담자의 답변 내용이 인터뷰의 취지나 목적에 어긋나지 않도록 인터뷰 시작 전에 이에 대해 주지시키고 면담을 진행하는 중에도 이를 환기시킨다. 필요한 경우에는 피면담자의 동의를 얻어 인터뷰 내용을 녹취할 수 있다. 인터뷰가 끝나면 감사의 표시를 하고, 인터뷰 결과를 정리하여 피면담자에게 확인을 요청하고 이해가 부족한 부분이나 누락된 부분이 없는지 등을 점검하여 정확성을 기한다.

인터뷰 실행을 위한 시나리오는 〈표 5-5〉와 같다.

표 5-5 인터뷰 진행 시나리오(총 37~52분)

- 인사말, 자기소개: 1~2분
- 인터뷰 목적 소개: 2~3분
- 공통 질문 진행: 3문항 10~15분
- 특정 질문 진행: 5문항 20~25분
- 미진사항 및 면담사항 피드백: 3~5분
- 정리 및 면담 종료: 1~2분

효과적으로 인터뷰를 실행하기 위해서 고려 및 주의해야 할 사항을 종합하면 〈표 5-6〉과 같다(Cannell, 1985; Patton, 1987; Seidman, 1991).

표 5-6 인터뷰 실행을 위한 고려사항

- 말하기보다는 듣는 데 초점을 두어야 한다.
- 즉석에서 면담자의 역할을 구조화할지 또는 면담자가 미리 정해 온 질문만으로 인터뷰를 할지 정해야 한다. 즉, 인터뷰의 범위와 깊이를 좁고 깊게 할지 아니면 넓고 덜 깊게 할지, 또는 자연스럽게 흐름에 맡길지 아니면 초점을 두고 탐구적으로 할지에 대해서 정해야 한다.
- 인터뷰가 순조롭게 진행되기 위해서 면담하기 전에 면담 목적과 방법, 항목에 관한 안내문을 사전에 전달하여 피면담자의 이해를 도울 수 있다.
- 인터뷰를 실행할 때는 피면담자들과 친숙한 환경(공간)에서 실시하도록 한다. 낯선 환경보다는 친숙한 환경에서 인터뷰를 할 때 더욱 적극적인 의사소통이 가능하다.
- 풍부한 정보와 의견 등 원하는 응답을 얻을 수 있도록 지속적으로 긍정적인 반응을 보여 주어야 한다. 즉, 인터뷰하는 과정에서 언어적 행위("아, ~네, 그렇군요." "이해합니다." 등)와 더불어 비언어적 행위(고개를 끄덕이는 행동)를 함께 활용하여 적극적인 자세를 취해야 한다.
- 피면담자(교사, 학생, 관계자, 학부모 등)로부터 얻는 직접적인 응답 이외에도 피면담자의 발언,

자세, 의견, 태도, 몸짓 등 모든 반응에서 자료를 수집하고자 노력해야 한다.
- 인터뷰 과정에서 응답자로부터 예기치 않는 저항(미응답, 편향된 응답, 설문 자체에 대한 의문 등)에 직면하면 일단 저항의 성격을 파악한 다음 피면담자의 이해도를 높이기 위한 노력을 기울여야 한다.
- 인터뷰 질문은 "네." 또는 "아니요."라는 단순한 대답이 아니라 풍부한 정보를 얻을 수 있도록 구성해야 한다.
- 인터뷰는 피면담자의 기억에 의존하는 것이므로, 인터뷰 내용을 뒷받침할 수 있는 객관적인 자료(관찰 결과) 또한 함께 통합적으로 분석해야 한다.

기본적으로 인터뷰는 면대면 상황에서 이루어지만, 피면담자의 사정과 여러 가지 상황에 의해서 이메일을 통한 인터뷰 방법도 활용할 수 있다. 그러나 보다 풍부한 정보를 얻기 위해서는 면대면 인터뷰를 실행하는 것이 수업컨설팅 과정에서는 효과적일 것이다.

3) 설문

설문은 선택된 개인 모두에게 동일한 질문을 하여 정해진 응답 내에서 작성하여 이를 토대로 분석하는 방법이다. 설문은 컨설턴트가 수집하고자 하는 일련의 내용을 구조화하여 질문과 선택할 수 있는 정해진 응답들을 체계적으로 담고 있는 형태이다. 즉, 응답자에게 배포하여 스스로 자신의 의견을 기입하게 하지만 컨설턴트가 이미 정해진 답안 내에서 선택하도록 구성되어 있다.

설문지는 인터뷰보다는 상대적으로 자료수집에 요구되는 시간이 짧은 편이며, 컨설턴트가 응답자에게 미치는 영향을 최소화시킬 수 있다는 장점이 있다. 반면에 설문지를 작성할 때는 설문 내용과 응답이 매우 중요하므로 그 목적에 부합되도록 철저한 준비가 있어야 한다. 즉, 한 번 배포되면 아무리 그것이 몇몇 응답자에게 불명확하더라도 그 항목을 수정할 수 없기 때문에 설문지는 언어 능력이나 문장 이해력과 표현 능력이 중요하다. 따라서 질문을 작성할 때, 응답자가 정확하게 이해할 수 있도록 명확하게 진술해야 한다.

(1) 설문지 유형

설문지에서 사용하는 문항은 폐쇄형(closed) 문항과 개방형(opened) 문항이 있다. 폐쇄형은 구조적 질문지(structured questionnaire)로서 응답자로 하여금 몇 개의 선택지로부터 답을 선택하도록 하는 것이다. 사용이 쉽고 점수화 및 컴퓨터를 사용하여 분석하는 데 용이하다. 반면에 개방형은 비구조적 질문지(unstructured questionnaire)로서 응답자가 질문에 대해 원하는 방식과 분량으로 작성하게 하는 질문이다. 이 경우 다양한 형태와 내용의 반응이 나오기 때문에 점수화하기 어려울 수 있고, 응답자에 따라 이러한 형태의 질문에 대해 답하지 않는 경우가 있다.

각 문항 유형의 장점과 단점은 〈표 5-7〉에 제시되어 있다(Peterson, 2000; Turner & Martin, 1984).

표 5-7 폐쇄형 문항과 개방형 문항의 비교

폐쇄형 문항	개방형 문항
• 주어진 질문의 정해진 답안이 작성자들의 응답에 영향을 끼침	• 미리 정해진 답안을 제시하지 않으므로 응답에 끼친 영향 정도가 비교적 적음
• 주어진 질문의 정해진 답안에 한해서 작성자들은 응답을 할 수 있는 제한이 있음	• 가능한 한 응답 범위가 탐색적이고 창의적인 응답이 나올 수 있음
• 작성자들이 응답해 준 것에 대한 깊은 탐색이 어려움	• 응답에 대한 탐색적인 질문을 추가할 수 있어 질문에 대한 응답자의 깊이 있는 이해를 이끌어 낼 수 있음
• 질문에 대한 응답 시간이 짧음	• 질문에 대한 응답이 다소 길어 주어진 설문 시간에 작성하지 못할 수도 있음
• 특징이나 중요한 사항을 놓치고 갈 수 있음	• 중요한 사항이나 특징 등을 부각시켜 깊게 논의할 수 있음
• 참여자들의 규모가 덜 제한적임	• 참여자들의 규모가 제한적임

(2) 설문 계획 및 실행

설문지를 작성하기 전에 먼저 필요한 정보, 사용 방법, 응답의 종합 및 분류 방법 등을 확실하게 정해야 한다. 또한 문구를 작성할 때는 다음과 같은 사항을 고려해야 한다. 간결하고 명료한 질문, 응답이 길어질 경우 가능한 응답 예시, 질문과 가능 응답 간의 연결 논리성을 고려해야 한다.

　　다수를 대상으로 하는 설문지는 응답자에게 다음과 같이 작성 및 제출 방법 등에 대해 충분히 설명한 후 배포하도록 한다. 즉, 응답자들이 설문에 응답해야 하는 이유, 질문자(컨설턴트)가 설문을 통해 얻고자 하는 것 등을 밝혀야 한다.

　　효과적으로 설문지를 제작하고 실행하는 중에 필요한 고려 및 주의사항 등을 종합하여 〈표 5-8〉에 제시한다(노석준 외, 2008; Krathwohl, 2009).

표 5-8 설문지 작성 및 실행을 위한 고려사항

- 설문 내용이나 구조가 단순하고 간결하게 구성한다.
- 의미를 명확하기 위해서 전문용어나 복잡한 용어 등은 피한다.
- 조직화하여 쉽게 응답할 수 있도록 제작한다.
- 설문지 번호와 페이지 번호를 정확하게 표시한다.
- 논리적으로 조직화한다.
- 새로운 주제로 바뀔 때는 응답자들의 사고를 바꿀 수 있는 문장을 쓴다.
- 모호한 용어인 '몇 가지' '대부분' 등과 같은 용어는 피한다.
- 편견이 남긴 질문은 피한다.
- 문항을 부정적으로 진술하지 않는다.
- A4 용지 1장으로 설문지를 작성하는 것이 효과적이다.
- 일반적인 질문과 구체적으로 관련된 질문을 모두 할 경우에는 일반적인 질문을 먼저 한다.
- 대개 15분 동안 조사의 취지와 목적으로 설명하고, 30분 이내에 조사를 마칠 수 있도록 한다.

　　자료 수집의 한 방법으로써 인터뷰와 설문에 대해서 종합적으로 〈표 5-9〉와 같이 정리한다(노석준 외, 2008).

표 표 5-9 설문과 인터뷰 비교

구분	설문	인터뷰
정의	• 대상 내의 모든 사람에게 동일한 질문을 하는 방식 • 응답자들이 각각의 질문에 대해 기록함 • 응답자들이 자료수집 과정을 알아서 통제함	• 구두 질문과 응답으로 구성됨 • 면담자가 응답, 상황, 시간 배정, 장소 등을 관리함. 그런 후 질문 속도 조절, 상황에 적합한 질문 등을 조정할 수 있음

장점	• 비용, 시간 절약	• 적응성이 뛰어남(비구조화된 유형)
단점	• 응답자의 감정, 의견에 대한 심도 깊은 자료를 얻기 어려울 경우가 있음	• 인터뷰 상황을 표준화하기 어려움

4. 수업 분석 결과 종합정리

수업 분석 활동이 끝나면 각 분석 방법 및 도구들의 결과를 종합하여 수업현상 전체를 이해하는 활동이 필요하다. 수업 분석의 핵심목표는 수업현상에 대한 이해를 기초로 하여 수업컨설팅 과제, 즉 지향하는 수업과 현재 수업 간의 격차가 왜 발생하는지 그 원인을 찾아 개선안을 찾기 위한 근거를 제공하는 것이다. 이를 위하여 이미 분석한 다양한 수업 분석 도구의 결과에 기초하여 [그림 5-2]와 같은 수업 분석 결과를 종합, 정리하는 활동이 필요하다. 만일 수업 분석이 정확히 이루어졌다면 모든 수업 분석 도구는 일관성 있는 결과를 보여 줄 것이고 수업 분석 종합 정리 활동에서는 단순히 이들 내용을 종합하면 될 것이다.

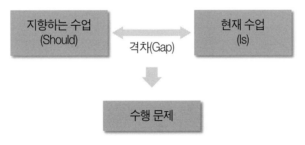

[그림 5-2] 수업 분석 결과 종합정리

수업 분석 결과를 종합, 정리하는 활동은 교사와 학생들의 수행을 분석하여 수행 문제를 찾는 작업을 의미한다. 수행 문제를 찾는 작업을 이해하기 위해서는 먼저 수행의 의미와 수행분석의 의미를 이해할 필요가 있다. 수행이란 어떤 특정 목적이나 결과를 성취하기 위한 행동을 의미한다. 수행에 문제가 있다는 것은 어떤 일을 안 하거나,

못하거나, 제대로 못하는 것을 의미한다. 수행 문제는 우리가 바라는 이상적인 수행과 현실에서 보여 주는 실제 수행 간에 차이가 있는 경우를 말한다. 우리는 수행에 문제가 있을 때 그 문제의 원인이 무엇이고, 해결 방안이 무엇인지 분석을 하게 되는데, 이러한 행동을 수행분석이라 한다. 다시 말하면, 수행분석(performance analysis)이란 요구되는 수행과 실제 수행 사이에 존재하는 수행의 불일치 정도를 확인하고 그 원인을 규명하는 활동을 말한다(Mager & Pipe, 1984). 따라서 수업에서 수행 문제란 교사와 학생들이 특정한 수업목표를 달성하기 위해 보여 주어야 할 이상적인 수행과 실제 수업에서 보여 주는 수행 간 격차를 의미하며 그 격차가 왜 발생하는지 원인을 찾는 작업과 그 원인을 해결하기 위한 자료를 찾는 작업이 수행 분석이 된다.

협력적 컨설팅 계획 수립 과정에서 컨설티와 컨설턴트는 수업컨설팅 과제를 도출하였다. 즉, 지향하는 수업과 현재 수업을 분석하였고 이들 간 격차를 분석하여 수업컨설팅 과제를 도출하였다. 수업 분석 결과를 종합 정리하기 위한 수행 문제를 분석하는 과정에서는 수업컨설팅 과제 도출에서 분석한 지향하는 수업을 만들기 위해 학생들과 교사가 어떤 수행을 해야 하는지 그리고 현재 수업에서 이들이 어떤 실제 수행을 보여 주고 있는지를 분석하고 이들 간의 격차를 분석한다. 이들 수행 간 격차가 수행 문제를 의미한다. 수업컨설팅 과제 도출에서의 지향하는 수업과 현재 수업은 수업목표 관점에서 분석이 이루어진다면 수행 문제를 도출하기 위한 분석에서는 이들 지향하는 수업과 현재 수업의 목표 달성을 위한 교수자와 학생들의 수행을 중심으로 분석한다는 점에서 차이가 있다.

수행 문제를 찾기 위한 수행분석의 과정을 구체적인 예를 들어 설명하면 다음과 같다. 만일 중학교 수학교사가 자기 반 학생들의 90% 이상이 2차 함수 문제를 풀 수 있기를 바라지만(지향하는 수업) 실제는 학생들의 70%만 문제를 풀 수 있고(현재 수업), 따라서 학생들의 20% 이상이 2차 함수 문제를 풀 수 있게 하는 것이 수업컨설팅 과제로 도출되었다고 가정해 보자. 그리고 다양한 수업 분석 활동을 통해 수집한 자료들을 [그림 5-2]의 틀을 사용하여 종합 정리한다면 [그림 5-3]과 같이 나타낼 수 있다.

먼저, '지향하는 수업'에 이들 수업컨설팅 과제를 해결하기 위한 교사와 학생들이 보여 주어야 할 구체적인 바람직한 수행을 기술한다. 예를 들어, 교사의 경우 바람직한 수행 중 하나는 '수학과목에서 학생들의 선수학습 능력에 차이가 많음을 알고 2차 함수를 가르치기 위한 개별화 수업 전략을 사용한다.'가 될 수 있다. 또한 '수학과목에 대해 학생들이 일반적으로 낮은 동기나 효능감을 가지고 있음을 고려하여 2차 함수에 대한 학생들의 학습동기를 향상시키기 위한 효과적인 전략을 사용한다.'가 또 다른 예가 될 수 있다. 그리고 학생들의 바람직한 수행의 예로는 '자신의 부족한 선수학습 능력을 발견하고 보충하는 활동을 실시한다.'와 '자기 동기화 전략이나 높은 과업 집중도를 보여 주어야 한다.' 등이 예가 될 수 있다. 바람직한 교사와 학생들의 수행에 관한 정보는 다른 전문가와의 인터뷰나 설문조사를 통해 찾아낼 수도 있고, 수업컨설턴트가 자신의 전문성에 기초하거나 관련 서적을 참조하여 찾아낼 수도 있다.

둘째, '현재 수업'에는 '지향하는 교사와 학생들의 수행'과 관련하여 실제 현재 교사나 학생들이 수업 상황에서 보여 주고 있는 수행들을 기술한다. 다시 말해 수업 분석 방법 및 도구들을 사용하여 실제 수업현상을 분석한 결과를 기술하면 된다. 예를 들면, 교사의 경우 학생들의 선수학습 진단에 근거하여 어떠한 개별화 수업을 하고 있고 학생들의 학습동기나 자기효능감을 높이기 위해 어떤 전략들을 수업에서 사용하고 있는지를 기술하면 된다. 학생들의 경우 자신이 부족한 선수학습 능력을 보충하기 위하여 어떤 학습활동이 이루어지고 있고 또한 어떤 자기동기화나 전략이 사용되고 있고 실제 수업에서 학생들의 과업집중도는 어떤지를 기술하면 된다. 이때 중요한 것은 지향하는 교사와 학생들의 수행과 실제 교사와 학생들의 수행 기술에서 동일한 내용과 준거에 기준하여 기술하여야 한다는 점이다. 그 이유는 동일한 준거와 내용이 사용되어야만 이들 간의 격차, 즉 수행문제가 분석될 수 있기 때문이다.

셋째, '지향하는 수업'과 '현재 수업' 간의 '격차'를 기술하면 된다. 앞의 예의 경우 교사의 수행 격차는 '학생들의 선수학습 진단은 있었지만 진단 결과에 기초한 개별화 수업전략은 사용되지 않고 있다.' '학습동기를 높이기 위한 전략이 사용되고 있지만 효과적이지 않다.' 등이 있을 수 있다. 학생들의 경우에는 '자신의 선수학습 부족 영역을 찾기 위한 수학성찰일지는 작성하고 있지만 이를 활용하여 부족한 영역을 채우기 위한 체계적인 활동이 없다.'와 '과업 집중도가 현저히 낮게 나타나고 있다.' 등의 기술이 가능하다. 물론 이들 격차는 실제 수업컨설팅에서 다양한 수업 분석 방법 및 도구

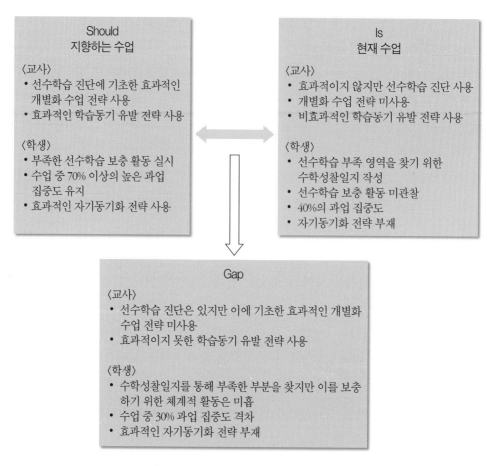

[그림 5-3] 수행분석 결과 정리 예시

를 사용한 분석 결과, 즉 정확하고 객관적인 자료에 근거하여 기술해야 한다.

결론적으로 격차 분석을 통해 나타난 현상은 컨설티가 추구하는 지향하는 수업을 저해하는 요소가 되며 수업컨설팅 과제를 발생시키는 현상적인 원인이 된다. 즉, 교사가 효과적인 개별화 수업전략을 사용하지 못하기 때문에 학생들의 과업집중도가 떨어지는 현상이 발생할 수 있다. 하지만 이들은 '현상적인' 원인이 되며 실제 교사가 왜 개별화 수업전략을 사용하지 못하는지 그 '근본적인' 원인은 원인 분석에서 심도 있게 분석되어야 한다. 즉, 개별화 수업전략을 몰라서 사용하지 않는 것인지 아니면 알고는 있지만 행정적 일이 많아 수업 준비를 못하는지 등의 근본 원인을 찾아서 이를 해결하기 위한 개선안을 찾아야 한다. 이런 관점에서 본다면 수업 분석 활동과 원인 분석 활동은 확연히 구분되기보다는 서로 복합적으로 연결되어 있어 동시에 발생할 수 있다. 즉, 교사들이 몰라서 못하는지 혹은 행정적 일이 많아서 그런지 등의 자료도 수업 분석 과정에서 정보가 습득되어야 하며 그렇지 못하다면 다시 부가적인 수업 분석 활동을 통해 정보를 습득해야 한다.

종합하면, 수업 분석 결과를 정리하여 수행분석을 할 때는 다음과 같은 몇 가지 점을 유의해야 한다.

첫째, 교사와 학생들의 수행을 구분하여 모두 기술하여야 한다. 수업은 교사와 학생들의 수행과 이들 간의 상호작용에 의해 결정되기 때문에 이들의 수행을 구분하여 기술할 필요가 있다. 특히 학습의 효과성과 효율성을 분석하기 위해서는 교사보다도 학생들의 수행을 보다 자세히 기술할 필요가 있다.

둘째, '지향하는 수업에서의 수행'과 '실제 수업에서의 수행'을 기술할 때는 동일한 내용과 준거로 기술하여야 한다. 그 이유는 앞에서 설명하였듯이 격차를 분석하기 위해서는 동일 내용의 기술이 필요하다. 서로 다른 내용을 기술하면 지향하는 수업에서의 수행과 실제 수업에서의 수행을 비교하기 어렵고, 따라서 격차 분석은 불가능하다.

셋째, 교사와 학생들의 수행을 기술할 때에는 가능한 구체적인 수행용어로 기술해야 한다. 그 이유는 격차분석을 위해서도 필요하고 개선안을 개발할 때에도 필요하기 때문이다. 만일 '이해한다'와 '알고 있다' 등의 애매한 표현을 사용하면 어떤 부분에서 얼마나 격차가 발생하고 있는지 구체적인 분석이 어려워질 뿐만 아니라 개선안을 개발할 때에도 도움을 주지 못하기 때문이다.

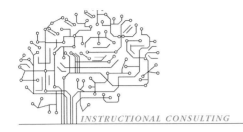

제6장
수업 분석 도구 1

INSTRUCTIONAL CONSULTING

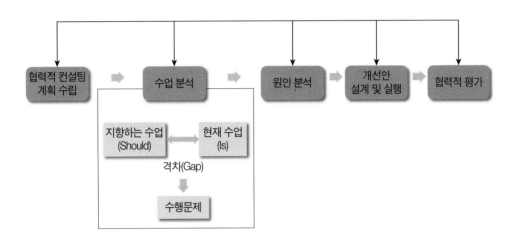

　　수업 분석 도구는 수업에 대한 체계적 분석을 돕는 도구로, 수업, 교수자 행동, 학습자 행동, 수업매체, 교수자와 학습자 간의 상호작용 등 다양한 목적의 도구가 있다. 이 장에서는 여러 분석 도구 중 수업 전반에 대해 분석할 수 있는 기본 도구인 수업 일관성 분석, 수업 구성 분석, 토의 · 토론 수업 분석을 소개한다. 수업 일관성 분석은 수업을 구성하는 주요 요소들 간의 유기적 총합이 잘 이루어지고 있는지 분석하는 것이고, 수업 구성 분석은 수업 구성이 조직적이고 합리적으로 이루어졌는지 분석하는 것이다. 토의 · 토론 수업 분석은 학습자들의 참여가 중심이 되는 토의수업과 토론수업이 수업의 목적과 특성에 맞게 설계되고 운영되는지 분석하는 것이다. 수업컨설턴트들은 목적에 맞게 도구를 선택하여 수업을 분석할 수 있어야 한다.

이 장의 수행목표

- 의뢰한 문제나 수업 상황에 적합한 수업 분석 도구를 선정할 수 있다.
- 수업 분석 도구들을 활용하여 수업을 분석할 수 있다.

핵심과정 및 산출물

컨설팅 과정	결과물	협력활동
• 수업 분석 도구 활용 　- 수업 일관성 분석 　- 수업 구성 분석 　- 토의 · 토론 수업 분석	• 수업 분석 도구별 결과 및 해석	• 협력적 수업 분석

1. 수업 분석 도구의 종류

제5장에서는 수업 분석 방법으로 관찰, 인터뷰, 설문 방법을 소개하였다. 이 중 관찰은 수업 분석에서 가장 많이 사용되는 방법이다. 하지만 수업을 전문적으로 관찰하기 위해서는 무엇을 관찰할 것인지 미리 계획해야 하고, 관찰을 위한 조직화된 도구를 준비해야 한다. 수업관찰을 위한 도구들은 관찰자의 목적에 따라 다양한 종류와 형태가 있다. 여기에서는 교수학습 이론에 근거하면서 가장 일반적으로 활용되는 체계화된 도구를 제공함으로써 수업관찰의 전문성을 신장하고 관찰의 객관성을 높이고자 한다.

수업관찰은 수업개선을 위해 수업 과정과 현상에 관한 여러 가지 자료를 수집하고 분석하는 행위를 말하며, 수업과정에서 교수자, 학습자, 학습 내용, 학습 환경 간의 관계를 직접 보고 객관적인 자료를 수집하는 방법론을 말한다. 이러한 수업관찰의 목적은 교수자 자신의 행동에 대한 객관적인 지각을 통해 수업문제의 새로운 해결책과 대안을 발견하며, 교수자의 장점을 찾아내어 교수자 자신의 발전을 위한 성찰을 하기 위한 것이다.

수업관찰의 기본 전제는 체계적이고 과학적인 수업관찰 방법을 모색하고, 수업관찰의 범위나 내용을 명확히 정하는 데서 출발해야 한다. 또한, 객관적이고 신뢰할 수 있는 자료 수집 방법을 선택해야 한다. 왜냐하면 이를 통해서 관찰자 간의 관찰 기준의 차이를 극복할 수 있을 뿐만 아니라, 교수자 또는 학교행정가에게 객관적인 자료를 보여 줄 때 의뢰인과 수업컨설턴트 간의 신뢰성이 높아지기 때문이다.

수업관찰 방법만으로는 수업 전체를 분석하기 어려우므로, 수업관찰은 앞에서 다룬 인터뷰, 설문 등의 다른 분석전략과 함께 다면적으로 실시해야 한다. 수업 분석을 위한 도구는 매우 다양하지만 이 장에서는 수업 분석에 가장 중요한 분석 도구들만 선정하여 제시하였다. 〈표 6-1〉은 이 장에서 다루는 수업 분석 도구들을 보여 준다.

🗨 6-1 수업 분석 도구

분석 영역	분석 도구	접근	설명
수업	수업 일관성 분석	관찰	• 수업목표에 적합한 수업 내용, 학습자, 수업방법, 수업매체, 수업평가 간의 유기적 통합 정도를 분석
	수업 구성 분석	관찰	• 수업 한 차시에 이루어진 도입, 전개, 정리 단계의 조직성과 그 단계에 따른 세부적인 수업전략의 효과성 정도를 분석
	토의 · 토론 수업 분석	관찰	• 토의 · 토론수업이 원활하게 이루어질 수 있도록 토의와 토론의 주제와 운영 절차에 대한 세부적인 수업전략의 유무 및 효과성 정도를 분석
교수자 행동	동기 유발 전략 분석	관찰	• 수업에서 학생들의 동기를 유발하고, 유발된 동기를 유지하여 수업에 몰입할 수 있도록 교수자가 어떠한 전략을 활용하고 있는지를 파악하기 위해, 주의집중, 관련성, 자신감, 만족감 등의 영역을 분석
	비언어적 의사소통 분석	관찰	• 교수자와 학습자 간의 상호작용 중 90% 이상 활용되는 비언어적 의사소통이 어떤 형태로 적절하게 사용되는지 분석
	매체 활용 전략 분석	관찰	• 수업매체 중 가장 많이 활용되고 있는 PPT와 판서 전략을 중심으로 효과적 · 효율적 · 매력적으로 수업매체를 설계하고, 활용하고 있는지를 분석
학습자 특성	과업집중도 분석	관찰	• 교실에 앉아 있는 학습자들의 좌석 배치에 따라 각 학습자들의 과업집중 경향성을 분석
	학습동기 분석	설문	• 학습자들이 수업에 대해서 얼마만큼의 동기가 있는지 파악하기 위해 내재적 동기와 외재적 동기, 자기효능감 등을 분석
	수업만족도 분석	설문	• 수업 내용, 수업 방식, 수업 환경, 수업 효과, 교수자의 전문성, 수업평가 등 수업만족도 정도를 분석

2. 수업 일관성 분석

1) 수업 일관성 분석의 목적

수업 일관성 분석은 수업을 구성하는 주요 요소인 수업목표, 내용, 학습자, 방법, 매체, 평가 간의 유기적 통합이 잘 이루어지고 있는지를 분석함으로써 수업 전체의 일관성을 분석하는 것을 의미한다. 수업 일관성 분석은 학습자에게 적합한 수업목표가 규정되었는지, 수업목표를 달성하기 위해서 적절한 수업 내용이 선정되었는지, 수업목표를 달성하는 데 효과적인 수업방법이 선정되고, 활용되고 있는지, 수업 내용을 전달하는 데 효과적인 수업매체가 선정되었는지, 마지막으로 수업목표를 달성하는 정도를 정확하게 파악할 수 있는 수업평가가 이루어지고 있는지 등을 분석하는 데 목적이 있다.

수업 일관성 분석 도구는 변영계와 이상수(2003), 그리고 Dick과 동료들(2009)이 제안한 효과적인 수업설계 이론을 중심으로 분석 준거를 크게 다섯 가지, 즉 수업목표와 수업 내용 구성 간, 수업목표와 학습자 간, 수업목표와 수업방법 간, 수업 내용과 수업매체 간, 그리고 수업목표와 수업평가 간 등으로 구분하여 불일치, 중립, 일치를 체크하고 그 근거를 기술하도록 구성되어 있다.

2) 수업 일관성 분석 방법

수업 일관성을 효과적으로 분석하기 위해 수업컨설턴트는 수업설계에 대한 전문적인 지식을 습득하고 있어야 한다. 대표적 수업설계모형인 ADDIE모형(분석-설계-개발-실행-평가)이나 Dick & Carey 모형(2009) 등에서 가장 강조하고 있는 것은 수업목표, 학습자, 수업 내용, 수업방법, 수업매체, 그리고 평가 간의 일관성이다. 여기에서 제시하는 수업 일관성 분석 도구는 수업 전체의 논리적 흐름을 효과적으로 분석할 수 있는 가이드를 제공해 준다.

표 6-2 수업 일관성 분석 도구

분석 준거	일관성 여부에 대한 판단 내용	일치 여부 (○, △, ×)	판단 근거
수업목표와 수업 내용 간	• 수업이 끝난 후 학습자들이 수업목표에 기술된 수행을 할 수 있도록 학습 내용이 구성되어 있는가? • 수업 내용이 수업목표를 달성하는 데 학습자들에게 필요한 지식과 기술 습득에 도움이 되는가?		
수업목표와 학습자 간	• 수업목표가 학습자들의 요구와 관련성을 가지고 있는가? • 수업이 학습자들에게 이해 가능한 것인가? • 수업목표의 분량이 학습자들의 학습능력에 부합하는가? • 학습자들의 이해발달 과정에 따라 적응적인 수업이 이루어지는가?		
수업목표와 수업방법 간	• 수업목표가 달성 가능한 수업방법을 사용하고 있는가? • 수업목표 달성을 위한 충분한 학습경험을 제공하는가? • 수업목표 달성을 위한 효과적인 전략인가?		
수업목표와 수업매체 간	• 수업목표 달성을 위한 효과적인 수업 내용 전달 방법인가? • 수업매체가 수업목표 달성을 위한 수업 내용을 효과적으로 표상하고 있는가?		
수업목표와 수업평가 간	• 수업평가가 수업목표 달성 정도를 평가하고 있는가? • 수업평가가 수업목표 달성을 효과적으로 평가하고 있는가?		

수업 일관성 분석 도구와 분석 준거는 〈표 6-2〉와 같다. 수업 일관성을 분석하기 위해서는 가능한 한 사전에 관찰할 수업에 대한 교수학습 과정안(또는 수업계획서)을 받아서 수업관찰을 실시하여야 하며, 수업관찰 후에는 수업관찰 내용과 교수학습 과정안을 참고하여 통합적인 분석이 이루어져야 한다. 각 준거에 따라 일관성 여부를 일치(○)와 불일치(×)로 표시한다.

하지만 수업컨설팅 의뢰 상황(일정이나 의뢰 방법)에 따라서 수업관찰 내용과 교수학습지도안 두 가지 중 한 가지만으로 분석해야 할 때가 있으며 때에 따라서는 수업관찰과 교수학습 과정안을 통해서도 판단하기 힘든 요소들이 있다. 이때는 판단이 불가능한 경우로써 일치 여부에서 △로 표시하고 근거 설명에는 '판단 자료 불충분'이라고 기술한다. 일치(○)와 불일치(×) 정도가 반반으로 중간 정도일 때, 예를 들면 부분적인 수정보완이 필요할 경우에도 △를 표시하여 그것에 대한 근거를 명확하게 기술하도록 한다.

분석표를 작성할 때 주의해야 할 점은 판단에 대한 근거를 가능한 한 구체적으로 '근거'란에 기술해야 한다는 것이다. 근거를 기술할 때에는 먼저 수업현상에 대한 사실적 내용을 기술하고 그 이후 자신이 일치성을 판단한 근거를 논리적으로 제시해야 한다. 즉, 근거 설명을 기술할 때에는 수업컨설턴트의 해석보다는 사실 위주로 기술하되, 해석과 같은 의견을 제시할 때는 타당한 근거를 제시함으로써 객관성을 확보하고, 동시에 분석에 대한 신뢰성을 높이도록 기술해야 한다. 분석 도구 표를 완성한 후에 '종합' 칸에는 각 다섯 가지 준거별로 관찰된 주요 사실을 요약하여 기록하고, 요소별 장점과 문제점, 개선점을 기술해야 한다(〈표 6-8〉 수업 일관성 분석의 예 참조).

장점을 기술할 때에는 단순히 효과적이라는 기술만 해서는 안 되며 왜 효과적인지 그 이유를 구체적으로 기술할 필요가 있다. 개선점에 대한 기술은 분석 준거 중에서 활용된 전략이 미흡하거나 보완되어야 할 경우, 또는 잘못된 전략이 사용되었을 때 이를 구체적으로 기술하고 그 이유와 개선해야 할 방향을 함께 기술해야 한다. 이때 주의해야 할 점은 교수자의 저항을 줄이고 개선안의 수용을 이끌어 낼 수 있도록 '……이 부족함' '……이 안 되고 있음'과 같은 부정적 형태로 기술하기보다는 '……이 개선된다면 더욱 효과적일 것으로 판단됨' 혹은 '……이 제공된다면 더욱 완벽한 수업이 될 것으로 판단됨' 등의 긍정적 형태로 기술해야 한다는 점이다.

(1) 수업목표와 수업 내용 간 일관성

수업목표와 수업 내용 간의 일관성을 위해서는 수업목표와 불일치된 수업 내용을 다루고 있는지를 판단하는 것이 중요하다. 이를 위해서는 '이 수업이 끝난 후 학습자들이 수업목표에 기술된 수행을 할 수 있도록 학습 내용이 구성되어 있는가?'와 '이 내용이 수업목표를 달성하는 데 학습자들에게 필요한 지식과 기술 습득에 도움이 되는가?'

를 파악해야 한다. 예를 들어, 수업목표와 상관없는 불필요한 정보나 지식 제공, 수업목표와 상관없는 활동이나 연습 기회 제공, 수업목표와 일치하지 않는 학습자의 수행 요구 등의 활동이 있는지 분석한다.

(2) 수업목표와 학습자 간 일관성

수업목표와 학습자 간의 일관성을 위해서는 학습자의 인지적, 사회·심리적, 그리고 생리적 특성을 고려하여 수업 활동을 진행했는지 분석하는 것이 핵심이다. 이를 위해서는 '수업이 학습자들의 요구를 반영한 것인가?'와 '수업이 학습자들에게 이해 가능한 것인가?' '수업이 학습자의 학습 결과에 따라 적응적인 변화가 이루어지고 있는가?' '학습자의 학습 정도를 파악하여 적절한 추가 설명이나 보충학습의 기회를 주고 있는가?' '학습자의 학습 속도에 맞는 수업 속도가 이루어지고 있는가?' '수업목표 분량이 학습자의 학습능력과 부합하는가?' 등이 판단되어야 한다.

이러한 판단을 하기 위해 교수학습 과정안의 학습자 특성에 대한 조사 결과를 반영하여 수업이 설계되었는지를 분석할 필요가 있다. 만약 교수학습 과정안에 학습자 특성이 분석되어 있지 않을 경우에는 수업관찰에서 학습자들의 활동과 반응을 판단해야 한다. 즉, 교수학습 과정안이 없다고 하더라도 학습자의 특성을 고려했는지 여부는 수업 중에 교수자가 사용하는 예제의 종류, 강화 전략, 질문 수준, 피드백 형태와 양, 사용하는 용어, 수업시간, 학습동기 전략, 수업의 양, 그리고 수업 내용의 표현 등에서 확인할 수 있다. 이러한 전략적 요소들은 수업목표를 달성하는 데 학습자들을 고려해야 할 요소들이다. 예를 들어, 강화나 보상 전략을 활용할 때 초등학생 저학년에게는 사탕이나 초콜릿이 효과적인 강화물이 될 수 있지만, 중학생이나 고등학생은 수행평가 점수 등이 오히려 효과적인 강화물이 될 수 있을 것이다. 그 밖에도 수업목표를 달성하기 위해 질문에 활용되는 용어가 학습자들의 인지적 또는 언어발달 수준에 적절한지, 또는 동기를 유발하기 위해서 활용되는 자료나 매체가 학습자 수준에 적절한지 등을 분석하는 것이 중요하다(〈표 6-3〉 참조).

표 6-3 학습자의 특성과 처치 영역

분류	학습자 특성	처치 영역
인지적 특성 (cognitive characteristic)	• 일반적 적성 • 출발점 행동 및 사전지식 • 인지 및 언어발달 • 독해 및 시각정보 처리 능력 • 인지 혹은 학습전략 등	• 진도 • 학습 내용의 난이도 • 사용되는 예제의 종류 • 학습동기 전략 • 학습 내용의 조직화
사회 심리적 특성 (psychosocial characteristic)	• 흥미 및 학습동기 • 학습 및 학교에 대한 태도 • 학문적 자아개념 • 학습 불안 • 권위에 대한 감정 • 협동 또는 경쟁 경향성 • 도덕성 발달 정도 등	• 수업매체의 선택 • 수업 내용의 추상성/ 구체성의 정도 • 수업전략 • 학습 집단의 구성 • 수업의 양 • 수업 내용의 표현 양식 • 피드백의 형태와 양 • 학습자 통제의 정도
생리적 특성 (physiological characteristic)	• 시각, 청각과 같은 감각 기능 • 일반적인 건강 • 나이 등	• 사용되는 용어 • 강화의 종류와 양 • 수업시간 • 학습자 가이드/단서의 종류와 양 등

(3) 수업목표와 수업방법 간 일관성

수업목표와 수업방법 간의 일관성 분석을 위해서는 Gagné(1965)가 제안한 다섯 가지 학습 결과 유형에 적합한 수업방법을 선정하고 활용했는지를 파악하는 것이 핵심이다. 이를 분석하기 위한 판단 근거는 '수업방법을 통해 수업목표가 달성 가능한가?'와 '수업목표를 달성하기 위한 충분한 학습경험이 제공되고 있는가?' '수업목표를 달성하기 위한 효과적인 수업전략인가?' 등이 될 수 있다.

물론, 수업방법의 적절성에 대해서는 학습자, 학습 환경 등에 대한 요인도 고려사항이지만 이 분석 도구에서는 수업목표, 즉 학습결과 유형에 따라 일관성이 있는지 여부를 중점적으로 파악하도록 한다. 〈표 6-4〉는 Gagné가 제안한 다섯 가지 학습결과 유형을 제시한 것이다.

표 6-4 학습결과 유형

학습결과 유형		개념	예시
1. 언어정보		• 선언적 지식 • 재생, 재진술, 요약, 나열, 명명 등	• 국가의 수도, 한국전쟁 발발 시기 등
2. 지적 기술	변별	• 차이의 구분	• 두 가지 물체를 구분
	구체적 개념	• 외형적 특성에 의한 범주화	• 삼각형, 책상
	정의된 개념	• 정의나 특성에 이해 개념화	• 강화, 수업, 민주주의
	법칙	• If-then, 절차, 순서	• 주어가 복수면 복수동사 사용 • 두 자리 수 곱셈하기
	문제해결	• 법칙들의 적용	• 인플레이 감소 정책
3. 인지 전략	리허설 전략	• 정보의 반복적 연습	• 정신적 리허설
	정교화 전략	• 사전 경험과 새로운 정보를 연결하여 의미 형성	• 카메라와 눈의 비교
	조직화 전략	• 정보 간의 관계 형성	• 범주화, 도표화, 시각화 등
	심상 전략	• 새로운 정보를 그림이나 이미지로 시각화	• 기억할 정보와 특정 장소의 이미지 연결
	정의적 전략	• 감성의 통제 전략	• 주의집중, 불안 관리, 동기 유지 등
4. 태도		• 일관성 있는 행동의 패턴	• 초록불에만 길 건너기
5. 운동 기능		• 근육에 일정한 패턴 기억	• 1분에 오타 없이 50타 치기

언어적 정보는 각종 사물의 이름, 역사적인 사건이나 연대, 어떤 현상의 사실 등을 알게 되는 것을 말한다. 쉽게 말하면 언어 정보를 학습한 후의 능력은 '이것은 ~이다.'와 같이 암기를 통해 진술할 수 있게 된다.

지적 기능은 변별, 개념, 법칙, 문제해결학습 등이 있다. 변별학습은 개념을 알기 전에 그 차이점을 구분할 수 있는 능력의 학습을 의미한다. 개념학습은 구체적 개념학습과 정의된 개념학습으로 구분되는데, 구체적 개념학습은 책상, 나무, 구름, 화살표, 삼각형 등의 눈에 보이는 속성에 기초하여 사물들을 구분할 수 있는 능력의 학습을 의미하며, 정의된 개념학습은 희망, 민주주의, 독재, 사랑 등 외형적 특성이 아닌 추상적인 특성에 의해 정의된 용어 등을 구분할 수 있는 능력의 획득을 의미한다. 법칙학습은 순서적 원리나 관계를 발견하고 읽기, 쓰기, 계산 등을 할 수 있는 능력의 학습을 말한다. 이때 주의해야 할 사항은 대부분 법칙을 '1미터는 100cm이다'라는 언어적 진술로 생각한다는 것이다. 이렇게 규칙을 진술하는 것은 단지 그것을 '언어 정보'로 표현하는 것을 의미하는 것이며, 법칙학습이란 실제 그 규칙에 따라 문제를 풀거나 조립을 하는 수행 능력을 의미한다. 따라서 무엇을 진술할 수 있는 능력과 법칙을 적용해서 무엇을 할 수 있는 능력을 구분해서 목표를 설정해야 한다. 그럼에도 대부분 교수자들이 수업 목표를 법칙학습이나 문제해결학습으로 진술하기보다는 언어정보의 형태로 진술하는 경우가 많다. 또한 법칙과 문제해결학습을 언어정보를 가르치는 전략으로 수업을 하는 경우가 많다. 수업컨설턴트들은 이러한 오류를 수정 또는 보완할 수 있도록 도움을 주어야 한다. 문제해결학습은 두 가지 이상의 법칙이나 원리를 활용해서 복잡한 문제를 해결할 수 있는 능력을 획득하는 것을 의미한다. 예를 들면, 수업컨설팅과 같이 수업 분석 법칙과 수업문제 규정 법칙, 그리고 원인 분석 원리와 같은 다양한 법칙과 원리를 적용해야 문제를 해결할 수 있는 것을 의미한다.

셋째, 인지전략은 학습자들이 자신의 주의를 집중시키거나, 사고하는 방식, 기억해 내는 방법 등을 선택하고 수정함으로써 통제하는 과정이라고 할 수 있다. 즉, 언어정보, 지적 기능, 태도, 운동 기능 등의 학습에 사용되는 학습전략을 학습하는 것을 의미한다. 우리나라의 경우는 이러한 전략을 수업목표로 다루는 경우가 매우 드물기는 하나 수업 중 학습자들이 학습한 내용을 오랫동안 기억하도록 알려 주는 기억술, 시험불안을 통제하기 위한 전략, 노트필기 전략 등의 학습이 대표적인 예가 될 수 있다.

넷째, 태도는 여러 가지 선택 상황에서 일관성 있게 한 가지만을 선택하고 실행하는 경향성을 의미한다. 태도는 사람, 사물, 사건 등 다양한 대상에 대한 행동을 의미한다. 예를 들어, 아무도 보지 않는 상황에서도 파란불에만 길을 건너고 빨간불에는 길을 건너지 않는다면 교통신호를 잘 준수하는 태도가 길러진 것이라 할 수 있다.

다섯째, 운동기능은 신체의 근육을 활용하여 무엇을 할 수 있는 능력을 의미한다. 예를 들어, 자전거를 넘어지지 않고 타는 법을 배우거나 테니스공을 상대편 코트에 넘기기, 1분에 150타의 타자를 칠 수 있기 등이 이에 해당한다.

이러한 다섯 가지 학습결과 유형을 구분할 수 있는 능력이 중요한데 그 이유는 이들 학습결과 유형에 따라 수업전략이 달라져야 하기 때문이다. 예를 들어, 태도는 강의식 수업만으로는 기를 수 없다. 문제해결학습 역시 학습자들의 체험적 경험을 제공하지 않으면 습득하기 어려운 수업목표 유형이다. 이처럼 수업목표 유형에 따라 적절한 수업방법이 활용되었는지를 판단하는 것이 중요하다. 각 수업목표 유형에 따른 수업방법은 〈표 6-5〉에 제시되어 있다.

표 6-5 학습결과 유형에 따른 수업방법 예시

학습결과 유형	수업활동 분석	수업방법
언어정보	• 암기화하기 • 기술하기	• 정교화, 조직화, 기억술, 맥락화 전략 제공 • 게임식 수업(단어 맞추기 등)
지적 기능	• 개념화하기 • 원리 창출하기 • 문제해결하기	• 개념학습(수용/발견) • 게임식 수업(개념 설명하기 등) • 사례 중심 수업 • 시범 수업 • 문제 중심 수업
인지 전략	• 전략 사용하기 • 전략 창출하기	• 시범 수업 • 체험 수업 • 성찰 저널
태도	• 일정한 패턴으로 행동하기	• 모델링 • 역할극 • 토론식 수업 • 스토리텔링 • 가치명료화게임
운동 기능	• 근육을 활용하여 문제해결하기	• 시범 수업 • 지속적 훈련 • 정신적 시연

언어정보는 암기를 하거나 기술하는 능력이 중요한 핵심활동으로써 이를 위해서는 정교화 및 조직화 전략이 포함된 강의식 수업이 효과적일 수 있다. 개념학습은 예와 비예를 활용한 수업방법이, 원리학습이나 운동 기능은 시범과 직접적 연습, 태도학습은 누군가의 모범적인 행동을 추구할 수 있도록 모델링을, 인지전략은 타인의 사고 전

략 등을 활용하거나 자신만의 전략을 창출하기 위해서 시범, 체험활동이 포함된 수업 방법을, 운동기능의 경우에는 타인의 완벽한 신체적 활동을 보고 따라해 볼 수 있는 시 범과 자신의 신체적 습득을 위한 직접적 연습 등이 효과적인 수업방법이 될 수 있다. 따라서 수업목표와 수업방법의 일관성을 분석하기 위해서는 무엇보다도 해당 차시의 수업목표를 정확하게 파악한 후, 수업목표에 대한 학습결과 유형을 구분하여 그것에 적합한 수업방법인지를 판단해야 한다.

여기서 수업컨설턴트로서 기억해야 할 점은 수업목표를 달성하기 위한 수업방법으 로써 효과성, 효율성, 매력성을 함께 고려해야 한다는 점이다. 즉, 수업목표가 언어정 보라 하여 강의식 수업방법만 활용하면 학습자들에게는 매력적인 수업이 안 될 수 있 으므로 이를 보완하기 위하여 동료들 간에 서로 가르치고 배우는 활동이나 게임을 함 께 접목한다면 더욱 효과적인 수업이 될 수 있다.

(4) 수업목표와 수업매체 간 일관성

수업목표와 수업매체 간의 일관성을 위해서는 '수업매체가 수업목표를 달성하기 위 한 수업 내용을 효과적으로 전달하는가?'와 '수업매체가 수업목표를 달성하기 위한 수 업 내용을 효과적으로 표현하고 있는가?'를 분석하는 것이 핵심이다. 수업매체를 분 석하기 위해서는 학습자와 학습 환경 등을 동시에 고려해야 하나, 이 분석 도구에서 는 무엇보다도 수업목표를 달성하기 위해 효과적인 수업매체를 선정하고 활용했는지 의 여부를 파악하는 것이 중요하다. 〈표 6-6〉은 Gagné가 제안한 다섯 가지 학습결과 유형에 따라서 적절한 수업매체를 활용했는지를 판단할 수 있는 예를 보여 주고 있다 (Gagné, 2005).

표 6-6 학습결과 유형에 따른 수업매체 예시

학습결과 유형	매체 선택	대표적인 예
언어정보	• 언어적 메시지와 정교화된 내용 전달이 가능한 매체 • 난독자를 위한 시청각 자료	• 인쇄물 • 사진 • 오디오 자료 • 프레젠테이션 매체

지적 기능	• 학습자의 반응에 대한 피드백 제공을 위한 매체 • 난독자를 위한 시청각 자료	• 컴퓨터 보조 수업(CAI) • 웹 기반 수업 • 프레젠테이션 매체 등
인지 전략	• 지적 기능과 동일한 매체	• 지적 기능과 동일
태도	• 실제적 인간 모델과 메시지를 제시할 수 있는 매체	• 영화 • 실연 • 연극 등
운동 기능	• 직접적 실습과 교정적 피드백을 줄 수 있는 매체	• 동영상 • 멀티미디어 • 실물(운동도구) 등

이 밖에도 수업목표에 따른 수업매체 유형뿐만 아니라 한 차시의 도입, 전개, 정리 단계에서 활용되는 수업매체도 함께 고려해 볼 필요가 있다. 한 차시 수업 동안 하나의 매체를 활용할 수도 있지만 수업의 단계와 내용에 따라 다양한 매체를 활용할 수도 있다. 이와 같이 수업의 목표와 내용, 단계에 따라 적절한 매체가 활용되었는지 분석할 필요가 있다.

(5) 수업목표와 수업평가 간 일관성

수업목표와 수업평가 간의 일관성을 위해서는 '평가가 수업목표 달성의 정도를 평가하고 있는가?'와 '평가가 효과적인가?'를 분석하는 것이 핵심이다. 이를 위해서는 〈표 6-7〉에 제시된 Dick과 동료들(2009)이 제시한 행동 유형에 따른 평가문항의 유형을 활용하는 것이 도움이 된다. 예를 들면, 언어정보에 대한 수업의 경우는 학습자가 언어정보를 기억하는 것이 궁극적인 목적이다. 따라서 평가문항 역시 기억 능력과 관련된 단답형이나 선택형 같은 유형이 사용될 수 있다. 농구에서 패스하는 법을 가르치는 운동기능 수업의 경우에는 학습자들에게 패스하는 유형의 절차를 묻는 서술형이나 사지선택형보다는 학습자들이 직접 패스를 해 보게 하고 이를 관찰하는 평가 방법이 최선일 것이다. 평가문항이 수업목표를 달성하는 데 적절하다면 학습자들 또한 평가방법에 대해서 신뢰성을 가지게 되고, 따라서 수업 선제의 신뢰성을 높일 수 있을 것이다. 이 밖에도 수업목표를 평가하기 위한 문항 수가 적절한지, 수업목표 중 어떤 내용이 평가에 포함될지, 포함될 때는 어떤 비율로 포함되어야 하는지, 어떤 시점에서 어떤 평가가 시기적절하게 실시되고 있는지 등을 판단할 수 있다.

표 6-7 학습결과 유형에 따른 수업평가 문항의 유형

목표의 행동용어	평가문항의 유형						
	서술형	단답형	완성형	선다형	연결형	창작물	행동관찰
진술하다		✓	✓				
규정하다		✓	✓	✓	✓		
토론하다	✓						✓
정의하다		✓	✓	✓	✓		
선정하다		✓		✓	✓		
변별하다		✓		✓	✓		
해결하다	✓	✓		✓	✓	✓	✓
개발하다	✓					✓	✓
찾아내다		✓		✓	✓		
구성하다	✓					✓	✓
생성하다	✓					✓	✓
조작하다							✓
선택하다 (태도)							✓

출처: Dick, Carey, & Carey (2009).

3) 수업 일관성 분석의 예시

표 6-8 수업 일관성 분석의 예

분석 준거	일관성 여부에 대한 판단 내용	일치 여부	근거 설명
수업목표와 수업 내용 구성 간	• 수업이 끝난 후 학습자들이 수업목표에 기술된 수행을 할 수 있도록 학습 내용이 구성되어 있는가? • 수업 내용이 수업목표를 달성하는 데 학습자들에게 필요한 지식과 기술 습득에 도움이 되는가?	○	• 필요한 접속사를 이용한 작문활동과 관련한 수업 내용이 다루어지고 있음
수업목표와 학습자 간	• 수업목표가 학습자들의 요구와 관련성을 가지고 있는가? • 수업이 학습자들에게 이해 가능한 것인가? • 수업목표의 분량이 학습자들의 학습능력에 부합하는가? • 학습자들의 이해발달 과정에 따라 적응적인 수업이 이루어지는가?	×	• 수업목표 성취를 위한 학생들의 선수학습 능력을 파악하는 활동이 관찰되지 못함 • 수업 과정 중 학생들의 이해도를 관찰하고 그 결과에 따른 적응적 수업활동이 관찰되지 않음
수업목표와 수업방법 간	• 수업목표가 달성 가능한 수업방법을 사용하고 있는가? • 수업목표 달성을 위한 충분한 학습경험을 제공하는가? • 수업목표 달성을 위한 효과적인 전략인가?	×	• 수업목표는 법칙학습과 문제해결학습에 해당함 • 수업방법으로 플래시 동영상 보기, 역할극 하기, 주사위 게임 놀이하기 등 세 가지 전략이 사용됨 • 수업목표가 문장 유형에 따라 작문을 할 수 있게 하는 것이라면 학생들에게 작문을 할 수 있는 경험을 제공하는 것이 최우선이 되어야 함에도 플래시 동영상, 역할극, 주사위 게임과 같이 학생 개개인들이 실질적 문장을 작문하는 경험을 제공하지 못하고 있음

수업복표와 수업매체 간	• 수업목표 달성을 위한 효과적인 수업 내용 전달 방법인가? • 수업매체가 수업목표 달성을 위한 수업 내용을 효과적으로 표상하고 있는가?	×	• 수업목표에 맞는 매체로는 학습자들의 작문 활동을 지원하기 위한 워크시트가 필요함에도 불구하고 플래시나 PPT 자료와 같이 보여 주기 위한 매체가 주를 이루므로 부적합한 결합으로 판단됨
수업목표와 수업평가 간	• 수업평가가 수업목표 달성 정도를 평가하고 있는가? • 수업평가가 수업목표 달성을 효과적으로 평가하고 있는가?	×	• 평가 역시, 학습자들이 직접 작문을 할 수 있는지를 평가하기보다는 사지 선다형의 평가가 이루어짐으로써 부적절한 결합으로 판단됨

[종합 분석]
- 수업에서 다루어지고 있는 수업 내용은 모두 접속사를 활용한 작문활동과 관련되어 있어서 수업목표와 내용 간에 일관성이 있는 것으로 판단할 수 있음. 하지만 그 외 수업목표와 수업방법, 학습자, 수업매체, 그리고 수업평가 간에는 일치하지 않는 것으로 판단되어 개선이 필요함
- 수업목표와 관련해서 학생들의 선수학습 능력의 점검이나 수업과정에서 학생들이 수업 내용을 이해하고 있는지를 진단하는 활동이 없어서 학습자와 수업목표 간에는 일관성이 없는 것으로 판단됨. 특히 수업과정 중에 학습자들의 이해 정도를 파악하고 필요시에는 보충 설명이나 보다 구체적인 예를 들어 설명하는 활동이 뒤따르는 적응적 수업활동이 필요한 것으로 판단됨
- 주사위 게임이나 역할극 등의 수업 전략은 학습자의 참여를 일으켜 흥미를 유발하는 접근이었으나, 실제 수업목표인 접속사를 이용하여 작문을 할 수 있는 능력을 기르는 경험을 제공하지 못하였기 때문에 수업목표와 수업방법 간 일관성이 없는 것으로 판단됨. 수업목표인 접속사를 이용한 작문활동은 법칙학습에 해당하며, 법칙학습은 학생들이 직접 그 법칙을 적용한 체험적 학습을 필요로 함. 따라서 개인학습 혹은 모둠학습 활동을 통해 학습자들이 접속사를 이용한 글쓰기를 직접 해볼 수 있는 다양한 형태의 경험 제공이 필요한 것으로 판단됨.
- 수업매체 역시 플래시 영상과 PPT와 같이 보여 주기 위한 매체 위주였으나 학습자

스스로 작문을 해 볼 수 있는 워크시트와 같은 매체를 활용한다면 더욱 효과적인 수업이 될 것이라 판단됨

• 수업평가에서도 학습자들의 작문 능력이 향상되었는지를 직접 판단할 수 있도록 수업 과정 중 혹은 수업 종료 시점에서 학습자들의 작문활동을 제공하고, 그 결과에 대한 적절한 즉각적이고 교정적인 피드백이 이루어지도록 하는 전략이 요구됨

3. 수업 구성 분석

1) 수업 구성 분석의 내용 및 목적

수업 구성 분석은 수업의 전체적인 흐름에서 도입, 전개, 정리의 수업사태에 따라 효과적인 수업전략이 사용되었는지, 그리고 전체적으로 수업 구성이 조직적이고, 합리적으로 이루어졌는지를 분석하는 것이다. 수업 구성은 수업 방법에 따라 천차만별로 나타날 수 있다. 그러나 다양한 수업방법이라 할지라도 공통적으로 적용되는 수업의 구성요소와 구조가 나타날 수 있다. 수업 구성 분석은 이러한 일반적인 요소들이 논리적이고, 타당하게 적용되었는지를 분석하는 방법이다.

전통적인 수업을 분석하기 위한 도구로는 Gagné와 동료들(2005)이 제안한 아홉 가지 수업사태를 활용할 수 있다. Gagné는 효과적인 수업이 되기 위해서는 학습자들이 학습을 하게 될 때 겪는 내적 학습 과정을 분석하고 이를 촉진하는 활동을 제공하는 것이라 생각했다. 〈표 6-9〉에 제시된 것처럼 Gagné는 이상적인 수업이 되기 위해서는 주의집중 획득, 학습목표 제시, 선수학습 회상, 학습 내용 제시, 학습안내 제공, 수행 유도, 피드백 제공, 수행평가, 파지 및 전이 촉진의 아홉 가지의 수업사태가 제공되어야 함을 제안했다. 일반적으로 아홉 가지 수업사태는 학습을 위한 준비, 획득과 수행, 재생과 전이로 구분할 수 있다(Gagné & Medsker, 1996). 수업 구성 분석에서는 이들 아홉 가지 요소가 수입에 고려되있는지, 각 요소에 적절한 시간이 분배가 되었는지 등을 분석한다.

수업 구성 분석을 할 때 유의하여야 할 점은 모든 수업의 형태에 이 분석 도구가 적용될 수는 없다는 점이다. 이 수업 구성 분석 방법은 토의식 수업이나 PBL과 같은 구성주의 수업방식 혹은 발견식 수업에서는 적용하기 어렵다. 하지만 전체 수업이 토의식이나 발견식 수업만으로 진행되지 않고, 강의식 수업과 통합하여 진행되는 경우는 이 수업 구성 분석을 통해 전체 수업 흐름의 효과성을 분석할 수 있다. 두 번째로 유의하여야 할 점은 수업사태에 따른 진행이 수업 상황에 따라서 생략되거나 모든 수업사태가 한 차시 수업에 포함되지 않을 수도 있다는 점이다. 즉, 모든 수업이 반드시 모든 아홉 가지 수업사태를 단계적으로 거칠 필요는 없으며 또한 이들 단계가 순차적으로 지켜질 필요는 없다. 예를 들어, 수업 내용이 위계성을 갖지 않을 때에는 선수학습 재생 단계가 생략될 수 있다. 따라서 수업목적과 상황에 따라 유연성 있게 수업사태를 적용해야 하며 이에 대한 판단을 수업컨설턴트가 할 수 있어야 한다.

표 6-9 학습과정에 따른 아홉 가지 수업 사태

구분	학습과정(내적 조건)	수업사태(외적 조건)	내용
학습을 위한 준비	1. 수용	• 주의집중 획득하기	• 학습 내용에 대한 궁금증과 호기심을 유발함으로써 학습에 대한 동기 부여
	2. 기대	• 수업목표 제시하기	• 수업을 마친 후에 학생들이 획득하게 되는 지식이나 기능 등을 간결하게 표현 • 학습목표는 학습의 방향을 제시할 뿐만 아니라 평가의 기준으로 활용됨
	3. 작동기억으로 재생	• 선수학습 회상하기	• 학습목표를 달성하기 위해 이전에 학습한 지식이나 기능을 회상시킴
획득과 수행	4. 선택적 지각	• 학습 내용 제시하기	• 학습 내용을 효과적으로 제시
	5. 의미적 부호화	• 학습안내 제공하기	• 학습 내용을 기억하기 쉽게, 보다 의미 있게 만들려고 노력하는 단계 • 학습자의 사고와 탐구를 자극하기 위한 질문, 단서나 암시, 사례, 기억술 등을 제시
	6. 재생과 반응	• 수행 유도하기	• 학습한 내용을 실행할 수 있도록 학습자에게 연습 기회 등의 경험 제공

	7. 강화	• 피드백 제공하기	• 수행한 경험이나 결과에 대한 성공 정도와 정확성 정도를 알려 줌
재생과 전이	8. 재생과 강화	• 성취행동 평가하기	• 수업을 통하여 학생들이 획득한 학습결과를 평가함으로써 학습 결손 부분을 확인하고 보완해 줌
	9. 일반화	• 파지 및 전이 촉진하기	• 학습한 내용을 다른 상황에서도 일반화할 수 있도록 다양한 연습과 예시 제공

2) 수업 구성 분석 방법

수업 구성 분석 방법은 〈표 6-10〉과 같이 수업활동 흐름도를 이용하여 한 차시 수업의 흐름을 표현해 보는 것이다. 수업활동 흐름도는 아홉 가지 수업 사태 중 어떤 활동이 진행되고 있는지를 수업의 진행 시간에 따라 분석해서 해당 셀을 음영으로 표시하여 나타내는 것이다. 수업활동 흐름도를 사용하면 수업 단계별로 어떤 활동이 포함되어 있는지, 전체 수업이 어떻게 진행되고 있는지, 수업의 도입, 전개, 정리의 각 단계가 구별되는지를 한눈에 파악할 수 있다. 이러한 흐름도는 수업 구성 활동에 대한 전문적인 지식이 부족한 피담자도 본인의 수업을 쉽게 이해할 수 있게 함으로써 컨설팅 결과를 이해하는 데 도움을 준다. 또한 수업활동 단계별 특징을 구체적으로 기술함으로써 각 단계의 수업에서 주의해야 할 내용이나 개선이 필요한 내용에 대한 근거를 제시할 수도 있다.

표 6-10 수업 분석 도구

	수업활동 단계 구성									수업활동 단계의 특징
	주의 집중 획득	수업 목표 제시	선수 학습 회상	학습 내용 제시	학습 안내 제공	수행 유도	피드 백 제공	수행 평가	파지 및 전이	
1										
2										
3										
4										
5										
6										
7										
8										
9										
10										
11										
12										
13										
14										
15										
	(중략)									
51										
52										
53										
54										
55										

　수업 구성을 효과적으로 분석하기 위해서는, 첫째, 수업 단계별로 실행해야 할 세부 수업전략에 대한 전문적인 지식을 습득하고 있어야 한다. 수업사태별 세부촉진전략이

활용되었는지 여부를 판단하기 위해서는 세부촉진전략에 대한 이해가 선행되는 것은 기본이다. 도입에서의 주의 획득이 중요한 이유는 인지이론에 따르면 모든 정보는 작동기억에서 선택적으로 지각된 정보만 학습될 수 있기 때문에 학습의 시작은 주의집중에서 시작된다고 할 수 있다. 주의집중을 위해서는 학습자들에게 신비감을 유발하거나 감각적 변화, 오감 자극, 인지적 호기심 자극 등을 사용할 수 있다. 도입의 다음 사태인 수업목표를 제시하는 것은 학습자들이 수행하기를 바라는 지식이나 기술에 대한 성취 기대치를 전달하는 것이다. 즉, 학습자들에게 기대하는 바를 전달해 줌으로써 학습자들에게 수업의 방향을 인지하게 하고 목표의식을 갖게 하는 효과가 있다. 도입의 마지막 사태인 선수학습 재생은 새로운 학습 내용과 관련하여 반드시 알고 있어야 할 기초적인 지식을 작동기억에 활성화한다는 의미를 가진다. 모든 학습은 기존 정보에 기초하여 이해하고 지식습득이 이루어지기 때문에 학습 내용에 위계성이 있을 때 매우 중요한 단계라고 할 수 있다.

전개 단계에서 학습 내용을 제시하는 사태는 학습할 내용이 무엇인가에 따라서 다양한 제시 전략이 사용될 수 있다. 즉, 수업목표를 달성하기 위한 수업 내용이 학습자들에게 얼마나 적절한 자극으로 제시되느냐가 분석의 중요한 핵심이 된다. 학습 안내는 학습한 내용을 학습자들이 장기기억으로 저장하도록 촉진해 주는 것을 의미한다. 즉, 학습 내용을 이해한 후 그것을 오랫동안 기억할 수 있도록 정보를 의미화하는 기회를 주는 것이다. 일반적으로 수업에서 학습 내용만 제시하고 끝나는 경우가 많은데 효과적인 수업에서는 학습 내용만이 아니라 학습안내가 함께 제공되어야 한다.

수행 유도는 학습한 내용을 실제 학습자들이 실습해 볼 기회를 줌으로써 학습자가 학습한 내용을 연습하고, 학습이 효과적으로 발생했는지를 판단할 수 있는 기회를 주는 것이 목적이다. 전개 단계의 마지막 단계인 피드백 제공은 학습자가 행한 연습이나 수행의 결과에 대한 정보를 제공하는 것이다. 성공한 수행에 대해서는 강화를 제공하고 부족한 점은 무엇이 얼마만큼 부족하고 왜 그런 부족 현상이 나타났는지에 대한 정보를 제공할 수 있다.

정리 단계에서 수행평가는 실제 학습한 목표의 달성도를 파악하고 다음 단계의 학습이 가능한지 등을 파악하는 데 목적이 있다. 때문에 수행평가는 수업목표 달성 여부를 파악할 수 있는 적절한 평가 전략이 사용되었는지를 파악할 필요가 있다. 이 단계에서 사용되는 평가 전략은 학습목표와 일관성이 있어야 한다. 마지막으로 정리의 파지 및 전이를 촉진한다는 것은 학습한 내용을 장기간 기억하게 하고 수업 상황이 아닌 다른 상황에서도 적용할 수 있는 전략을 사용하는 것을 의미한다.

3) 수업 구성 분석의 예

〈표 6-11〉의 수업활동 흐름도는 50분 단위로 구성된 수업의 흐름을 표현한 것으로, 수업설계 이론에 따른 모범적인 적용 사례를 표시한 것이다. 이 수업은 도입, 전개, 정리의 각 단계가 잘 나타나고 있고, 아홉 가지 수업사태가 고르게 활용되고 있음을 볼 수 있다. 도입에 필요한 활동은 10분 정도 할애되고, 본시 수업에 30분, 수업 마무리 활동에 10분이 할애되어 각 단계별 균형이 잘 이루어져 있다.

본시 수업은 세 가지 중요한 수업목표로 구성되어 있다. 8분에서 20분 사이에 첫 번째 수업목표에 해당하는 활동이 진행되고 있는 것을 보여 준다. 22~30분 사이에 두 번째 수업목표에 대한 활동이 진행되고, 32~42분에 세 번째 수업목표가 진행되었다. 각 수업목표에 대한 내용이 제시된 다음에는 그 내용을 제대로 알고 있는지 적용 사례를 제시하거나 간단한 퀴즈를 제시해서 수업목표의 달성 여부를 확인해야 한다. 학습 내용을 안내한 이후에는 바로 수행 유도와 피드백을 제공하는 것이 바람직하다. 수업의 후반부에 학습목표와 관련된 내용을 전반적으로 정리하는 것이 중요하지만, 각 학습목표에 대해서 학습자가 어느 정도 이해했는지를 확인하면서 수업을 진행하는 것이 바람직하다.

표 6-11 수업 분석 도구 활용 사례

	수업활동 단계 구성								
	주의 집중 획득	수업 목표 제시	선수 학습 회상	학습 내용 제시	학습 안내 제공	수행 유도	피드백 제공	수행 평가	파지 및 전이
2	■								
4	■								
6		■	■						
8			■	■					
10				■					
12					■				
14					■				
16					■				
18					■	■			
20							■		
22				■		■			
24						■			
26						■			
28						■			
30						■	■		
32				■					
34					■				
36					■	■			
38						■			
40							■		
42							■	■	
44								■	
46								■	■
48									■
50									■

〈표 6-12〉는 좀 더 구체적인 실제 수업 구성 분석 사례를 보여 준다.

표 6-12 수업 구성 분석 사례

	수업활동 단계 구성									수업활동 단계의 특징
	주의집중획득	수업목표제시	선수학습회상	학습내용제시	학습안내제공	수행유도	피드백제공	수행평가	파지및전이	
1										
2										• 수업 준비: 컴퓨터 및 PPT 화면 조절
3										• 마이크 소리가 잘 안 들림
4		■								• 4시 30분에 본시 수업 내용을 소개함
5			■							• 선수학습 내용을 설명함
6			■							• 학생에게 질문을 했지만 학생의 답에 집중하기보다는 교수자가 계속 설명함
7			■							
8						■	■			• 두 번째 질문의 경우도 예, 아니요의 답을 들은 후 왜 그렇게 생각하는지에 대한 질문 없이 교수자가 설명함
9						■	■			
10				■						
11				■						• 본시 수업의 내용을 설명함
12				■						• 설명과 관련 없는 내용의 PPT가 프로젝터로 제시되어 수업의 집중력을 분산시킴
13				■						
14				■						
15				■						
16				■						• 교수자의 움직임이 많음
17				■						• 통로로 걸어다니면서 설명하는 것이 너무 패턴화되어 있음. 학생들에게 등을 보이고 걷는 경우 교수자의 설명이 잘 안 들림
18				■						
19				■						
20				■						
21				■						• PPT 자료가 단순하고 한글 파일로 보여 주어 가독성과 집중도가 떨어짐
22				■						

번호									비고
23				■					
24				■					
25				■					
26				■					• 폐쇄적 질문을 사용하여 질문이 형식적으로 들림. 학생들에게 개방적 질문을 함으로써 학생의 이해도를 파악할 필요가 있음
27				■					
28				■					
29				■					
30				■					
31						■			• 학생들에게 질문을 하지만 질문 이후에 다시 똑같은 설명을 반복해 불필요한 설명이 제공되고, 지루함을 느끼게 함
32						■			
33						■			
34				■					
35						■			• 폐쇄적 질문을 많이 사용함
36				■					
37				■					• 질문 후 학생의 대답을 안 기다리고 다시 설명함
38				■					
39				■					• 학습 내용을 확인하는 활동이나 피드백이 보이지 않음
40				■					

[종합 분석]

• 수업을 시작할 때 이전 시간의 내용을 상기시켜 학생들의 이해를 도움

• 본시 수업의 내용을 제시하긴 하지만 수업을 통해 '학생들이 무엇을 할 수 있는지' 구체적인 목표는 제시되지 않음

• 매 주제마다 주요 내용을 정리해 줌으로써 이해도를 높임. 그러나 너무 같은 내용이 반복되어 수업의 흐름이 부자연스러워지고 지루함을 느끼게 하는 점이 있음

• 수업이 교수자의 강의 위주로 진행됨(약 30분간 내용 설명만 진행됨). 학습 내용 제시는 있지만 학습안내 활동은 관찰되지 않음. 정보제시뿐만 아니라 정보를 쉽게 이해하고 기억할 수 있는 다양한 예시나 방법을 소개할 필요가 있음

- 간간이 질문을 통해 학생의 참여를 유도하지만 질문의 형태가 단순하고 깊이 있는 논의를 유도하지 못함. 폐쇄형보다는 개방형, 학생들의 의견을 묻는 질문을 제시할 필요가 있음
- 질문을 학생들의 이해도를 점검하기 위한 방법으로 사용하는 것도 필요함(수행유도 및 피드백 제공).
- 차시 수업 내용에 대한 정리나 다음 차시 안내가 제시되지 않음
- 수업에 PPT와 칠판을 분리해서 사용하고 있는데 PPT를 사용한다면 필요한 부분에서만 제시할 필요가 있음. 또한 가급적 텍스트 위주가 아닌 그래프나 사진과 같은 시각 자료를 사용하길 추천함

4. 토의 · 토론 수업 분석

1) 토의 · 토론 수업 분석의 내용 및 목적

토의 · 토론 수업 분석은 토의수업과 토론수업이 각각 지향하는 목적에 부합하고, 진행 과정이 적절하게 이루어지는지 분석하는 것이다. 토의수업과 토론수업은 진행 과정이 상이하기 때문에 각각의 특성을 토대로 분석 내용이 결정된다.

토의수업 분석은 토의수업의 특성을 토대로 이루어진다. 토의란 어떤 주제에 대해서 여러 사람이 정보와 의견을 교환하여 그 주제에 대해 학습하거나 문제를 해결하는 말하기와 듣기 활동이며, 토의수업은 토의 활동을 통하여 학습하는 것이다(정문성, 2017). 토의수업은 학습자와 교수자 간 또는 학습자들 간에 일어나는 의사소통을 전제하기 때문에, 토의에 참여하는 학습자와 교수자가 어떠한 역할을 할 것인가가 중요하고, 어떤 정보와 경험을 상호 교환할 것인가가 중요하다(김주영, 2005). 토의가 의미 있는 학습활동이 되기 위해서는 혼자서는 해결하기 어려운 문제를 토의를 통해 해결할 수 있는 기회가 되어야 한다. 토의는 단순한 대화가 아니라 합리적인 의사결정과 문제 해결을 위한 것이기 때문이다.

토의수업은 일반적으로 '토의주제 제시-모둠별 토의활동 실시-전체 토의'의 과정을 거친다. 이러한 토의수업이 이루어지기 위해서는 [그림 6-1]과 같이 토의수업을 위한 구체적인 준비활동이 선행되어야 하고, 토의를 실시한 이후에는 토의내용을 공유하는 시간을 갖는 것이 필요하다. 따라서 토의수업을 분석할 때는 [그림 6-1]에 제시된 수업 활동과 함께 다루어진 주제의 적절성과 학습자와 교수자 활동의 유의미성도 함께 분석해야 한다.

1단계(토의 준비)		2단계(토의 실시)		3단계(토의 정리)
• 토의집단 편성 • 주제 제시/설명 • 토의 결과 정리 양식 안내 • 토의 관련 자료 제시 • 토의수업 사전 훈련 • 동기화/토의예절/진행자훈련	⇨	• 그룹별 주제 할당 • 그룹별 진행자 선정 • 그룹별 토의 • 토의 결과 정리 • 교수자의 토의 결과 검토	⇨	• 교수자의 진행 • 그룹별 발표 • 전체 토의 • 종합 정리

[그림 6-1] 일반적인 토의수업 모형(김주영, 2005)

토론수업 분석은 토론수업의 특성을 토대로 이루어진다. 토론은 하나의 논제에 찬성과 반대의 입장을 정하여 각각 어떤 가능한 논거가 있는지 조사하고, 발굴된 논거들을 정리하여 몇 분 분량의 말할 수 있는 형태로 재가공하며, 다른 사람 앞에서 그 주장을 옹호하기 위해 '몸'으로 연설하는 것, 그리고 상대방의 주장을 듣고, 분석하고, 반론의 논거를 찾아 공박하는 일련의 활동들로 구성된다.

하재홍(2010)은 토론 준비 과정과 실천 과정을 보다 세분화하여 논제 정하기, 토론자 결정하기, 토론 준비하기, 자료 수집하기, 자료를 분석하고 논거를 발굴하기, 논거 배열하기, 주장 내용 작성하기, 작성 내용 암기하기, 연습하기, 말하기 · 듣기, 상대방 연설에 대한 반박 준비하기, 질문하기 · 반박하기의 12단계로 제시하였다. 12단계 중 9단계는 토론을 준비하는 단계이고, 말하기 · 듣기, 상대방 연설에 대한 반박 준비하기, 질문하기 · 반박하기의 세 단계만 실제 토론 과정이다. 이러한 과정을 통해 실제 토론도 중요하지만 토론을 준비하는 과정이 중요하다는 것을 알 수 있다. 각 과정을 구성하는 활동들의 내용 및 전개 순서는 [그림 6-2]와 같다.

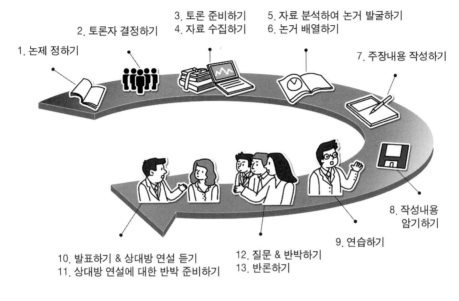

[그림 6-2] 토론수업 진행 과정

2) 토의·토론 수업 분석 방법

토의수업을 분석할 때는 〈표 6-13〉에 제시된 것처럼 토의 주제, 토의 준비, 토의 실시, 토의 정리가 적절한지 점검해야 한다(장경원, 이병량, 2018). 만약 분석 대상 수업이 토의 준비, 토의 실시, 토의 정리 중 일부만 해당된다면 해당하는 부분만 확인하고, 다른 부분에 대해서는 교수자와 학습자를 대상으로 인터뷰를 실시하여 해당 내용을 분석할 수 있다. 토의수업을 분석할 때는 분석 내용에 따라 일치 여부를 일치(○)와 불일치(×)로 표시하고, 판단의 근거를 가능한 한 구체적으로 작성한다.

표 6-13 토의수업 분석 도구

분석 준거		토의수업 분석 내용	일치 여부	판단 근거
토의 주제		학습목표에 부합한 주제인가?		
		학습자 수준에 맞는 주제인가?		
토의 준비		학습자들에게 토의 주제를 명확히 안내하 였는가?		
		학습자들에게 토의방법(절차와 규칙)을 안내하였는가?		
		토의 결과를 정리할 수 있는 워크시트가 준비되었는가?		
		허용적인 분위기를 조성하였는가?		
		학습자들은 토의에 참여할 준비(자료 준비 등)가 되어 있는가?		
토의 실시	학습자 활동	학습자들이 적극적으로 자신의 의견을 표 현하였는가?		
		학습자들이 다른 사람들의 의견을 경청하 였는가?		
		학습자들이 토의 결과를 잘 정리하였는 가?		
	교사 활동	원활한 토의가 진행될 수 있도록 모둠 구 성 및 역할 분배를 하였는가?		
		원활한 토의가 진행될 수 있도록 학습자들 의 참여를 독려, 격려, 칭찬하였는가?		
		원활한 토의가 진행될 수 있도록 적절한 질문을 제시했는가? (주제 환기, 심층적인 논의 유도 등)		
		원활한 토의가 진행될 수 있도록 시간관리 를 잘 하였는가?		
토의 정리		학생들이 토의한 결과를 발표하거나 공유 할 수 있는 기회가 있었는가?		

		교사는 토의 내용을 학습 주제와 연관하여 정리, 설명하였는가?		
		토의 과정 및 결과에 대해 성찰할 수 있는 기회가 있었는가?		

 토론의 주요 활동 중 토론수업에서 관찰 가능한 부분은 [그림 6-2]에 제시된 것처럼 발표하기, 상대방 연설 듣기, 상대방 연설에 대한 반박 준비, 질문 및 반박하기, 반론하기 정도이다. 그러나 토론수업을 분석할 때는 〈표 6-14〉에 제시한 것처럼 토론활동에서 다루어진 주제(논제)가 적절한지, 토론을 위한 준비가 잘 이루어졌는지, 그리고 교실에서 이루어지는 실제 토론활동이 원활히 이루어지는지에 대해서도 함께 살펴야 한다(장경원, 이병량, 2018). 토론수업을 분석할 때는 분석 내용에 따라 일치 여부를 일치(○)와 불일치(×) 정도로 표시하고, 판단의 근거를 가능한 구체적으로 작성한다.

표 6-14 토론수업 분석 도구

분석 준거		토론수업 분석 내용	일치 여부	판단 근거
설계	수준	토론 주제가 학습자 수준에 부합한가?		
	내용	찬성과 반대의 입장을 취할 수 있는 주제인가?		
	시간	주어진 시간 안에 운영 가능하도록 설계되었는가?		
교사의 역할	환경 구축	교실 환경(좌석 배치 등)은 토론수업을 위해 준비되었는가?		
	토론 안내	토론 절차와 참여자들의 역할에 대해 안내하였는가?		
사회자	토론 진행	사회자가 토론 진행(시간 엄수, 중립)을 잘 수행하였는가?		
토론자	주제	토론 주제에 대해 잘 인지하였는가?		
	방법	토론 방법에 대해 잘 인지하였는가?		

	팀워크	토론 시 팀워크가 잘 이루어졌는가?		
	근거 준비	적절한 근거를 가지고 자신의 의견을 주장하였는가?		
	태도	토론자들이 토론에 적극적으로 참여하였는가?		
청중	태도	청중은 토론 과정에 관심을 가지고 주의집중하였는가?		
	평가	청중은 토론 내용에 대해 적절한 평가 의견을 제시하였는가?		
결과 정리	정리	토론에서 다루어진 주요 내용을 정리, 제시하였는가?		
	피드백	토론 내용 및 방법에 대한 피드백이 잘 이루어졌는가?		

3) 토의 · 토론 수업 분석의 예시

토의수업과 토론수업을 참관한 경우 다음과 같이 분석할 수 있다.

표 6-15 토의수업 분석 예시

분석 준거	토의수업 분석 내용	일치 여부	판단 근거
토의 주제	학습목표에 부합한 주제인가?	○	토의 주제가 학습목표에 부합한 내용을 담고 있지만, 현재 학습자들이 이해하기에는 추상적인 형태로 제시되었음. 보다 구체적으로 제시하는 것이 필요함
	학습자 수준에 맞는 주제인가?	×	
토의 준비	학습자들에게 토의 주제를 명확히 안내하였는가?	×	토의주제에 대해 구두로만 언급함
	학습자들에게 토의 방법(절차와 규칙)을 안내하였는가?	○	토의 방법과 규칙을 PPT로 작성하여 학생들이 쉽게 인지할 수 있도록 함

		토의 결과를 정리할 수 있는 워크시트가 준비되었는가?	×	토의 내용을 정리할 수 있는 양식이 없어서 학생들이 정리에 어려움을 겪음
		허용적인 분위기를 조성하였는가?	○	학생들이 이미 친근한 관계를 유지하고 있음
		학습자들은 토의에 참여할 준비(자료 준비 등)가 되어 있는가?	×	몇몇 여학생을 제외하고는 자료와 자세 준비가 되지 않았음
토의 실시	학습자 활동	학습자들이 적극적으로 자신의 의견을 표현하였는가?	×	4인으로 구성된 모둠 내에서 1~2명의 학생만 이야기함
		학습자들이 다른 사람들의 의견을 경청하였는가?	×	토의에 관심이 없는 학생들은 다른 사람이 이야기할 때 딴짓을 함
		학습자들이 토의 결과를 잘 정리하였는가?	×	모둠별로 편차가 커서 토의 결과를 정리할 수 있는 양식이 필요함
	교사 활동	원활한 토의가 진행될 수 있도록 모둠 구성 및 역할 분배를 하였는가?	×	앉은 자리를 기준으로 책상을 돌려 앉아 모둠을 구성함. 토의가 원활하지 않은 모둠이 많음
		원활한 토의가 진행될 수 있도록 학습자들의 참여를 독려, 격려, 칭찬하였는가?	○	교사가 모둠을 방문하여 학생들을 독려하고 토의 진행을 도움
		원활한 토의가 진행될 수 있도록 적절한 질문을 제시했는가? (주제 환기, 심층적인 논의 유도 등)	×	교사가 질문하기보다는 자신의 의견을 제시하거나 설명하는 데 시간을 많이 사용함
		원활한 토의가 진행될 수 있도록 시간관리를 잘 하였는가?	×	토의 시간이 부족하여 토의 내용 정리를 못함
토의 정리		학생들의 토의한 결과를 발표하거나 공유 할 수 있는 기회가 있었는가?	×	시간이 부족하여 토의 결과 발표를 하지 못함
		교사는 토의 내용을 학습 주제와 연관하여 정리, 설명하였는가?	○	교사의 설명이 이루어지긴 했지만, 시간 부족으로 학생들의 발표 없이 일방적으로 주제에 대한 설명을 제시함
		토의 과정 및 결과에 대해 성찰할 수 있는 기회가 있었는가?	×	성찰의 기회 없었음

[종합 분석]

• 수업에서 다룬 토의 주제는 수업의 목표와 일치하지만, 학생들이 이해하기에는 추상적으로 제시되었고, 해당 주제를 교사가 구두로만 제시하여 학생들이 주제에 대해 충분히 이해하는 데 어려움을 겪음. 해당 주제와 관련된 동영상, 참고 자료 등을 함께 제시하여 학생들이 주제에 대해 명확히 이해할 수 있도록 도움을 제공하는 것이 필요함. 또한 토의 주제를 구두로만 제시하지 말고 PPT나 유인물을 이용하여 학생들이 지속적으로 접할 수 있도록 하는 것이 필요함

• 학생들이 토의 주제를 명확하게 인지하지 못했기 때문에 모둠 내에서 1~2명의 학생만 토의에 참여함. 또한 토의 내용을 어떻게 정리해야 할지 어려움을 겪음. 토의 활동이 원활하게 이루어질 수 있도록 토의 주제를 명확히 안내하고, 토의 내용을 어떻게 정리할지 안내하는 양식을 제시하는 것이 필요함.

• 시간 부족으로 학생들의 토의 내용 발표 없이 교수자의 설명으로 수업이 마무리됨. 토의활동 이후 교수자가 해당 내용을 정리하는 것은 매우 중요하고 의미 있는 일이지만, 학생들의 발표가 생략되는 것은 바람직하지 않음. 토의 주제의 난이도, 토의 시간 등을 조정하여 학생들의 발표 시간을 확보하는 것이 필요함.

💬 표 6-16 토론수업 분석 예시

분석 준거		토론수업 분석 내용	일치 여부	판단 근거
설계	수준	토론 주제가 학습자 수준에 부합한가?	○	학습자들이 이해하는 데 적절한 수준임
	내용	찬성과 반대의 입장을 취할 수 있는 주제인가?	○	찬성 측이 보다 유리할 수 있지만 비교적 두 입장 모두 가능한 주제임
	시간	주어진 시간 안에 운영 가능하도록 설계되었는가?	○	수업시간을 고려하여 입론과 반론 시간을 적절하게 조정하여 운영함
교사의 역할	환경 구축	교실 환경(좌석 배치 등)은 토론수업을 위해 준비되었는가?	○	토론자들의 위치, 청중의 위치가 적절하게 배치되었음
	토론 안내	토론 절차와 참여자들의 역할에 대해 안내하였는가?	○	해당 내용에 대해 간단하게 안내함

사회자	토론 진행	사회자가 토론 진행(시간 엄수, 중립)을 잘 수행하였는가?	○	교사가 준비해 준 스크립트를 이용하여 토론 진행을 잘함
토론자	주제	토론 주제에 대해 잘 인지하였는가?	○	토론 주제에 대해 인지하여 적절한 논거들을 사용하여 주장함
	방법	토론 방법에 대해 잘 인지하였는가?	○	토론 규칙을 지켜 토론함
	팀워크	토론 시 팀워크가 잘 이루어졌는가?	×	팀워크보다는 개별적으로 발표함
	근거 준비	적절한 근거를 가지고 자신의 의견을 주장하였는가?	×	각자 준비한 내용을 발표하는 데는 익숙하나, 순발력을 발휘하여 질문하거나 질문에 답변하는 데는 서투른 모습을 보임
	태도	토론자들이 토론에 적극적으로 참여하였는가?	○	자신의 차례가 되었을 때 적극적으로 참여함
청중	태도	청중은 토론 과정에 관심을 가지고 주의집중하였는가?	○	친구들의 토론활동에 호기심을 보이며, 매우 주의집중하여 경청함
	평가	청중은 토론 내용에 대해 적절한 평가 의견을 제시하였는가?	×	장난스럽게 평가에 참여함
결과 정리	정리	토론에서 다루어진 주요 내용을 정리, 제시하였는가?	×	시간 부족으로 결과 정리가 충분히 이루어지지 못함
	피드백	토론 내용 및 방법에 대한 피드백이 잘 이루어졌는가?	×	

[종합 분석]
• 수업목표, 학습자 수준, 논제의 특성 등에 부합하게 토론 주제와 토론 방법을 설계하여 운영함. 또한 학생들이 토론에 진지하게 참여할 수 있도록 토론 주제와 방법 등에 대해 충분히 안내함
• 토론에 참여한 학생들은 자신이 준비한 내용을 발표할 때는 매우 자신감 있는 태도를 취했지만, 상대방의 의견에 대해 질문하거나 질문에 답변할 때는 매우 소극적이고, 논리적이지 못했음. 해당 내용에 대해 심도 있게 학습하고 준비할 수 있도록 안내하는 것이 필요함. 토론활동을 지켜본 청중은 매우 적극적으로 호기심을 갖고 토론활동을 지켜보았지만, 토론에 대해 평가할 때는 장난스러운 모습을 보

임. 학생들이 준거에 따라 객관적으로 평가할 수 있도록 지도하는 것이 필요함

• 시간 부족으로 토론 내용에 대해 정리하지 못함. 토론 방법 안내 등을 사전에 실시하여 토론 시간을 확보하는 것이 필요함

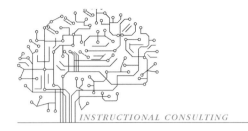

제7장

수업 분석 도구 II

INSTRUCTIONAL CONSULTING

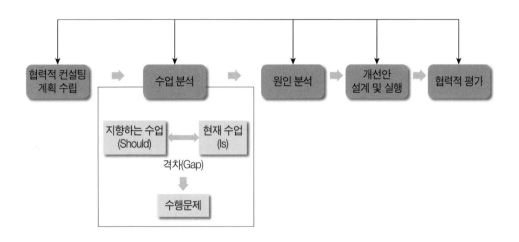

제7장에서는 수업의 주요 구성요소인 교수자와 학습자, 그리고 학습매체에 대해 분석할 수 있는 도구인 동기 유발 전략 분석, 비언어적 의사소통 분석, 매체 활용 전략 분석, 수업만족도 분석, 학습동기 분석, 과업집중도 분석을 소개한다. 교수자를 대상으로 이루어지는 동기 유발 전략 분석은 교수자의 학습동기 유발 전략을 분석하는 것이고, 비언어적 의사소통 분석은 교수자가 학습자의 학습 내용 이해도를 높이는 데 중요한 역할을 하는 비언어적 소통을 적절한 시기에 적절한 방법으로 활용하고 있는지 분석하는 것이다. 매체 활용 전략 분석은 수업매체를 적절한 방법으로 사용하는지 분석하는 것이다. 학습자를 대상으로 이루어지는 수업만족도 분석은 학습자의 수업에 대한 만족의 정도를 평가하는 것이고, 학습동기 분석은 학습자들의 학습동기 수준을 분석하는 것이며, 과업집중도 분석은 좌석 배치를 중심으로 학습자들이 과업에 열중하는 정도를 분석하는 것이다. 수업컨설턴트들은 대상과 목적에 맞게 도구를 선택하여 수업을 분석할 수 있어야 한다.

🌳 이 장의 수행목표

- 의뢰한 문제나 수업상황에 적합한 수업 분석 도구를 선정할 수 있다.
- 수업 분석 도구들을 활용하여 수업을 분석할 수 있다.

🌳 핵심과정 및 산출물

컨설팅 과정	결과물	협력활동

• 수업 분석 도구 활용
  - 동기 유발 전략 분석
  - 비언어적 의사소통 분석
  - 매체 활용 전략 분석
  - 수업만족도 분석
  - 학습동기 분석
  - 과업집중도 분석
	• 수업 분석 도구별 결과 및 해석	• 협력적 수업 분석

1. 동기 유발 전략 분석

1) 동기 유발 전략 분석의 내용 및 목적

동기 유발 전략 분석의 목적은 수업 과정에서 학습자의 학습동기가 유발되고 유지될 수 있도록 교수자가 어떠한 구체적인 전략들을 활용하고 있는지를 파악하는 데 있다. 동기 유발 전략을 위한 대표적인 이론으로 Keller의 ARCS 모형을 들 수 있다.

Keller는 학습에서의 동기의 중요성을 강조하면서 학습 과정에서 학습동기를 유발하고, 유발된 학습동기를 지속적으로 유지하는 전략들을 ARCS 모형으로 이론화하였다(Keller & Kopp, 1987). ARCS는 주의집중(Attention), 관련성(Relevance), 자신감(Confidence), 그리고 만족감(Satisfaction)을 의미한다. Keller의 ARCS 모형은 수업에서 주의집중, 관련성, 자신감, 만족감을 높일 수 있는 세부 전략들을 제시하고 있어, 이 모형을 사용하여 동기 유발을 위한 전략들을 수업목표를 달성하는 데 적절한 균형을 이루면서 효과적으로 사용하고 있는지, 사용하고 있다면 구체적으로 어떤 장면에서 어떠한 전략으로 접근하고 있는지를 관찰하여 교수자의 학습동기 유발 전략을 분석할 수 있다.

2) 동기 유발 전략 분석 방법

동기 유발 전략을 분석하는 방법을 이해하기 위해서는 ARCS 동기 전략의 네 가지 범주와 그에 따른 하위요소들을 이해할 필요가 있는데, 구체적인 내용은 〈표 7-1〉과 같다.

표 7-1 ARCS의 구성 범주 및 분석 준거

구분	정의	구체적 전략
주의집중 (Attention)	학습에 대한 호기심을 자극하여 학습의 흥미를 획득하기 위함	지각적(감각적) 주의집중 • 수업 자료 제시할 때, 시각 자료 또는 청각 자료 활용 • 다양한 멀티미디어 지료 활용 • 기타(언어적 주의/교탁 치기/침묵/신체적 환기 등)
		탐구적 주의집중 • 인지 갈등: 모순되는 과거 경험, 역설적 사례, 대립되는 원리나 사실 등을 제시 • 호기심이나 신비감을 유발하는 질문 사용 • 적절한 난이도의 학습 문제 제시
		변화성(다양성) • 다양한 목소리와 톤 • 다양한 유형의 수업절차나 수업방법 • 다양한 유형의 수업 자료나 매체 사용
관련성 (Relevance)	수업목표 달성 여부와 학습자들의 개인적 요구와 목적 간의 관계를 충족시킴으로써 긍정적인 태도를 유발하기 위함	목적 지향성: 수업의 이점과 내재적 만족감 촉진 • 현재 학습자들에게 주는 해당 수업의 이점 • 미래에 학습자들에게 주는 해당 수업의 도움 정도 • 미래 학습자들의 직업과 관련해서의 도움 정도
		모티브 일치: 개인의 요구와 수업 연결 • 인격적 대우나 기초적인 요구(인정, 소속감, 안정감, 사랑)를 수업에서 충족시키기 • 자유로운 토의나 의견 제시가 이루어질 수 있도록 안정된 환경 제공(리더십을 발휘할 수 있는 기회 제공, 자율적 학습 기회나 협동적 학습 기회, 개별이나 집단별 프로젝트에 선의의 경쟁 유발 등) • 성공적인 성취를 이룬 사람들의 실례나 증언, 일화 등을 제공
		친밀성 향상: 수업과 기존의 학습자 경험과 연결 • 수업이 학습자의 기존 지식과 연계되어 있음을 설명 • 친숙한 내용(개념, 과정, 기능 등)을 예와 비유를 통해 제시

자신감 (Confidence)	학습자들이 수업에서 수업목표를 달성(성공)할 수 있거나 성공을 통제할 수 있다고 믿도록 도움을 제공함	**성공 학습 요건 활용** • 필요한 지식이 이미 습득되었음을 인지시킴 • 수업의 목표와 그것을 성취하기 위한 구체적인 방법 제시 • 평가에 대한 기준 및 유형에 대해서 사전에 공지
		성공 기회 제공: 긍정적 결과 유도 • 적절한 난이도의 과제로 적절한 도전감 제공 • 수업목적, 내용, 교육방법, 평가, 사례들 간의 일관성 유지 • 구체적인 내용에서 추상적인 내용으로, 쉬운 내용에서 어려운 내용으로 계열화하기
		개인적 책임감 • 모든 결과의 원인은 자신에게 있고, 자신의 능력에 따라 결과가 달라질 수 있음을 인식시키기 • 학습활동의 내용, 방법, 학습 속도, 평가 방법 등에서 가능한 한 학습자들에게 선택권을 부여하여 자신의 선택에 대한 책임감을 갖도록 하기
만족감 (Satisfaction)	보상을 위한 성취를 강화함	**내적 강화: 자긍심, 성취감 제공** • 수업에서 배운 새로운 기술이나 지식을 실제 현장이나 상황에서 적용해 볼 수 있는 기회 제공 • 자기 기록과의 경쟁을 통해 자신의 발달을 인식하도록 도움을 제공
		외적 강화 • 어려운 과제를 해냈다는 자긍심을 갖도록 언어적 강화를 제공 • 점수제도와 같은 다양한 보상제도 활용 • 수업시간 중에 지속적인 칭찬 제공
		공평성 • 사전에 공지한 기준과 방식에 따라 평가하기 • 특정 학습자가 유리하도록 평가하지 않도록 공정하게 평가하기

동기 유발 전략 분석 도구는 ARCS 전략을 토대로 각 하위요소들을 관찰할 수 있는 준거를 제시하고, 각 전략이 수업의 3단계(도입/전개/정리) 중 어느 부분에서 사용되었는지 체크할 수 있도록 하였다(〈표 7-2〉 참조). 또한 구체적으로 관찰된 내용이 무엇인지 기술하여 분석을 위한 신뢰성을 높였다.

동기 유발 전략 분석 도구를 효과적으로 활용하기 위해서는 다음 절차를 숙지하는 것이 필요하다.

첫째, ARCS 하위 범주에 해당하는 구체적인 준거를 파악한다. 예를 들어, 지각적 주의집중에 해당하는 준거는 무엇인지, 변화성에 해당하는 준거에는 어떠한 것이 있는지를 살펴볼 필요가 있다. 수업을 동영상 형태로 분석할 경우에는 같은 장면을 재생하면서 특정 준거를 쉽게 확인할 수 있지만, 교실 현장에서 수업을 관찰할 경우에는 특정 장면을 놓칠 수 있기 때문에 하위범주에 따른 준거들을 숙지하는 것이 필요하다.

둘째, 수업의 3단계(도입/전개/정리) 별로 학습동기를 유발하고 유지하기 위한 하위 요소들이 나타나는지 체크한다. 이는 수업의 전 과정에서 학습동기를 위한 전략들이 활용되는 경향성을 파악하기 위한 것이다. 하위요소별 실행 빈도를 파악함으로써 수업의 도입부에서 유발된 학습동기가 전 과정에서 유지되도록 노력하는 모습, 학습동기를 유발만 하고 유지하기 위한 전략들은 투입하지 않는 모습 등을 파악할 수 있기 때문이다.

셋째, 체크 표시를 한 경우에는 어떠한 구체적인 방법과 전략이 활용되고 있는지 관찰한 내용을 기록한다. 이것은 하위범주의 준거에 맞게 체크를 했는지 다시 한 번 점검하여 분석의 신뢰성을 높이기 위한 의도이다. 예를 들어, 수업의 전개부에서 주의가 산만해진 학습자들을 집중시키기 위해 교수자가 갑자기 '박수 세 번 시작'이라고 말하였을 경우 분석 도구에는 주의집중/지각적 주의집중/기타 부분에 체크를 하고 위와 같이 구체적으로 관찰된 내용을 간략하게 기록할 수 있다.

넷째, 분석표를 완성한 후에는 '종합' 칸을 기술하되 핵심 내용의 요약, 장점, 문제점, 개선점을 기술한다.

3) 동기 유발 전략 분석 사례

동기 유발 전략 분석 사례는 〈표 7-2〉와 같다.

표 7-2 ARCS의 구성 범주 및 분석 준거

준거		관찰 유무			관찰 내용
		도입	전개	정리	
주의 집중	지각적 (감각적) 주의집중	✓	✓	✓	• 도입에서 수업을 준비시키기 위한 전략으로써 친구 알아맞히기 게임을 실시함 • 도입에서 본 차시 내용과 관련된 동영상을 보여 줌 • 전개에서 블렌디드 학습을 했던 사이트를 제시해 줌 • 전개 또는 정리에서 학생들의 활동 중 집중하지 않은 몇 학생에게 언어적 주의(예: 학생 호명하면서 지적함)를 제공함
	탐구적 주의집중	✓	✓		• 도입에서 1인 시위 동영상을 보여 준 후에 1인 시위가 우리나라에서 가능한지에 대한 질문을 던짐으로써 호기심을 유발함. 또한 1인 시위가 정당한 것인지에 대한 지적 탐구를 유발하였음 • 전개에서 조선시대와 현 우리나라 시대와의 비교를 통해 탐구적 주의를 이끌었음
	변화성 (다양성)		✓		• 모둠을 임의로 교사가 불러서 교재를 읽도록 하는 활동은 주의를 집중하게 하는 전략으로 판단됨 • 강의식 수업과 협동학습, 그리고 블렌디드 학습을 활용함 • 교재, 학습지, PPT, 모둠활동판 등을 활용함
관련성	목적 지향성				• 본 수업 내용을 통해서 학생들의 현재 삶에서 또는 미래에, 또는 미래 직업에 도움을 주는 정도 등을 안내해 주는 활동은 관찰되지 않음. 즉, 본 수업의 내용이 학생들에게 갖는 필요성 등을 안내하지 않음
	모티브 일치	✓	✓		• 모둠별 활동을 통해 학생 간 자유롭게 의견을 나눌 수 있는 기회를 제공하였으나 수업에 집중하는 정도에 대한 효과는 없다고 판단됨
	친밀성 향상				• 관찰되지 않음
자신감	성공 학습 요건 활용	✓			• 전시학습에 대한 내용을 상기시키는 퀴즈를 풀어 봄으로써 본 차시의 내용에서 다룰 내용 중 인권과 헌법 간의 관계를 연결시켜 줌으로써 충분히 선수학습이 이루어졌음을 보여 줌

	성공 기회 제공	✓	✓	✓	• 도입에서 전시학습에 대한 퀴즈를 개별적으로 해결하도록 유도하였음 • 전개 과정에서 다양한 형태의 수업전략을 통해 학습한 내용을 적용해 볼 수 있는 기회를 제공하고 있음 예를 들어, 블렌디드 학습을 통해 가상 재판을 수행, 인권과 헌법간의 관계를 이해하고 인권에 대한 자신의 위치에 대해서 글쓰기 활동 등 • 정리에서 본 차시의 수업 내용을 포함한 중 단원 전체를 해결할 수 있는 형성평가를 실시하였음 • 하지만 이 모든 과정에서 모든 학생이 성공 경험을 했는지 혹은 실패 경험을 했는지에 대한 진단과 대처가 부족함
	개인적 책임감				• 관찰되지 않음
만족감	내적강화		✓		• 수업 전에 가상 재판 활동을 해 보게 함으로써 수업에서 배울 내용을 미리 학습하고 적용해 볼 수 있는 기회를 마련해 줌
	외적강화		✓		• 도입단계에서 전시학습에 대한 퀴즈를 제공함, 학생이 개별적으로 해결했으나 언어적 강화 등의 칭찬은 이루어지지 않음 • 전개에서 형성평가 문제 풀이 결과에 대해 집단점수를 부여하여 집단보상이 이루어짐
	공평성				• 가상 재판 활동에 대한 집단보상시 사전에 평가를 위한 기준과 보상 방식에 대해 사전에 알려 주지 않아 평가를 위해 사전에 준비할 기회가 없었음

[종합 분석]

• 본 수업에서는 주의집중을 위한 효과적인 다양한 활동과 전략이 활용되고 있음. 예를 들어, 일인 시위 동영상을 활용하여 감각적 주의를 유도하였으며 다양한 학습자원(가상재판 사이트)과 참여적 수업활동(모둠활동판)을 통해 학생들이 수업에 참여하게 하는 수업을 진행하고자 하였음. 또한 탐구적 주의집중을 위한 동영상 등의 자원이 활용되었음

• 그러나 본 수업은 너무 많은 수업전략과 절차, 매체 등이 활용되어 오히려 부정적

효과가 있는 것으로 나타남. 과업집중도 분석 결과와 시간 관리 분석 결과 학생들의 집중력이 높지 않으므로 이들 전략이 수업목표와 직접적으로 연관된 활동이었는지, 오히려 학생들의 과업을 분산하게 만드는 요소가 아니었는지를 파악할 필요가 있음

- 만족감을 높여 주기 위한 집단보상 제도는 매우 효과적이었으나 개별적 보상 시스템은 없는 것으로 관찰됨. 개별보상과 집단보상을 함께 활용한다면 더욱 효과적인 수업이 될 것임. 예를 들어, 퀴즈 등을 실시할 때 집단 점수와 함께 개개 학습자들의 점수를 확인하여 언어적 강화(칭찬)나 부가 점수를 제공하는 이중 보상체제를 사용하면 더욱 효과적일 것임.

- 본 수업에서는 관련성에 대한 전략이 활용되지 않은 것으로 관찰됨. 이 수업의 목표에 학생들이 살아가면서 또는 미래에 어떤 도움이 되는지에 대해서 알려 주는 활동이 포함되는 것이 바람직함. 예를 들어, 주변에서 인권에 대한 헌법을 몰라서 피해 본 사례를 들어 설명하거나 학교나 가정에서 인권이 보장되지 않아서 생기는 문제와 연계한 사례를 활용한다면 본 차시의 내용이 학생들의 현재와 미래의 삶에서 갖는 중요성과 관련성을 찾게 할 수 있을 것임

2. 비언어적 의사소통 분석

1) 비언어적 의사소통 분석의 목적

의사소통 능력은 교수자로서의 가장 기본적인 능력일 뿐만 아니라 학습자의 이해도를 높이는 데 중요한 역할을 한다. 의사소통 능력은 언어적 의사소통 능력과 비언어적 의사소통 능력으로 나눌 수 있다. 언어적 의사소통이란 들리는 것, 즉 말로 전달되는 내용이라 할 수 있고, 비언어적 의사소통은 말로 전달되는 것 이외의 모든 것이라고 할 수 있다. Albert Meharabian은 의사소통에 영향을 주는 요소로 말의 내용이 7%, 목소리가 38%, 신체적 언어가 55%라고 했다. 이는 언어로 전달되는 내용보다 목소리의 크

기, 말의 속도, 분절, 눈의 접촉, 자세, 몸동작, 표정과 같은 비언어적 의사소통 능력이 더 중요함을 의미한다.

교수자의 비언어적 의사소통 능력을 분석하기 위해서는 비언어적 소통 능력의 각 범주에 따른 효과성 정도와 장단점, 그리고 개선점을 질적으로 분석할 필요가 있다. 비언어적 의사소통 능력 분석의 목적은 교수자들이 수업 중에 얼마나 비언어적 소통을 적절한 시기에, 적절한 방법으로, 즉 효과적으로 활용하고 있는가를 파악하는 것이다.

2) 비언어적 의사소통 분석 방법

수업 중에 교수자와 학습자 사이에 발생하는 상호작용은 수업의 가장 핵심 활동이다. 상호작용은 크게 언어적 소통과 비언어적 소통을 통해서 이루어진다. 언어적 소통은 대부분 설명과 청취, 질문과 답변으로 이루어지고, 비언어적 소통은 신체언어인 접촉, 얼굴표정, 시선 처리 및 눈짓, 몸짓과 공간 언어인 이동 거리 및 범위, 준언어인 목소리의 크기, 억양, 말의 속도, 강세 등으로 이루어진다. 인간 소통 중에서 언어적 소통은 7%에 불과하며 비언어적 소통이 93%를 차지한다. 따라서 수업 중 이루어지는 비언어적 소통이 중요한데, 이를 효과적으로 분석하기 위해서 수업컨설턴트는 교수자의 비언어적 소통 전략에 대한 전문 지식을 습득하고 있어야 한다. 비언어적 소통 분석은 대부분 수업컨설턴트의 질적 판단에 의존하기 때문에 컨설턴트의 전문 지식과 경험이 분석의 깊이와 의미에 영향을 주기 때문이다.

비언어적 의사소통 분석을 위한 준거는 〈표 7-3〉과 같다. 비언어적 의사소통은 말로 전달되는 내용 이외의 물리적 환경, 외적 모습, 신체적 움직임, 준언어, 공간, 시간의 일곱 가지 범주로 구분되며 각 하위 영역마다 분석을 위한 세부 지침이 제시되어 있다.

표 7-3 동기 유발 전략 분석의 예

범주	영역	분석 내용
물리적 환경	온도 및 쾌적함	• 수업을 진행하는 데 주의를 산만하게 하거나 방해하는 요소가 없는지 등을 분석
	가구 및 공간 배열	• 수업목표를 달성하기 위한 효과적인 공간 구성과 배치인지 분석(토론이나 협동학습, 프로젝트 학습을 위한 배치 등)
외모	복장	• 수업을 진행하는 데 주의를 산만하게 하거나 방해하지 않는지 등을 분석
신체적 움직임	자세	• 편안하게 약간 앞으로 숙인 자세로 따뜻한 분위기를 주는지, 학습자들에게 방어적인 자세를 취하거나 고개를 뒤로 젖힌 고압적인 자세로 위압감을 주는지 등을 분석
	몸짓	• 몸동작이 자연스러운지, 주의를 끌기 위한 몸동작을 하는지, 수업 내용 전달에 효과적인 동작을 하는지 등을 분석
	시선	• 수업 중에 학습자 이외에 다른 곳에 시선을 두는지, 특정 학습자에게만 시선을 주는지, 모든 학습자들과 시선을 교환하는지 등을 분석
	표정	• 표정이 자연스러운지, 긍정적이면서도 온화한 표정인지 분석
	접촉	• 학습자들과의 접촉을 효과적으로 이용하는지 분석 • 성희롱과 같은 잘못된 접촉이 있는지 분석
준언어	목소리 크기	• 모든 학습자들이 수업에 집중할 수 있도록 적절한 크기로 말하는지 분석
	말의 속도	• 수업 내용을 전달할 때, 말을 너무 느리게 하는지, 너무 빠르게 하는지 등을 분석
	억양 및 강세	• 억양이 단조로운지 또는 다양한지 등을 분석 • 수업 내용을 전달할 때 주요 내용을 강조하기 위해 강세를 주는지 등을 분석
	분절	• 수업 내용을 전달할 때 알아듣기 쉽게 정확하고 또렷한 발음으로 전달하는지 등을 분석
공간	대인 간 거리, 영역	• 수업 중에 심리적 거리를 좁히기 위해 적절한 공간적 거리를 관리를 하는지 분석 • 수업 중에 교실 전체를 이동하는지, 교단과 같은 어떤 한 구역에서만 머물러서 수업을 진행하는지, 분단 사이를 움직이면서 수업을 하는지 등을 분석

시간	적시성 (즉시성)	• 학습자의 반응에 대해서 칭찬 등의 강화물 또는 피드백을 적절한 시기에 제공하는지 분석
	휴지	• 학습자들의 주의를 집중시키기 위한 침묵, 발문 후 적절한 기다림(wait time), 수업시간 내 학습자들의 활동 간 사이에 적절한 휴식 시간 등이 있는지 분석

교수자의 비언어적 의사소통을 분석하기 위해서는 각 범주별 세부 영역에 대해 교수자의 비언어적 의사소통 전략을 관찰하고 장단점을 중심으로 관찰된 사실을 기술하고 이에 대한 해석을 붙이면 된다. 장단점을 기술할 때에는 사용한 전략이 수업목표를 달성하거나 학습자들과 소통하는 과정에서 효과적으로 사용되고 있는지를 판단한다. 사용된 전략의 효과성은 학습자의 반응과 함께 판단해야 하며, 따라서 학습자들의 언어적 혹은 비언어적 반응도 함께 관찰할 필요가 있다. '종합' 칸은 관찰된 사실을 요약 정리하고 효과적인 전략과 수정 보완이 필요한 사항을 근거를 들어 제시하면 된다.

비언어적 의사소통 전략의 효과성을 판단하기 위해서는 다음과 같은 판단 근거를 인지하고 있어야 한다. 첫째, 준언어 전략이 효과적으로 구사되어야 한다. 교수자의 목소리는 감정이 전달되도록 억양은 대화하듯이 하는 것이 좋고, 강약고저 전략을 활용하는 것이 좋다. 그리고 말의 속도, 목소리의 크기를 적절히 조절하고 발음을 정확하게 하여 목소리에 적절한 변화를 주는 것이 필요하다.

둘째, 교실 전체 공간을 충분히 활용해야 한다. 중요한 내용을 전달할 경우에는 가능한 앞 중앙에 서서 모두가 볼 수 있게 한 후 이야기하고, 그 외에는 가능한 교실의 모든 공간을 활용하며 수업하는 것이 좋다. 강의식 수업, 토의·토론 수업, 협동학습 등에 수업모형에 따라서도 수업 공간 활용을 효과적으로 하여야 한다. 특히 강의식 수업이냐 토의·토론 수업이냐에 따라 교실 내 학습자의 책상 배치가 달라질 필요가 있으며 학습자 간 그리고 학습자와 교수자 간 소통의 거리를 전략적으로 활용하여야 한다.

셋째, 신체언어에 대한 세심한 관심이 필요하다. 한 사람 한 사람씩 차례로 한 명도 빠짐없이 시선을 맞추고, 사각지대에 있는 양쪽 구석, 교수자 바로 앞의 학습자들을 소홀히 해서는 안된다. 몸짓(제스처)도 적절히 사용해야 한다. 보통 화제가 바뀔 때 몸짓을 사용하는 것이 좋고, 학습자들이 질문하거나 대답할 때 고개를 끄덕여 긍정적인 반응을 보여 주는 것이 좋다. 학습자들의 얼굴표정, 몸의 움직임, 앉아 있는 자세, 반응 등을 잘 관찰하여 반응해야 한다.

넷째, 물리적 환경과 시간에 대한 고려가 필요하다. 물리적 환경의 요소에서 교실 앞 부분은 가능한 학습자들의 주의분산을 유도하지 않게 단순화하는 것이 좋으며 수 업자료들은 교실 옆이나 뒷 벽면을 잘 활용하여 입체적인 수업이 이루어지도록 하는 것이 좋다. 그리고 교수자의 복장은 학습자들의 주의를 분산하지 않는 색상이나 의상 을 고르는 것이 좋다. 전체 수업시간 관리를 적절하게 하고 생각할 시간이나 답변할 시간 등을 적절히 제공하는 전략도 필요하다. 예를 들어, 수업 종이 울린 후 계속되는 수업은 대부분의 학습자에게는 효과가 없을 수 있다.

3) 비언어적 의사소통 분석 사례

📋 7-4 의사소통분석의 예

범주	영역	부적절	해당 없음	적절	장점 및 개선점
물리적 환경	온도 및 쾌적함			✓	• 교실의 온도가 적절하고 깨끗이 정돈이 되어 있음
	가구 및 공간 배열	✓			• 교사의 책상이 교실 전면에 있기 때문에 책상 위에 있는 잡다한 책과 서류가 학습자들의 주의산만을 가져옴 • 모둠학습 후 교사 중심의 수업이 이루어질 경우 다시 책상의 배치를 전면을 향한 강의식 형태로 재배열할 필요가 있음
외모	복장	✓			• 초등학교 2학년 학생들에게는 긴 줄의 목걸이가 흔들리며 주의를 분산시킬 수 있음
신체적 움직임	자세	✓			• 교탁에 기대는 자세가 많아 자연스럽지 못함
	몸짓	✓			• 초등학교 저학년의 경우 주의집중을 위해서 가능한 많은 몸짓이 필요함에도 거의 움직임 없이 고정된 자세로 수업이 진행됨
	접촉		✓		• 학생들을 직접적으로 쓰다듬거나 격려하는 등의 접촉은 관찰되지 않음

준 언어	음량		✓		• 목소리의 크기가 지나치게 작거나 크지 않으나 (마이크를 활용함) 학생들의 집중도를 살펴보면서 변화를 주는 전략이 관찰되지 않음
	말의 속도			✓	• 말의 속도가 빠르거나 느리지 않고 적절함
	억양 및 강세	✓			• 비교저 단조로운 억양으로 수업을 진행하여 학생들의 집중도가 떨어질 수 있으므로 변화된 억양이 필요함
	분절			✓	• 교사의 발음이 정확하여 이해가 쉬움
공간	대인 간 거리	✓			• 학습 내용을 설명할 때뿐만 아니라 학생들이 개별적으로 소감문을 작성할 때도 학생들의 거리를 좁히면서 학생들의 활동을 점검하면서 순회하는 활동이 관찰되지 않고 대부분 교탁 위주에서 벗어나지 않은 것으로 파악됨
	영역	✓			• 교사는 교탁 위주에서 벗어나지 않고 수업시간에 그 범위에서 머물러 수업을 진행하다 보니 학생들의 비언어적 행위에 대한 점검활동이 미흡한 것으로 판단됨
시간	적시성(즉시성)	✓			• 학생들의 발표에 대한 즉각적 피드백 1회를 제외하고 거의 관찰되지 않아서 보완이 필요함
	휴지	✓			• 학습한 내용에 대해 학생들이 성찰이나 정리할 수 있는 시간적 여유가 사용되지 않고 있음

[종합 분석]

• 교실의 물리적 환경과 교사의 복장에서는 수업을 방해하는 요소들이 관찰되지 않았지만 다른 비언어적 소통의 범주들에서는 전략적 변화가 필요함

• 물리적 환경에서 초등학생들의 경우 쉽게 환경적 요소들로 인해 주의산만 현상이 발생할 수 있기 때문에 교실 전면의 모든 방해요소를 제거하고 오직 학습요소에만 집중하게 할 필요가 있음. 따라서 교사의 책상 위에 있는 불필요한 물건들과 교실 전면 게시물들은 모두 제거한다면 보다 효과적인 물리적 환경이 될 것임

• 외모에서는 흔들리는 귀걸이나 목걸이는 하지 않는 것이 학생들의 주의분산을 방지할 수 있음

- 신체적 움직임 범주 차원에서는 고정된 그리고 움직임이 없는 수업을 적극적이고 활발한 몸짓을 통해 학생들의 몰입을 유도한다면 보다 효과적인 수업이 될 것임
- 시선도 뒤쪽 양 모서리 부분의 학생들에게 의도적으로 할애를 많이 함으로써 모든 학생을 장악한다면 보다 효과적인 수업이 될 것임. 무표정한 표정은 가능한 미소와 온화한 표정으로 변화가 필요함
- 강조가 필요한 학습 내용일 경우에는 고음과 저음, 강한 억양 등을 활용하여 적절하게 변화를 준다면 내용 전달에서 보다 효과적일 것으로 판단됨
- 무엇보다도 교사의 공간 활용에서 개선이 된다면 더욱 효과적인 수업이 될 것이라 판단됨. 예를 들어, 학생들이 개별활동이나 모둠활동을 할 때 학생들의 활동을 점검하기 위해 모든 모둠을 순회하면서 개개 학습자의 활동을 지도할 필요가 있음. 이와 같은 활동은 학생들의 과업 정도를 파악할 수 있을 뿐만 아니라 과업에 집중할 수 있도록 도움을 주는 의사소통 행위로써 수업 중에 매우 중요함
- 시간 범주에서 교사는 학생들의 발표에 즉각적인 피드백을 제공하고 학습자들이 일정 학습 분량을 학습한 후 잠시 쉬면서 학습 내용을 정리하고 성찰하는 시간적 여유를 줄 필요가 있음

3. 매체 활용 전략 분석

1) 매체 활용 전략 분석의 목적

수업매체는 수업목표를 효과적이고 효율적인 방법으로 달성하도록 돕는 중요한 수단이다. 따라서 적절한 수업매체를 적절한 방법으로 사용할 때 수업 효과를 높이는데 도움을 줄 수 있다. 그러나 수업매체의 종류와 속성은 워낙 다양하기 때문에 여기에서 매체의 모든 특성을 다루기는 어렵다. 따라서 이 장에서는 수업 분석을 위한 도구로 가장 널리 활용되고 있는 프레젠테이션 자료(PPT)와 판서 자료를 중심으로 효과적, 효율적, 매력적인 수업매체 설계를 하고 있는지를 분석하고자 한다. 효과성이란 사용

되는 매체가 수업목표를 달성하는 데 도움을 주는지를 분석하는 것이고, 효율성이란 시간과 노력 등을 적게 투자하고 수업목표를 달성하도록 돕는지의 경제성을 분석하는 것이다. 그리고 매력성이란 학습자들의 집중도를 높이거나 학습동기를 향상시키는가를 분석하는 것이다.

2) 매체 활용 전략 분석 방법

PPT를 활용할 경우에는 텍스트, 이미지, 동영상 등의 통합적 멀티미디어 자료뿐만 아니라 웹 자료의 링크를 통해 다양한 자료를 제공하는 것이 가능하다. PPT 자료를 효과적으로 설계한다면 내용의 가독성을 증가시키거나 학습자가 내용을 해석하는 데 들이는 노력을 감소시킬 수 있다. 또한 학습자들의 몰입을 증가시키거나 내용 중 중요한 부분에 집중하게 할 수 있다.

PPT를 효과적으로 설계했는가를 분석하기 위해서는 다음과 같은 PPT 설계의 기본 원칙을 수업컨설턴트가 숙지하고 있어야 한다. 첫째, 슬라이드는 가능한 짧고 간단하며 읽기 쉽게 작성해야 한다. 이를 위해서 한 슬라이드에는 7($\pm$2)줄, 한 줄에는 7($\pm$2) 단어로 작성하는 것이 좋다. 둘째, 가독성과 가시성을 높이기 위해서는 모든 슬라이드에서 글자체, 글자체 크기 및 색깔, 강조 등에 일관성을 유지할 뿐만 아니라 제목, 부제목, 내용을 쉽게 구별하도록 설계하여야 한다. 특히, 강조할 부분이 있으면 크기, 색, 밑줄, 글자체 등의 변화를 줄 수 있지만 너무 많이 사용할 경우에는 오히려 강조의 의미를 상실할 수 있다. 셋째, PPT 활용에서 분석해야 할 핵심 중 하나는 멀티미디어 효과를 극대화할 수 있도록 제작했는가를 판단하는 것이다. 예를 들어, 언어 정보와 이미지 정보를 통합적으로 활용하는 것, 언어 정보와 이미지 정보를 근접하게 설계하는 것, 그리고 목적과 필요성에 적합한 애니메이션 활용을 통해 교수자와 학습자 간, 학습자들 간의 상호작용을 돕는 것 등이 있다. 그 밖에 학습 내용과 관련된 클립아트나 이미지 등을 활용하기, 학습 내용을 설명하는 데 가장 적합한 이미지 선정하기, 한 슬라이드 내에 지나치게 많은 이미지 자료 제시하지 않기 등이 있다. 이들 원칙에 따라 PPT 설계가 이루어졌는지를 분석한다. 보다 구체적인 지침은 〈표 7-5〉의 분석 준거에 제시되어 있다.

판서를 사용할 경우에는 판서의 내용, 판서의 양, 판서의 위치, 글씨, 교수자의 행위 등을 분석해야 한다. 예를 들어, 내용을 제시할 때 가독성이나 가시성을 높이기 위해 판서 내용이 구조적·조직적인지, 글자의 크기, 판서의 양 등이 적절한지 분석한다. 판서의 장점은 수업 중 학습자들과 역동적인 상호작용을 하면서 출현하는 이슈를 중심으로 적응적인 판서활동이 가능하다는 것이다. PPT의 경우 사전에 조직화된 정보를 위주로 전달하게 되며, 중간에 그 내용을 첨삭하는 것은 쉽지 않다. 하지만 판서는 질문과 답변 과정에서 학습자들의 답변들을 칠판에 나열하거나 요약하는 활동 혹은 학습자의 질문에 답하기 위해 학습 내용을 재조직화하여 제시하는 등의 융통성을 발휘할 수 있다. 하지만 판서 역시 구조화된 접근이 필요하다. 수업을 하다 생각나는 대로 적어서는 안 되며 사전에 판서 계획을 수립하고 위치를 고려하여 학습 내용을 제시하여야 한다. 판서의 양 역시 적절하게 조절하여야 하며 배운 내용 중 핵심 내용만 제시해야 한다. 특히, 학습자들의 시선 집중도를 고려하여 공간 배치를 하는 판서가 이루어져야 한다. 변화를 위해서 밑줄을 긋거나 색깔 펜을 활용하는 것도 효과적일 수 있으나 지나치게 많은 활용은 오히려 주의를 산만하게 할 수 있다.

앞의 두 가지 수업매체 설계 전략은 각각 분석 준거에 따라 5점 척도로 체크한다. 다만, 활용되지 않았거나 판단이 불가능할 경우에는 체크하지 않는다. 분석은 리커트 5점 척도를 활용하여 수치로도 결과를 산출할 수 있기 때문에 양적 및 질적으로 모두 평가할 수 있다는 장점이 있다. 분석표를 완성한 후에는 '종합' 칸에 분석 내용을 요약하고 장점과 개선점을 구체적인 근거를 들어 기술한다.

3) 매체 활용 전략 분석의 사례

표 7-5 수업매체 설계 분석의 예

매체의 종류	항목	분석 준거	분석 척도				
			매우 그렇지 않다	그렇지 않다	보통 이다	그렇다	매우 그렇다
PPT	내용 제시	• 학습 내용을 간결하고 분명하게 제시하였는가?		✓			
		• 중요한 내용을 정확히 제시하였는가?				✓	
		• 학습자 수준에 맞는 어휘가 사용되고 있는가?				✓	
		• 중요한 내용을 강조하고 있는가?		✓			
	화면 구성	• 슬라이드 내용이 잘 보이는가?					
		• 화면이 깔끔하고 보기 좋은가?		✓			
		• 애니메이션 효과를 목적과 필요성에 맞게 적절히 사용하는가?		✓			
		• 사용되는 시청각 자료가 수업 내용과 연관되어 있는가?				✓	
		• 시각 자료(다이어그램, 차트, 그래픽)를 사용하여 내용을 효과적으로 제시하는가?				✓	
		• 사용되는 동영상 혹은 사운드 자료가 전체 학습시간 구성상 적절한 길이인가?				✓	
	레이 아웃	• 레이아웃은 간결하게 구성되어 있는가?		✓			
		• 한 화면에 너무 많은 색상을 사용하지 않는가?				✓	
		• 배경 색상이 너무 밝거나 어둡지 않은가?					
		• 학습자와의 적절한 상호작용이 포함되어 있는가?				✓	

판서	내용 제시	• 중요한 사항을 중심으로 판서하였는가?					✓
		• 요점만 간단하게 작성하였는가?					✓
		• 내용을 정확하게 작성하였는가?				✓	
	양과 위치	• 판서의 양은 적당한가?				✓	
		• 판서의 위치는 적절한가?			✓		
	글씨	• 글자의 크기는 적당한가?			✓		
		• 글씨를 쉽게 알아볼 수 있는가?					✓
	교수자의 활동	• 판서 시, 적당한 시간 내에 판서를 빠른 속도로 작성하였는가?				✓	
		• 판서 중에도 학습자와 눈 맞춤을 유지하는가?					
		• 학습자들에게 판서의 내용을 노트할 충분한 시간을 할애해 주었는가?			✓		

[종합 분석]

• PPT

- 학습 내용을 제시하는 데 대부분 적절하게 설계되었으나, 텍스트 정보와 이미지 정보를 근접하게 제시하는 등의 설계 원리를 적용하여 전체적으로 재구조화할 필요가 있으나, 실물 사진, 삽화, 구체적인 이미지 정보 등을 다양하게 활용하여 학습자들의 이해를 촉진하는 데 도움이 되었다고 판단됨

- 보다 매력적인 수업매체가 되기 위해서 다음과 같은 점에서 개선이 필요함

- '내용 제시'에서는 대체로 효과적인 내용 제시가 이루어지고 있지만 중요한 내용을 다양한 형태로 강조하는 전략이 추가된다면 더욱 효과적일 것으로 판단됨. 예를 들어, 각 개념 설명에서 주요 개념만 볼드체, 글자체, 글자 크기 등에 변화를 주어 학생들의 관심을 끌거나 벤다이어그램에서도 각각의 영역과 겹치는 부분에서 주요 개념들에 대한 강조 전략이 필요함

- 일방적인 내용 전달보다 학습자들과 상호작용할 수 있도록 개선한다면 더 효과적인 수업이 될 것으로 판단됨. 예를 들어, 각 개념 설명에서 개념 정의는 빈 칸으로

만들어 학생들에게 질문한 후 답을 하게 하고 애니메이션을 통해 정답을 보여 주는 상호작용적 전략이 필요함

- '설계 지침'에서 전체적으로 레이아웃, 글자 크기 등에서 일관성을 유지한다면 더욱 효과적인 매체 설계가 이루어질 것으로 판단됨. 예를 들면, 내용의 양에 따라 제목 위치가 슬라이드마다 달라지는데 제목과 내용 위치는 항상 제 위치에 고정하고 글자 크기를 조절하는 것이 바람직함

- 어떤 특정 개념을 설명하기 위한 이미지가 두 가지가 있는데 각각의 이미지를 각각의 슬라이드에 배치하기보다는 설명의 흐름상 연결되고 대조를 통해 이해를 높일 수 있기 때문에 한 슬라이드에 함께 배치하는 것이 적절한 것으로 판단됨. 두 이미지는 선명도가 좋아 크기를 줄인다고 해도 가독성이 떨어지지 않을 것으로 판단됨

- 한 슬라이드에 너무 많은 내용을 보여 주기보다는 적당한 내용으로 구분지어 제시해 주는 것이 효과적일 경우도 있음. 예를 들면, 조립하는 장면의 슬라이드를 보면, 이미지와 언어정보가 다량으로 일관성 없이 한꺼번에 제시되었는데, 이 부분은 2~3개의 슬라이드로 구분지어 언어정보와 이미지 정보를 근접하게 제시하는 것이 효과적일 것임

• 판서

- 학생 수, 강의 장소의 크기, 판서 내용에 따라 판서의 양과 판서 글자 크기가 비교적 적절하며 판서의 위치나 속도, 그리고 구별된 내용 제시 등은 매우 효과적임. 또한 쓰자마자 곧 지워버리는 식의 무의미한 판서를 거의 하지 않고 핵심사항을 위주로 판서하는 것으로 관찰됨. 반면에 글씨를 알아보기 쉽게, 확실히, 그리고 빠르게 씀. 판서 위치가 왼쪽과 오른쪽 공간에 치우치는 경향이 있음

- 관찰 결과, 효과적인 내용 제시 전략(다양한 색분필 활용, 구조화된 판서 전략)이 요구됨. 구체적으로 개선점을 제안하면 다음과 같음

- '내용 제시 전략' 측면에서는 제목을 작성할 경우, 영어를 꼭 대문자로 제시할 뚜렷한 목적이 없다면 첫 자만 대문자로 하고 나머지는 소문자로 표시하는 것이 학

습자들이 쉽게 읽는 데 용이하다고 판단됨. 왼쪽과 오른쪽으로 치우치는 경향이 있으므로 중앙에 판서를 위치하는 방향으로 개선했으면 함. 뿐만 아니라, 색분필을 활용하여 학습자들이 중요 내용을 구별할 수 있도록 시각적 효과가 필요하고, 기억해 두어야 할 내용은 지우지 않고 지속적으로 남겨 둘 필요가 있음. 특히 일부 판서 내용, 특히 중요한 학습 내용이 단상이나 교사에 가리기 때문에 판서 내용을 전반적으로 칠판의 가운데 위치하도록 개선한다면 더 효과적인 수업이 될 것으로 판단됨

- '판서 글씨' 측면에서는 판서 글자가 비교적 크기 때문에 학습자들이 쉽게 볼 수 있다는 장점이 있으나 상위 주제와 그에 따른 하위항목 간의 크기 변화를 주어 학습자들이 쉽게 구별하고 이해하는 데 도움이 될 수 있다고 판단됨. 더불어 부족한 공간을 더욱 효과적으로 활용할 수 있다고 판단됨

- '교수자의 행위' 측면에서는 판서 내용을 가리지 않고 내용을 설명하는 것이 효과적이나 판서 과정에서 등을 보이고 학습자들과 눈을 맞추지 않아 학생들이 서로 장난치는 활동이 관찰됨. 따라서 판서를 하는 동안 등을 보이기보다는 옆으로 서서 판서하는 전략이 필요함

4. 수업만족도 분석

1) 수업만족도 분석의 목적

수업만족도 분석은 현재 학생이 참여하는 수업에 대해 만족하는 정도를 전반적인 만족도, 수업 내용, 수업방식, 수업 환경, 수업 효과, 교사의 전문성, 수업평가 등의 일곱 가지 영역으로 나누어 평가하여 수업의 문제점을 파악하고 개선점을 찾고자 하는 데 그 목적이 있다. 학생이 느끼는 전체 수업과 특정 교과 수업에 대한 만족 여부를 폐쇄형 문항에 대하여 리커트 척도에 따라 점수를 부여하고, 개방형 문항에 대해 자유롭게 기술하도록 하여 양적, 질적 모두를 통합하여 수업에 대한 만족도를 분석할 수 있다.

이 장에서 다루는 수업만족도 분석 도구는 좋은 수업에 대한 연구(이상수, 이유나, 리리, 2008)와 교사효과성에 대한 연구(Harrison, Douglas, & Burdsal, 2004) 그리고 수업에 대한 학생평가에 관한 연구(Hills, Naegle, & Bartkus, 2009)를 기반으로 하여 전체 수업용과 특정 수업용으로 구분하여 개발된 도구이다. 수업만족도 전체 수업용은 폐쇄형 문항으로 일반 전체 만족도, 수업 내용, 수업방법 및 매체, 수업 환경, 학습 평가, 수업 효과, 교사의 전문성 영역으로 구성되어 있으며, 개방형 문항을 통해 자유롭게 학생이 수업에 대한 만족 여부를 기술한다. 특정 수업용은 특정 수업 만족도, 수업 내용, 수업방법 및 매체, 학습 평가, 수업 효과, 교사의 전문성 영역으로 구성되어 있으며, 전체 수업용과 동일하게 개방형 문항이 있다. 이렇게 전체 수업과 특정 수업의 수업만족도를 분석하여 비교하거나 학년별 또는 과목별로 분석하여 학생들이 느끼는 수업에 대한 느낌이나 생각, 만족 여부 등을 분석하는 데 활용할 수 있다.

2) 수업만족도 분석 방법

학생의 수업만족도를 효과적으로 분석하기 위해서 컨설턴트는 수업만족도에 영향을 미치는 구성요소와 각각의 하위요소에 대한 전문 지식과 설문조사 후에 나온 결과를 통계 처리하여 해석할 수 있는 역량을 갖추어야 한다. 수업만족도에 미치는 구성요소로 여러 학자 사이에 여러 가지를 제시하고 있지만 여기서는 대표적인 구성요소(항목)로 일반적 요소, 수업 내용, 수업방식, 수업 환경, 수업평가, 수업 효과, 교사와 관련된 요소로 일곱 가지 구성요소를 중심으로 다루고자 한다.

수업만족도 분석은 학생으로 하여금 자신이 경험한 수업에 대하여 평가하도록 하고, 그 결과를 바탕으로 수업의 문제점을 학생 입장에서 파악하고 개선점을 찾는 방법이다. 교사와 컨설턴트 입장에서 수업을 평가하는 활동에 비해 보다 실제적이고 객관적인 수업 분석 자료를 얻을 수 있다는 점에서 긍정적인 면도 있지만 학생의 발달 수준, 연령이나 학년 등에 따라 수업을 판단하거나 평가하는 능력이 부족하거나 자료의 정확성이 떨어지는 문제가 발생할 수 있다. 따라서 수업만족도 설문지를 작성할 때 학생의 발달 수준, 특성 등을 고려하여 설문 문항에 대한 진술 표현, 준거 선정, 분석 척도 등에 주의하여 작성해야 한다.

수업만족도 분석 도구는 수업만족도와 관련된 구성요소로 일반적 요소, 수업 내용, 수업방식, 수업 환경, 수업평가, 수업 효과, 교사의 일곱 가지 요소별로 각각 하위요소들을 제시하고 있다. 일반적 요소로 수업에 대한 전체적인 만족 여부, 수업의 흥미와 관심 발생 여부, 수업의 구조화 정도에 대하여 평가한다. 수업 내용과 관련된 하위요소로 수업 내용 만족도, 수업 내용의 구조화 및 이해, 수업 내용의 난이도가 포함되며, 수업방식과 관련하여 수업 양과 수업시간의 적절성, 과목에 따른 수업방법의 적절성이 포함된다. 그리고 수업 환경과 관련하여 교실에 대한 만족도, 교실 이외의 시설에 대한 만족도, 수업 시 주변 환경에 대한 만족도, 활용되는 교재나 자료에 대한 만족도에 대해 분석할 수 있다. 수업평가 및 효과와 관련된 요소로 수업목표와 내용의 적합성 평가, 평가의 공정성, 평가방법의 적절성, 배운 새로운 지식과 기술의 활용성 등이 포함되어 있다. 끝으로 교사와 관련하여 수업 만족에 영향을 미치는 요소로 교사의 지시와 내용에 대한 만족도, 학생들에 대한 이해 정도 등이 포함된다. 여기서 하위요소로 포함된 내용은 앞서 언급한 것처럼 학생의 발달수준과 특성에 따라 추가하거나 생략할 수 있으며 문항을 진술할 때 표현방식을 달리하여야 한다.

수업만족도 분석을 위한 내용은 〈표 7-6〉과 같으며, 분석 도구를 살펴보면 전체 수업용과 특정 수업용으로 구분하여 개발되었다. 전체 수업용은 폐쇄형 15문항으로, 일반 전체 만족도, 수업 내용, 수업방법 및 매체, 수업 환경, 학습 평가, 수업 효과, 교사의 전문성 영역으로 구성되었고 개방형 1문항이 있다. 특정 수업용은 폐쇄형 13문항으로, 특정수업 만족도, 수업 내용, 수업방법 및 매체, 학습 평가, 수업 효과, 교사의 전문성 영역으로 구성되었고 개방형 1문항이 있다. 이 분석 도구는 5점 척도로 평가하며, 전체 수업만족도의 양적 평가와 더불어 건의 및 개선사항을 토대로 질적 평가를 하도록 구성되어 있다.

표 7-6 수업만족도 분석 도구(전체 수업용)

항목	문항 내용	구분	
		전체 학년	특정 학급
일반	• (우리 학교 모든 수업) 또는 본 수업에 만족한다.	✓	✓
수업 내용	• 수업 내용에 대해 만족한다.	✓	✓
	• 교재에 대해 만족한다.		
	• 선생님이 제공해 주는 수업 자료에 대해 만족한다.		
	• 수업 내용의 난이도에 대해 만족한다.		
수업방법 및 매체	• 수업 양에 대해 만족한다.	✓	✓
	• 수업방법에 만족한다.		
	• 수업에서 사용하는 수업매체에 대해 만족한다.		
수업 환경	• 교실에 대해 만족한다.	✓	
	• 교실 이외의 시설(동아리 방 등)에 만족한다.		
	• 수업 시설 및 실습 환경에 만족한다.		
학습 평가	• 평가 방법에 만족한다.	✓	✓
	• 평가의 공정성에 만족한다.		
수업 효과	• 수업이 나에게 도움이 된다고 생각한다.	✓	✓
교사	• 선생님들의 전문성에 만족한다.	✓	✓
	• 선생님과의 관계에 만족한다.		

* 전체(특정) 수업에 대한 개선점 및 문제점을 자유롭게 기술해 주세요.

이상에서 제시한 수업만족도 분석 도구를 이용하여 분석하는 구체적인 방법을 제시하면 다음과 같다. 먼저 학생에게 설문을 하는 방법을 설명하고 학생들이 수업만족도 설문지를 작성하도록 한다. 이때 학생에게 설문지에 대한 설문 요령을 설명한 후에 충분한 시간을 제공하여 학생이 설문 내용을 정확하게 읽고 답변할 수 있도록 편안한 분위기를 조성해야 한다.

수업만족도는 학생이 수업만족도 분석을 위한 설문지를 작성한 결과를 바탕으로 파악한다. 분석 결과는 학생의 수업만족도와 관련된 구성요소가 어떠한 영향을 미치는지, 학생의 수업만족도에 대한 전체 교사와 해당 교사 간의 비교, 수업만족도 구성요소 중에서 특별히 부족한 구성요소는 무엇인지 등을 분석하게 된다. 뿐만 아니라 수업만족도도 역시 학습 기술과 동일하게 각 영역별로 평균값과 전체 합계 평균을 도출된 결과는 의뢰한 수업 문제, 학생의 인터뷰 결과나 수업컨설턴트가 관찰한 수업 결과를 서로 비교하면서 통합적으로 분석해야 한다. 즉, 단편적으로 컨설턴트가 구체적인 수업만족도에 대해 정확하게 인지하고 학생의 수업만족도 설문을 통해서 수업만족도에서 부족한 요소가 수업에 미치는 영향이나 교사의 부족한 수업 영역을 찾아 적합한 해결 방안을 제시할 수도 있으나 종합적으로 보았을 때, 의뢰한 수업의 문제 원인이 학생들에게 있는지 여부뿐만 아니라 관찰된 수업 결과의 일치 여부, 다른 반과의 상대적 차이 등을 함께 분석할 수도 있다.

3) 수업만족도 분석의 예제 및 해석

수업만족도 분석 도구를 활용하여 학생이 수업만족도 설문을 작성한 후에 이를 통계 처리한 다음 전체 교사와 해당 교사 간에 수업만족도 구성요소별 평균과 전체 평균을 비교하고, 이를 바탕으로 '종합'하여 질적으로 기술한다. 기술할 때, '종합'은 각 준거별로 나타난 사실만을 기록하고, 수업의 문제가 수업만족도의 구성요소 중 어떤 구성요소가 부족해 생긴 것인지에 대한 판단, 전체 교사에 대한 수업만족도에 비하여 특별히 부족한 구성요소를 찾거나 다른 교사, 전체 교사와의 비교 분석을 통해서 수업만족도 향상 방안을 제안한다. 이에 수업만족도 분석의 예를 제시하면 〈표 7-7〉과 같다.

표 7-7 수업만족도 분석의 예

수업만족도 범주	설문 내용	만족도 (평균값/ 전체 점수)	범주 평균
일반	이 수업에 만족한다.	3.96/5.0	3.96
교육내용	이 수업 내용에 대해 만족한다.	3.76/5.0	3.65

교육내용	이 수업의 교재에 대해 만족한다.	3.52/5.0	3.65
	이 수업에서 제공되는 자료에 대해 만족한다.	3.84/5.0	
	이 수업의 내용 난이도에 대해 만족한다.	3.48/5.0	
교육방법	이 수업의 양에 대해 만족한다.	3.56/5.0	3.71
	이 수업방법에 만족한다.	3.88/5.0	
	이 수업에서 사용하는 수업매체에 대해 만족한다.	3.68/5.0	
학습 평가	이 수업의 평가 방법에 만족한다.	3.76/5.0	3.74
	이 수업 평가의 공정성에 만족한다.	3.72/5.0	
수업 효과	이 수업이 나에게 도움이 된다고 생각한다.	4.20/5.0	4.20
교사의 전문성	선생님의 전문성에 만족한다.	4.04/5.0	4.06
	선생님과의 관계에 만족한다.	4.08/5.0	
전체 만족도			3.89/5.0

[좋은 점 혹은 개선해야 할 점]

선생님의 말이 좀 **빠름**(15명)

[종합 분석]

- 5점 만점을 기준으로 총 수업만족도 평균이 3.89점으로 다소 낮은 만족도로 나타남
- 수업 효과(4.20)와 교사의 전문성(4.06)을 제외한 나머지 범주에서는 4.0 이하의 점수를 보여 주고 있음. 구체적으로 각 문항을 살펴보면, 11번 문항인 '수업의 효과성에 대한 만족도'가 가장 높은 평균을 보이고 있으나 5번 문항인 '수업 내용의 난이도에 대한 만족도'가 가장 낮은 평균을 보이고 있음
- 수업관찰 결과와 통합적으로 살펴보면, 교사가 고민했던 문제인 수준별 수업 내에서의 학생 간의 개인차가 있다는 점을 학생들도 동일하게 인식하고 있음을 보여 줌. 또한 수업관찰과 교사 인터뷰 결과, 학습 내용의 난이도를 설정하기 위해서 사전에 학생들의 인지 능력 수준을 분석하는 활동이 이루어지지 않았고 수업 중에도 선정한 난이도 수준이 적정했는지 파악할 수 있는 접근 또한 이루어지지 않았던 것으로 분석됨. 따라서 이를 보완하기 위한 전략적 접근이 필요한데, 우선 학습내용의 난이도를 선정하지 못했던 원인(교사의 학습 부족과 업무 부하)에 따라서 그 개

선점을 제안하고자 함

• 업무가 많아 학생들의 인지적 특성을 분석하는 데 어려움이 있다면 수업 중에 학생들의 수행 결과에 따라서 적응적으로 난이도를 조절하도록 접근해야 함. 또는 수업 중에 학습 내용의 난이도를 선정하기 위해서는 사전에 수준별로 구분된 A반 학생들의 수학성적을 개별로 파악하고 상, 중, 하로 다시 구분지어 상, 중, 하 수준에 적합한 수행 문제를 제공하여 개별화 수업방식으로 진행하거나 학생들 간에 이질적(상, 중, 하가 고루 섞이도록)으로 짝을 짓거나 모둠을 구성하여 동료교수가 될 수 있도록 접근해 보는 것도 효과적일 수 있음. 그 밖에 협동학습 전략인 TAI 방법을 활용해서 난이도를 수업 중에 조절해 볼 수 있을 것임

〈표 7-8〉은 팀 보조 개별학습(Team Assisted Individualization: TAI)에 대한 수업과정을 간략하게 제안한 것이다.

표 7-8 팀 보조 개별학습(TAI)

• Slavin, Madden 그리고 Leavy가 1974년에 개발한 수업모형으로, 수학과목에서 적용을 위한 협동학습과 개별학습의 혼합모형
- 팀 보조 개별학습 모형은 대부분의 협동학습 모형이 정해진 학습 진도에 따라 이루어지는 것과는 달리 학생 개개인이 각각의 학습 속도에 따라 학습을 진행해 나가는 개별학습을 이용함
- 이 협동학습 모형의 작업 구조는 개별 작업과 작업 분담 구조의 혼합이라고 볼 수 있고, 보상 구조 역시 개별 보상 구조와 협동 보상 구조의 혼합 구조임
• 절차
- 4명 내지 6명 정도의 이질적 구성원이 한 집단을 형성하도록 함
- 교사가 사전에 퀴즈 등을 활용하여 개별적인 진단검사를 받은 후, 각자의 수준에 맞는 단원을 개별적으로 학습하도록 함
- 개별학습 이후, 단원평가 문제지를 풀고 팀 구성원들은 2명씩 짝을 지어 문제지를 상호 교환하여 채점한다. 여기서 80% 이상의 점수를 받으면 그 단원의 최종적인 개별시험을 보게 됨
- 개별시험점수의 합이 각 팀의 점수가 되고 미리 설정해 놓은 팀 점수를 초과했을 경우에 팀이 보상을 받게 됨. 즉, 개별에게도 보상을 주고, 팀에게도 보상을 줌

출처: 전성연, 최병연, 이흔정, 고영남, 이영미(2010).

5. 학습동기 분석

1) 학습동기 분석의 목적

학습동기 분석은 학생들을 대상으로 설문지 형태로 조사하여 해당 교사의 수업에 대해 얼마만큼의 학습동기가 있는지를 파악하는 데 목적이 있다. 동기 수준을 파악하기 위한 동기와 관련된 연구(Keller, 송상호, 1999; Pintrich & DeGroot, 1990)를 토대로 학습동기 분석을 위한 요소로써 내재적 및 외재적, 자기효능감, 주의집중, 관련성, 자신감, 만족감 등의 일곱 가지 영역을 도출하였고, 이 요소들을 반영한 내용으로 총 32개의 폐쇄형 문항을 구성하여 리커트 5점 척도로 평가하도록 개발하였다. 또한 특정 학급의 학습동기를 조사할 경우, 결과로써 드러나는 평균만으로 학습동기가 높은지 낮은지를 판단할 수 있지만, 다른 학급의 학습동기를 동시에 조사하여 그 결과를 비교함으로써 해당 교사에 대한 학습동기 정도를 파악할 수 있다.

2) 학습동기 분석 방법

학습동기를 분석하기 위해 학생을 대상으로 설문을 실시하고 그 결과를 분석한다. 학습동기 분석은 학교 전체 학생들을 대상이나 특정 교사의 수업을 듣는 학생을 대상으로 구분하여 실시할 수 있는데, 이때 분석 준거가 구분된다. 설문지의 구성요소를 전체 학생용을 토대로 설명하면 〈표 7-9〉와 같다.

표 7-9 학습동기 설문지 구성요소

범주	문항 내용	전체 학년 수업	특정 수업용
내재적	1. 배우는 즐거움		
	2. 학습하는 자체에 대한 즐거움	✓	
	3. 새로운 것에 대한 호기심		

외재적	4. 좋은 성적에 대한 욕구	✓	
	5. 장래 진로에의 도움 정도		
	6. 좋은 성적 받는 것의 중요성		
	7. 좋은 직업에 대한 기대		
자기효능감	8. 다른 친구들보다 잘할 수 있다는 자신감	✓	
	9. 수업에서의 자신감		
	10. 수업 집중력에서의 자신감		
	11. 시험에 대한 자신감		
	12. 높은 점수에 대한 기대		
주의집중	13. 주의집중의 효과	✓	✓
	14. 수업에 대한 지적 호기심		
	15. 수업에 대한 흥미		
	16. 수업에서 활용되는 자료에 대한 흥미		
관련성	17. 수업과 나의 관련성	✓	✓
	18. 수업과 나의 미래 직업과의 관련성		
	19. 수업 내용의 실용성		
	20. 수업에서의 안정감		
	21. 수업 내용의 친밀성		
자신감	22. 수업에서의 자신감	✓	✓
	23. 수업에 필요한 사전 지식의 여부		
	24. 수업에 필요한 나만의 성공 전략		
	25. 수업에서의 적절한 도전감		
	26. 좋은 성적에 대한 기대감		
	27. 수업의 결과와 나의 노력		
만족감	28. 수업에서의 만족감	✓	✓
	29. 수업에서의 성취감		
	30. 칭찬과 보상의 정도		
	31. 수업 결과에 대한 자긍심		
	32. 수업의 공평성		

〈표 7-9〉에 제시되어 있는 것처럼 학습동기 측정을 위한 설문지는 내재적 동기 3문항, 외재적 동기 4문항, 자기효능감 5문항, 주의집중 4문항, 관련성 5문항, 자신감 6문항, 만족감 5문항으로 총 32개 문항으로 구성되어 있다. 이 중에서 주의집중, 관련성, 자신감, 만족감의 4개 영역에 해당하는 19개 문항은 특정 수업을 받는 학생들을 위해 사용할 수 있다.

학생들이 설문지를 작성할 때 평가 방법은 리커트 5점 척도로써, ① 전혀 그렇지 않다, ② 대체로 그렇지 않다, ③ 보통이다, ④ 대체로 그렇다, ⑤ 항상 그렇다 중에서 한 가지에만 체크할 수 있다. 분석표를 완성한 후에는 평균값을 통해 전체 수업학생의 학습동기와 비교하거나 또는 학년별, 과목별로 분석해 보는 것도 효과적일 수 있다.

학습동기 분석을 위한 설문지는 학생이 직접 작성한 결과를 바탕으로 학생의 학습동기를 파악할 수 있다. 분석 결과는 학생의 학습동기와 관련된 구성요소가 어떠한 영향을 미치는지, 학생의 학습동기에 대한 전체 학년 또는 다른 학년 교사들과 해당 교사 간의 비교 결과, 학습동기 구성요소 중에서 특별히 부족한 구성 요소는 무엇인지 등을 분석한다. 뿐만 아니라 학습동기 역시 학습 기술과 수업만족도와 동일하게 각 영역별로 평균값을 도출된 결과를 의뢰한 수업 문제, 학생 인터뷰 결과나 수업컨설턴트가 관찰한 수업 결과를 서로 비교하면서 통합적으로 분석해야 한다. 즉, 단편적으로 컨설턴트가 구체적인 학습동기에 대해 정확하게 인지하고 학생의 학습동기 설문을 통해서 학습동기에서 부족한 요소가 수업에 미치는 영향, 학습동기를 높이기 위해서 수업의 어떤 부분을 개선해야 하는지 등을 찾아 적합한 해결방안을 제시할 수 있다. 그러나 종합적으로 보았을 때, 의뢰한 수업의 문제 원인이 학생들에게 있는지 여부를 파악할 뿐만 아니라 관찰된 수업 결과의 일치 여부, 그리고 다른 반과의 상대적 차이 등을 함께 분석할 수도 있다.

3) 학습동기 분석의 예제 및 해석

표 7-10 학습동기 분석의 예(전체 학년 학습동기 vs. 특정 교사 학습동기)   (평균값)

범주	2학년	의뢰교사의 특정 수업
내재적	3.10	
외재적	4.11	
자기효능감	3.25	
주의집중	3.17	4.09
관련성	3.44	4.01
자신감	3.34	3.49
만족감	3.28	3.58
학습동기 전체	3.38	3.58

[종합 분석]

• 학습동기에서 2학년 전체 수업 평균과 비교해서 모든 하위범주에서 높게 나타나고 있어 상대적으로 학습동기가 높다고 할 수 있으며, 특정 수업에서 학습동기 범주 중 자신감이 3.49로 가장 낮고 주의집중이 4.09로 가장 높은 것으로 나타나고 있음

• 학습동기에서 학생들은 자신감과 만족감 영역에서 낮다는 반응을 보이고 있으며 상대적으로 주의집중과 관련성은 높다는 반응을 보이고 있음. 하지만 전반적으로 학습동기가 3.58로 높지 않다고 판단됨

• 따라서 학습동기를 높일 수 있는 보완 전략을 고민해 볼 필요가 있음. 예를 들어, 도전감 있는 과제를 부여하거나 학습한 내용에 대한 성공 기회를 제공하는 환경을 주는 활동이 필요할 것으로 판단됨. 또한 만족감을 위한 전략으로 집단보상 및 개별보상 등을 활용하는 것도 효과적일 것이라 판단됨

• 마지막으로 왜 학생들이 배워야 하는 학습 내용이며 중요한지, 그리고 오늘 학습할 내용이 학생들에게 미래에 어떻게 쓸모가 있을 것인지에 대해서 안내하거나 경

험해 보게 하는 전략 등으로 관련성을 높여 주는 활동도 고려한다면 매우 효과적인 수업이 될 것이라 판단됨

6. 과업집중도 분석

1) 과업집중도 분석의 목적

교실 좌석표를 이용한 과업집중도 분석(Seating Chart Observation Records: SCORE)은 교실에 앉아 있는 학생들의 좌석 배치에 따라 각 학생들이 과업에 열중하는지 그렇지 않은지를 관찰함으로써 과업집중 경향성을 파악하는 데 목적이 있다(Acheson & Gall, 1987). 즉, 교사가 제시하는 과업에 학생들이 주의집중을 많이 하면 할수록 더 많이 배울 것이라는 것을 전제로 한다(변영계, 김경현, 2005; 오영범, 이동성, 2010).

과업집중도 분석은 소인수 학급뿐만 아니라 다인수 학급에서도 학생들의 좌석 배치도가 그려진 한 장의 종이를 활용하여 분석할 수 있기 때문에 다른 분석 도구에 비해 시간과 노력의 효율을 누릴 수 있다는 장점이 있다.

2) 과업집중도 분석 방법

과업집중도 분석을 위한 절차는 다음과 같다. 첫째, 교실 내 학생의 좌석 형태와 같은 좌석표를 만든다. 관찰자는 모든 학생을 관찰할 수 있는 위치에 자리를 잡고, 좌석표에 성별과 각 학생의 특성을 나타내는 식별 표시를 한다. 그리고 관찰할 과업행동과 부적절한 행동의 각 형태를 나타내는 범례를 만드는데, 일반적으로 쓰이는 범례에 따른 관찰의 예시는 다음과 같다.

둘째, 학생이 과업에 집중하고 있는지, 다시 말해 교사가 알맞다고 생각하는 일을 하고 있는지 알기 위하여 각 학생의 행동을 체계적으로 관찰하여야 한다. 관찰된 행동을 지시해 주는 문자 범례(A, B, C, D, E, F)에 의거하여 5분 간격을 두고 체크(제시한 예제

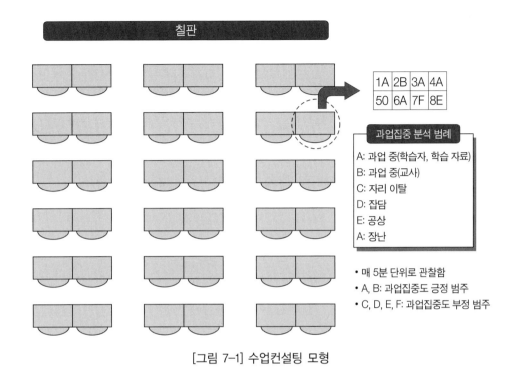

[그림 7-1] 수업컨설팅 모형

의 한 칸이 5분을 의미)한다. 관찰 시각을 좌석표의 적당한 곳에 표시한다. 수업컨설팅을 실시할 경우에는 정확한 원인 분석을 위해 컨설턴트가 직접 범례를 추가할 수도 있다. 이때 지나치게 많은 범례를 만드는 것은 피해야 한다. 왜냐하면 자료 해석의 어려움과 혼란 때문이다. 따라서 2~5개 정도의 범례가 적당하다.

셋째, 분석표를 완성한 후에 '요약' '장점' '개선점'을 질적으로 기술한다. 기술할 때, '요약'은 각 준거별로 나타난 사실만을 기록하고, '장점'은 과업활동 중 집중도를 보였던 비율과 그때 활용된 전략을 중심으로 기록하며, '개선점'은 과업분산을 초래했던 사건이나 활동, 전략을 중심으로 기술한다.

이 분석 도구는 관찰자의 주관성이 어느 정도 포함될 수 있음을 교사에게 인지시켜야 한다. 예를 들면, 학생의 얼굴 표정을 보면서 과업에 집중하고 있다고 해석되기도 하고 그렇지 않다고 해석될 수도 있기 때문이다. 뿐만 아니라 판단 능력과 관찰 능력이 능숙해진다면 점차 범례를 늘려서 세밀한 분석을 할 수도 있다. 단, 지나치게 범례가 많으면 관찰하는 데 정확성이 떨어질 수 있으므로 6~9개 정도가 적당하다(조남두 외, 2011).

학급 내 각 학생마다 하나의 네모 칸이 있으며, 학생 이름을 각 네모 칸에 써 넣어 구별할 필요가 있다. 기록의 효과성을 위해 여러 가지 색연필이나 펜을 사용해도 무방하다.

3) 과업집중도 분석의 예제 및 해석

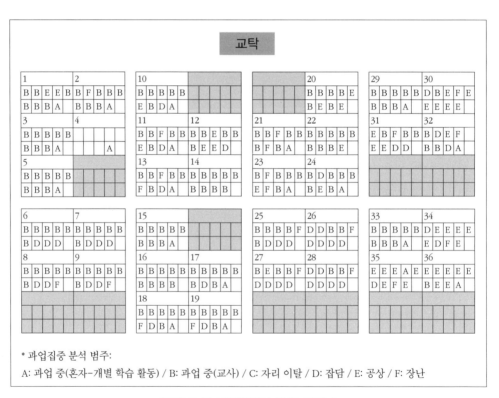

[그림 7-2] 과업집중도 관찰 기록지

| 자료 7-1 | 과업집중분석표 |

지도교사	△△△	학년반	1학년 2반	징소	1학년 2반 교실	학생 수	36
단원명	X. 인권 보호와 법 / 1.인권과 헌법			차시	3/13	일시	20△△년 △월 △일 △교시
학습목표	1. 인권과 헌법의 관계를 알 수 있다. 2. 나의 인권 상태를 글로 표현할 수 있다.						

시각 범주	09:50 (1)	09:55 (2)	10:00 (3)	10:05 (4)	10:10 (5)	10:15 (6)	10:20 (7)	10:25 (8)	10:30 (9)	합계	%
A								19		19	5.9
B	28	26	25	30	27	23	15		21	213	65.7
C											
D	5	4				4	12	13	8	46	14.2
E	3	4	7	4	5	8	7	2	5	45	10.5
F		2	4	2	4	3	2	2	2	21	6.5

| ☞ 관찰에 이용된 범주 | A: 과업 중(혼자) – 개별 학습 활동 B: 과업 중(교사와)
C: 자리이탈 D: 잡담
E: 공상 F: 장난 |

분석 결과 및 관찰 내용

- 전체 과업집중도는 65.7%로 높지 않은 것으로 나타나 학생들의 과업집중도가 다소 낮은 경향이 있는 수업이었음. 이 중에서 학생이 개별적으로 또는 동료학생들과 함께 상호작용하며 과업에 집중한 비율은 5.9%로 나타났으며, 교사와 상호작용한 비율이 65.7%로 나타남(※ 여기서 A는 개별 학습활동에 학생 간의 상호작용하는 활동을 함께 포함시킴)

- 시간별로 살펴보면, 수업활동 중에서 수업 초·중반에는 교재 위주로 이루어진 교사 중심 강의식 수업에서는 집중도를 보이고 있음. 그러나 수업 중·후반 이후의 활동(블렌디드 학습활동 결과를 각 모둠별로 교사가 피드백을 줄 때와 모둠활동판을 통해 나의 인권의 위치와 이유 등을 작성하고 그 결과를 교사가 점검할 때)에서는 대부분 과업집중도가 낮게 나타날 수 있는 잡담 및 공상, 장난 등의 범주가 두드러지게 나타남

- 주로 교사가 있는 교탁을 중심으로 왼쪽에 있는 학생들에 비해 오른쪽에 있는 학생들의 과업집중도가 낮게 나타남

- 특히 오른쪽에 있는 학생 중 30번, 34번, 35번, 36번 학생은 대부분 수업에 집중하기보다는 딴짓을 하거나 멍하거나 혼잣말을 하는 등으로 과업이 현저히 분산됨을 관찰할 수 있었고, 26번, 27번, 28은 모둠 내에서 계속 잡담을 하면서 과업에 집중하지 못하고 있음을 볼 수 있었음. 또한 6, 7, 8, 9번이 있는 조는 초·중반에는 과업집중도가 매우 높았으나 중·후반 이후 급격히 잡담이 두드러졌음

[종합 분석]

- 100% 강의식 수업이 아닌 학생들의 적극적인 참여를 유도한 수업 전략이 활용되어 학생들의 주의를 집중시키고자 하였음. 예를 들어, 모둠 나눠 읽기나 밑줄 긋기 등의 활동은 교사에게 주의를 기울이며 학생들이 과업에 집중할 수 있는 전략이 효과적으로 활용됨

- 그러나 수업이 후반으로 갈수록 학생들의 과업집중도가 점차 떨어지는 경향을 보여 과업집중도가 70% 이상으로 나타나지 않은 것으로 파악됨. 그러한 이유를 파악해 보면, 수업 초반에 학습내용을 제시하고 설명했던 방식에서는 학생들의 과업집중도가 높은 편이었으나 가상재판을 했던 활동을 사이트를 보여 주려고 교사가 이동하면서 학생들이 집중률이 분산되기 시작했음. 또한 가상재판 활동의 결과를 학생들과 공유하고자 할 때, 학생들은 교사가 읽어 준 대로 들어야 하는 상황이었기 때문에 더욱 혼란이 가중되었다고 판단됨. 수업 중, 학생들이 과업에 집중할 수 있도록 교사는 적절한 통제 전략을 활용하는 것이 효과적일 것이라 판단됨. 예를 들어, 가상재판 활동을 교사가 중심이 되어 인쇄물을 읽고 학생들은 단지 듣는 활동을 하기보다는 오히려 학생들이 했던 활동을 발표해 오고, 다른 모둠이 했던 활동에 대해서 성찰해 오게 하는 과제를 사전에 주었다면 조금이나마 과업에 집중하는 데 도움이 되었을 것이라 판단됨

- 즉, 중학교 1학년은 수업에 지속적으로 과업에 집중할 수 있도록 교사의 적절한 통제가 수업 중에 이뤄질 수 있도록 구조화하는 노력이 필요함. 특히 수업 중간에 학생들의 비언어적 행위인 잡담을 하는 모습, 장난을 하는 모습 등이 보일 때, 즉각적으로 대처한다면 더욱 효과적인 수업이 될 것이라 판단됨. 예를 들어, 앞서 기술한 잡담이나 장난을 하는 모습 등의 비언어적 행위가 많아질 때 교사는 간단하게 학생들과 함께 스트레칭을 하는 등의 주의를 환기시키는 전략을 활용해 학생들의 주의를 집중시킨 뒤에 수업을 진행하는 방법도 있을 것임

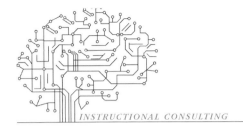

제8장

원인 분석

INSTRUCTIONAL CONSULTING

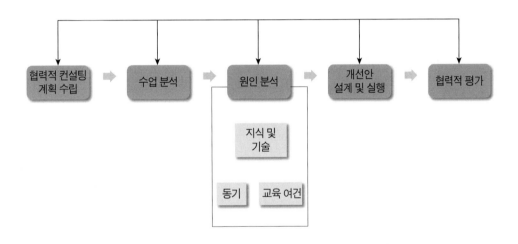

수업컨설팅의 원인 분석 단계는 수업 분석 단계와 엄격하게 구분되기보다는 순환적으로 연결되는 특징이 있다. 수업 분석 과정에서 교수자와 학습자들의 지향하는 수행과 현재 수행 간의 차이 분석으로 수행문제가 도출되며, 이들 격차에 영향을 미치는 근본 원인을 찾는 활동이 이루어진다. 즉, 차이가 일어나는 원인을 도출하기 위하여 수업 분석 결과를 토대로 수업적 결합의 오류를 진단하고 수업 결합의 오류를 가져오는 요인들을 지식, 동기, 교육 여건(구조 및 환경) 세 가지 차원에서 근본 원인 분석이 이루어진다.

이 장의 수행목표

- 컨설턴트와 컨설티는 원인 분석의 의미와 중요성을 공유할 수 있다.
- 근본 원인 분석 도구를 활용하여 근본 원인을 분석할 수 있다.
- 수업 분석 자료를 기반으로 수업 결합의 오류를 진단할 수 있다.
- 컨설턴트는 컨설티와 협의하여 수업 문제의 근본 원인을 진단할 수 있다.

핵심과정 및 산출물

컨설팅 과정	결과물	협력활동
• 수업 결합의 오류 진단	• 수업 결합 오류 진단표	
• 근본 원인 분석 도구를 활용한 분석	• 도구를 활용한 분석결과표	• 협력적 분석관계 형성
• 수행문제 근본 원인 분석	• 세 가지 영역별 세부 근본 원인 분석표	
• 근본 원인에 대한 협력적 진단	• 근본 원인 진단	• 협력적 진단

1. 원인 분석의 의미와 중요성

이 단계는 수업 분석을 통해 도출된 수행문제가 왜 발생하게 되었는지, 그 원인을 찾아 분석하고 진단하는 단계이다. 실제로 수업 분석 단계와 원인 분석 단계는 절차적으로 구분되어 있는 것이 아니라 서로 유기적인 관계를 가지고 있다. 수업 분석 단계에서 기술하였듯이 수행문제는 교수자와 학습자가 지향하는 수행과 현재 수행 간의 차이에 의해 일어나며 그러한 차이가 발생하게 된 원인이 곧 수행 문제를 일으키는 근본적인 원인이 된다.

수업컨설팅에서 원인 분석이 매우 중요한 이유는 수업 분석 과정에서 상당히 많은 광범위한 자료를 토대로 근본 원인을 분석하고 발견해야 하기 때문이다. 무엇보다 원인 분석 단계에서는 컨설티의 수업에 대한 고민거리가 일어난 근본적 원인을 규정하는 단계이므로 매우 중요하다.

따라서 원인 분석 단계와 수업 분석 단계는 서로 순환되는 과정으로써 수업 분석 단계에서 수집된 자료, 즉 수업관찰, 설문, 인터뷰, 초점 집단 인터뷰(Focus Group Interview: FGI) 등의 결과를 보다 체계적으로 분류하고 정리하는 작업을 통해서 수행문제가 일어나게 된 수업 결합의 오류를 진단하고 그 진단 결과를 토대로 근본 원인을 밝히며 그 과정에서 컨설티와 지속적인 논의를 통해 최종적으로 근본 원인에 대한 합의

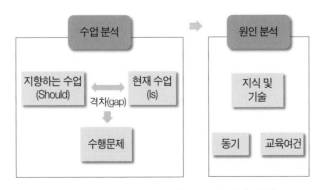

[그림 8-1] 수업 분석과 원인 분석 간의 관계

를 하게 된다.

2. 수업 결합의 오류 진단

원인 분석 단계의 첫 번째 활동은 수업 분석 단계에서 이루어진 수업관찰, 설문 및 인터뷰 등의 수집된 분석 자료를 기반으로 수업 결합의 오류를 찾아내는 활동이다. 자료의 분석 결과는 수업을 구성하고 있는 교수자, 학습자, 학습 내용, 그리고 학습 환경 간에 어떤 잘못된 수업 결합이 이루어지고 있는지를 분석할 수 있는 근거 자료로 활용된다.

수업컨설팅 분야의 대표적 학자인 Rosenfield(1987)는 수업컨설팅에서 수행문제는 학습자 또는 교수자라는 각각의 단일 차원에서 찾을 수 있는 것이 아니라 '수업요소들 간의 결합적 오류(instructional mismatch)'를 통해 찾을 수 있다고 주장한다. 이런 관점에서 [그림 8-2]는 수업에서의 대표적인 결합의 오류를 제시하고 있다(변영계, 이상수, 2003; Dick, Carey, & Carey, 2005; Gagné, Briggs, & Wager, 1992; Rosenfield, 1987; Smith & Ragan, 2005).

수업 결합의 오류진단은 수업의 구성요소 중에 학습자를 중심에 두고 교수자, 학습 내용, 그리고 학습 환경 간의 결합적 오류를 찾아내는 작업이다. 이 작업에서 학습자를 중심에 둔 이유는 수업의 목적이 곧 학습이기 때문에 학습자가 이해 가능한 내용을 이해 가능한 방법으로 선호하는 환경에서 제공하고 있는지를 분석하는 것이 필요하기 때문이다. 교수자 중심으로 수업을 접근하기 보다는 학습자 중심으로 접근해야 하는 이유가 여기에 있다.

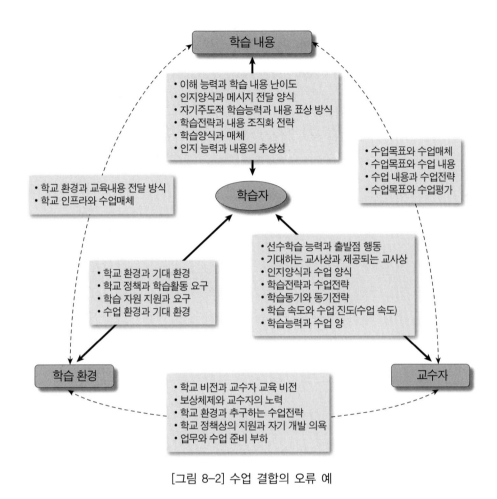

[그림 8-2] 수업 결합의 오류 예

1) 학습자와 교수자 간의 수업 결합 오류

학습자와 교수자 간 수업 결합의 오류에 대한 대표적인 예들을 설명하면 다음과 같다. 첫째, 학습자들의 선수학습 능력과 교수자가 제공하는 출발점 행동의 진단과 처방 간의 잘못된 결합을 들 수 있다. 주로 수업에서 다루어지는 학습 내용이 학습자들에게 너무 쉽거나 어려운 내용으로 구성되면 이는 곧 학습자의 자신감 상실이나 학습동기의 저하로 연결된다. 둘째, 학습자들이 기대하는 교수자상과 교수자가 제공하는 교수자상 간의 결합적 오류가 보이는 경우가 많으며 이 경우 학습자들이 교수자에 대한 존

경심이나 애정이 결핍되어 인간관계 측면에서 다양한 문제를 일으키고 결국 학습문제를 야기하는 결과를 가져온다. 셋째, 일반적으로 수업컨설팅 과정에서 가장 많이 발견되는 학습자와 교수자 간의 수업 결합 오류 중 하나는 학습자들의 학습 속도와 교수자의 수업 속도 간의 차이이다. 많은 교수자는 자신이 준비한 수업 내용을 자신의 수업 속도에 맞게 쏟아붓고 나가는 경우가 많다. 이런 경우는 교수자가 학습자와 소통하는 것이 아니라 독백을 하는 것으로, 수업은 교수자의 일방적 대화가 아닌 교수자와 학습자 간에 양방향으로 이루어져야 한다. 우수한 수업을 분석해 보면 교수자가 수업 과정에서 수업 내용에 대해 학습자들이 이해하고 있는지 다양한 방법으로 확인한다. 그 후 학습자의 이해가 부족한 부분에 시간을 더 투자하여 자세한 설명이나 토론, 또는 보충학습의 경험을 제공하여 학습자들이 충분히 이해할 수 있는 학습경험을 제공한 후 다음 단계로 넘어가는 것을 알 수 있다. 이처럼 효과적인 수업은 학습자의 이해 및 학습 속도와 수업의 진행 속도를 균형 있게 맞추어 나가고 있다.

2) 학습자와 학습 내용 간의 수업 결합 오류

학습자와 학습 내용 간의 수업 결합 오류의 예로 첫째, 학습자의 이해능력과 제공된 학습자료나 내용 간의 결합 오류를 들 수 있다. 이 경우 대부분의 학습자는 학습 내용을 이해하지 못하고 심지어 잘못된 오개념을 형성하기도 한다. 둘째, 학습자의 인지양식 혹은 학습양식과 학습 내용의 전달양식에서도 결합적 오류가 발생하는 경우도 많이 있다. 요즘 학습자들을 디지털 세대 혹은 디지털 원어민이라고 표현하기도 한다. 그만큼 요즘 학습자들은 멀티미디어에 기반을 둔 소통을 선호하는 반면 많은 교수자는 교재를 중심으로 한 청각매체에 의존하는 경우가 많다. 스마트폰과 테블릿 PC를 터치하는 세대가 앉아서 듣기만 하는 수업을 통해 효과적인 학습이 일어날 것이라고 기대하기 어렵다.

3) 학습자와 학습 환경 간의 수업 결합 오류

학습자와 학습 환경 간의 수업 결합 오류의 대표적인 예를 들면 학습자들이 선호하는 학습 환경 또는 특정 학습자에게 효과적인 학습 환경과 제공되는 학습 환경 간의 잘못된 결합을 들 수 있다. 특히, 학습 환경을 물리적 환경과 사회·심리적 환경 모두 포함한다면 일반적인 교실 환경뿐만 아니라 수업풍토나 학교풍토와도 연계하여 분석할 필요가 있다. 예를 들어, 학교도서관 환경이 수업에서 필요로 하는 학습자들의 요구를 충족해 주지 못하는 경우도 있을 수 있고 문제중심학습(Problem Based Learning: PBL)이 진행됨에도 교실 환경에서 충분한 PC, 네트워크 환경, 수업 자료 등이 제공되지 못한다면 효과적인 문제중심학습을 위한 학습자들의 요구를 충족해 주지 못한다. 사회·심리적 환경 차원에서 학습자에게 안정적 수업 풍토가 제공되는 것은 매우 중요하다. 최근 들어서 학교폭력이 심각한 사회 문제가 되듯이 수업을 위한 안정적 혹은 긍정적 풍토는 매우 중요한 요인이 된다. 폭력과 왕따와 같은 불안한 학습 환경이 제공된다면 수업의 효과성은 기대할 수 없기 때문이다.

4) 교수자와 학습 내용 간의 수업 결합 오류

교수자와 학습 내용 간의 수업 결합 오류는 교수자가 학습자들이 학습목표를 달성하기 위한 학습 내용을 학습자의 특성을 고려하여 효과적으로 설계하였는지를 분석하는 것이다. 수업 일관성 분석에서 설명하였듯이 수업목표에 맞지 않는 수업 내용, 매체, 전략, 그리고 평가가 설계된다면 학습자들에게 수업목표를 달성하기 위한 효과적인 수업이 제공되지 못할 것이다.

5) 교수자와 학습 환경 간의 수업 결합 오류

교수자와 학습 환경 간의 수업 결합의 오류는 수업을 효과적으로 설계하고 실행하기 위한 학습 환경이 교수자에게 제공되고 있는지를 분석하는 것이다. 대표적인 예로 첫째, 많은 교수자 중에는 수업 준비에 충실하지 못한 이유 중 하나로 과도한 업무를 이야기하고 있다. 이 경우에는 업무 부하와 수업 준비 부하 간의 잘못된 결합에 의한 것으로 판단할 수 있다. 둘째, 학교 비전이나 정책과 교수자의 교육 비전 간의 잘못된 결합이 생기는 경우도 있다. 셋째, 학교장의 정책에 반대하는 경우 교수자들은 수업에서 최선을 다하지 못하는 경우도 있다. 주어지는 보상체제와 교수자의 노력 간의 잘못된 결합도 많이 발견된다. 예를 들어, 열심히 일하는 교수자에게 적절한 보상이 주어지기보다는 오히려 일이 더 많이 주어지는 경우가 다반사이다. 이 경우 노력에 대한 보상이 아닌 오히려 과중한 업무가 부가되는 벌이 주어지는 경우가 된다.

6) 학습 환경과 학습 내용 및 매체 간의 수업 결합 오류

학습 환경과 학습 내용 및 매체 간의 잘못된 결합이란 학습 내용을 학습자에게 전달하기 위한 적절한 환경이 제공되지 않는 경우를 의미한다. 예를 들어, 영어몰입교육을 위해서는 영어교과에 맞는 교과교실이 절실히 필요함에도 오히려 교수자가 이동하며 수업을 해야 하는 경우이다. 이 경우 교수자는 필요한 자료를 가지고 이동하고 필요한 학습 환경을 만드는 데 시간이 소요되는 등 효과적인 수업을 제공하기 힘든 환경이 될 것이다. 또한 문제중심학습을 위해서는 팀 활동과 자료 검색 등이 자유로운 강의실이 필요한데 일반 강의식 교실에서 수업을 해야 하는 경우 문제중심학습에 필요한 자리 배치 및 수업 자료를 비치할 수 없어 효과적인 문제중심학습이 이루어지지 못할 수 있다. 때로는 인터넷 대역폭 문제로 필요한 인터넷을 활용한 수업 내용 전달이 안 되는 경우도 있다.

3. 수업컨설팅 과제의 근본 원인

앞서 제시한 수업 결합의 오류는 다양한 요인에 의해 발생한다. 이 책에서는 수업 결합 오류의 근본 원인으로 Addison과 Johnson(1997)이 인간수행 문제의 원인으로 밝히고 있는 동기, 환경, 학습, 구조, 문화라는 다섯 가지 요소를 토대로 우리나라 교육현장에 적합하고 이해하기 쉽도록 지식 및 기술, 동기, 그리고 교육 여건으로 재구성하였다.

첫째, 지식 및 기술이란 결국 무엇을 몰라서 원인이 발생하는 것을 의미한다. 교수자가 수업과 관련해서 또는 학습자들이 학습과 관련한 지식이나 기술이 부족한 경우가 원인이 되어 수행문제가 발생되고, 교수자나 학습자의 수행에 차이가 일어난 경우가 여기에 해당된다. 둘째, 동기란 하고자 하는 의지가 없는 경우로써 교수자나 학습자들이 각각 수업이나 학습에 대한 성취동기, 사명감, 태도가 부족하고 미흡한 경우가 원인이 된 경우이다. 마지막으로 교육 여건이란 Addison과 Johnson(1997)이 밝힌 구조, 환경, 문화를 통합한 요인으로써 교수자와 학습자가 소속된 학교나 학급에 영향을 미치는 물리적 환경 및 심리적 환경, 그리고 정책, 조직의 구성원 역할, 비전, 의사결정 시스템 등이 부족하고 미흡할 때가 원인이 된 경우이다.

1) 지식 및 기술 요인

지식 및 기술이란 교수자나 학습자들의 교수·학습활동에 대한 지식이나 기술 요인들이 영향을 미치는 것을 의미한다. 만일 이 요인에 의해 수행력이 떨어진다면 교수자 또는 학습자가 수업 및 학습과 관련한 지식이나 기술이 부족하여 교수·학습을 못하는 것을 의미한다. 지식이나 기술의 부족은 교수·학습에 직접적인 영향을 미치는 중요한 요소들이며 이 요소들은 매우 다양하다.

첫째, 교수자들이 수업을 효과적으로 실행하기 위해서는 수업과 관련한 수업모형, 교수화법, 교수학습이론, 수업매체, 교육과정, 수업설계, 수업 경영, 수업 분석, 수업 평가 등 다양한 지식이 필요하며 또한 학습자들을 이해하고 관리하기 위한 지식이나 기술이 필요하다. 예를 들어, 컨설티가 협동학습을 실행하는 데 있어 이와 관련된 지식을 가지고 있지 못해서 수업에서 문제 상황이 발생했다고 가정해 보자. 협동학습을 효과적으로 적용하기 위해서는 긍정적 상호작용, 사회적 기술, 개별 책무성, 집단 과정(성찰), 집단상호작용 등의 다섯 가지 원리를 전략적으로 설계해야 한다(Johnson &

Johnson, 1999). 그런데 컨설티가 이러한 지식이 부족해서 전통적 소집단학습처럼 협동학습을 하게 된다면 결국 협동학습에 대한 지식의 부족으로 교수자의 수행에 격차가 일어날 수 있다.

둘째, 학생들도 다양한 학습 기술이나, 교과 관련 선수학습능력, 자기주도적 학습 능력, 문제해결 능력, 고차원적 문제해결 능력 등 다양한 요인이 수업에 영향을 미친다. 예를 들어, 한 반의 30명의 학습자 중 25명 정도가 노트 필기나 경청 기술이 현저히 낮은 것을 모른 상황에서 수업이 진행되었다면 이는 학업성취가 낮은 하나의 원인이 될 수 있다. 즉, 학습자들이 자신이 가진 학습과 관련된 지식과 기술의 부족과 미흡으로 수행격차가 일어나게 된다.

따라서 지식 및 기술요소가 근본 원인이 되는 경우는 교수자와 학습자들이 어떤 지식이나 기술의 결핍에 의해 결국 수행문제가 발생하는지를 파악하여 이를 보충해 주기 위한 전략을 개발하는 것이 개입안의 방향이 될 것이다. 이상에서 진술한 내용을 요약하면 〈표 8-1〉과 같다.

⊞ 8-1 지식 및 기술 요인에 의한 근본 원인의 예

교수자	학습자
• 수업 관련 지식(수업모형, 수업방법, 교수-학습이론, 수업매체, 교재, 교육과정, 수업 설계, 수업 경영) 부족 또는 부재 • 수업 분석 및 수업평가 지식 부족 또는 부재	• 학습기술(학습 환경 및 자기관리 기술, 수업 청취 기술, 노트필기 기술, 읽기 기술, 시험 치기 기술, 쓰기 및 보고서 작성 기술, 학습동기 향상 기술, 기억술 등) 부족 또는 부재 • 자기주도적 학습 능력 부족 또는 부재 • 문제해결 능력 부족 또는 부재 • 교재 이해 능력 부족 또는 부재

2) 동기 요인

동기요인이란 교수자나 학습자들이 가지고 있는 태도, 사명감, 수행을 위한 의지 등을 의미한다. 즉, 수행문제가 발생한 원인이 교수자의 수업능력이나 학습자의 학습 능력 자체가 부족 또는 미흡해서가 아니라 하고 싶지 않아서 하지 않는 경우를 의미한다.

첫째, 교수자의 경우, 수업장학에서는 교수자의 수업능력이 부족하다는 전제하에 교수자의 수업능력 개선에 초점을 두고 그것에 대한 개선방법을 찾으려는 접근으로 도움을 주지만, 실제 교육현장에서는 교수자가 몰라서 안 하는 경우보다는 하고 싶지 않아서 안 하는 경우도 많다. 이 경우에는 교수자의 참여 동기를 높이기 위한 개선안이 필요하다. 즉, 수업에서 교수자가 특정 수업전략을 쓰지 않는다고 해서 그 전략을 위한 연수를 계획해서는 안 되며 몰라서 못하는 것인지 알고도 쓰지 않는 것인지를 판단하는 활동이 반드시 필요하다. 수업컨설팅은 앞서 언급한 다양한 수업 분석 결과를 토대로 이러한 원인 분석을 가능하게 한다. 이러한 접근이 수업장학과 수업컨설팅의 가장 큰 차이점이라고 할 수 있다. 학교의 경우, 다른 일반 사회 조직에 비해 다소 보상체제가 미흡하거나 부족한 편이다. 따라서 일을 해도 그에 따른 적절한 보상이 있기보다는 일을 잘하는 사람에게 일이 더 몰리는 현상이 발생하는 경우가 많아서 교수자가 일부러 열정적으로 하지 않는 경우가 많다. 따라서 교수자를 위한 그 조직만의 적절한 보상체제와 개인 성취 인식체제가 필요하다. 많은 교수자들은 자신이 이룬 성취에 대해 보상을 받기보다는 조직 차원에서 인지해 주고 이를 통해 스스로 성취감을 느끼는 성취 인식 체제를 요구한다.

둘째, 학습자는 학교나 특정 교수자들에 대한 태도나 인식 등이 부정적인 경우, 수업의 참여 동기가 낮은 경우가 많다. 특히, 특정 과목이나 특정 주제에 대한 동기가 낮은 경우도 있다. 이런 경우 특정 과목이나 주제에 대한 동기를 높이기 위한 개선안이 필요하고, 만일 이러한 경험이 누적되어 자기효능감 저하로 연결되어 있다면 장기적인 개선안이 필요하다. 자기효능감은 구체적인 특정 주제에 자기 자신의 능력에 대한 믿음을 의미하며 장기적인 실패나 성공 경험에 의해 형성되기 때문에 단기적인 처방에 의해 개선될 수 없다. 이런 자기 효능감이 여러 과목에 걸쳐 낮게 형성되면 학습된 무기력증에 걸리기 쉽기 때문에 이런 학습자들의 경우 높은 관심을 가져야 한다.

수행문제 동기요인의 대표적인 근본 원인은 다음 〈표 8-2〉에 제시한다.

표 8-2 동기 요인에 의한 근본 원인의 예

교수자	학습자
• 수업 준비 및 설계의 필요성 인식 부족	• 학습의 필요성 및 인식 부족
• 학교관리자에 대한 부정적 태도	• 학교 및 교수자에 대한 부정적 태도
• 교수효능감 저하	• 자기효능감 저하
• 보상체제 부족 등	• 특정 과목이나 주제에 대한 부정적 태도 등

3) 교육 여건 요인

교육 여건이란 크게 두 가지 차원으로 볼 수 있다. 하나는 교수자와 학습자가 소속된 학교나 학급에 영향을 미치는 물리적 환경 및 심리적 환경이고, 또 다른 하나는 정책, 조직의 구성원 역할, 비전 및 의사결정 시스템이다.

(1) 환경 요인

환경 요인이란 조직의 성장과 개발에 영향을 주는 외적 및 내적 조건을 의미하며 물리적 환경과 심리적 환경으로 구분된다.

첫째, 물리적 환경에서의 세부 원인을 살펴보면 다음과 같다. 교수자는 수업 환경, 연구 및 휴식 공간, 매체 개발과 활용 인프라, 개인 개발을 위한 공간과 자원 등이 이에 속한다. 교수자 개인이 아무리 열심히 하려고 해도 이런 물리적 환경과 자원이 충분히 지원되지 못하면 수행력은 떨어지게 된다. 학습자의 경우 특히 나이가 어린 학생들은 이런 환경 요인이 더욱 심각한 영향을 미친다. 책상의 물리적 배치, 동료 학생과의 물리적 거리, 학생원, 정보 인프라, 도서관 환경과 자원 등 모두가 중요한 요인이 된다. 물리적 환경이나 공간만으로도 많은 교육적 의미를 전달할 수 있다. 특정 공간의 빛, 온도, 색, 물리적 근접도 등이 심리적 안정감이나 집중력, 소통 그리고 경험의 종류와 질 등에 많은 영향을 미친다(Oblinger & Oblinger, 2005).

물리적 환경의 대표적인 예로, 최근 들어서는 문제중심학습을 위한 교실이 구축되고 있으며 '교과교실제'라는 이름으로 특정 교과를 위한 교실 환경 구축을 위해 많은 투자를 하고 있다. 일반 강의실은 집단활동을 위한 공간으로 적합하지 않은 경우가 많고 문제중심학습 수업을 위해서는 많은 학습자원이 필요하기 때문에 특별 교실 환경을 필요로 한다. 교과교실제는 특정 과목을 위한 다양한 학습경험이 용이하도록 다양한 학습자원과 환경을 구축하는 이점이 있다. 예를 들어, 영어 과목의 경우 학생들이 영어 교실로의 이동 과정에서 영어 수업을 위한 마음의 준비를 하게 된다. 이뿐만 아니라 영어 교과교실에서는 모든 표현과 소통의 도구가 영어로 만들어져 영어몰입 교육이 가능하다. 이처럼 환경 요인은 여러 차원에서 교사와 학생들의 수행에 영향을 미친다.

둘째, 심리적 환경은 학교나 학급에 영향을 주는 정체성이나 풍토 등을 의미한다. 교수자들의 경우는 학교풍토, 정체성, 학교 지위, 중점 가치, 의사결정 시스템, 역사 등이 이에 속한다. 학교풍토가 자기 개발과 연구를 위해 긍정적이고 교사 간 협력이 잘 이루어진다면 교사들의 수업을 위한 수행력이 높아진다. 반면 협력보다는 개인 중심 문화가 만연해 있고 독선적인 의사결정 시스템으로 학교가 운영된다면 수업을 위한 교사들의 수행 향상에는 부정적 영향을 미치게 된다. 학습자의 경우는 학급 풍토, 학생들의 사조직, 학급 중점 가치, 학습 의사결정 시스템, 학급정체성 등이 중요한 요인이 될 수 있다. 어떤 학급은 긍정적이고 참여적인 문화가 형성된 학급이 있고, 어떤 학급은 자신의 학급에 대한 패배주의적 사고가 팽배해 있는 학급이 있다. 이 경우 긍정적 집단은 모두가 무슨 일이든 열심히 참여하고 긍정적 결과를 가져오지만 부정적 의식을 가진 학급은 항상 실패를 가져오게 된다. 따라서 수업 문화 또는 학급 문화의 개선을 통해 학생들의 수행력을 개선해야 하는 경우도 많이 있다. 수행문제에 대한 교육 여건 중 환경 요인의 대표적인 근본 원인은 〈표 8-3〉과 같다.

표 8-3 환경 요인에 의한 근본 원인의 예

	물리적 환경	심리적 환경
교사	• 수업 환경 • 연구 및 휴식 공간 • 행정업무 시스템 • 매체 개발 환경 • 개인 개발 지원 환경 등	• 학교 정체성 • 학교풍토 • 학교 지위 • 학교의 중점 가치 • 의사결정 시스템 • 학교의 역사 등

		• 안전 및 안정
학생	• 교실 환경 • 정보화 인프라 • 도서관 등	• 학급풍토 • 학급 정체성 • 학생들의 사조직 • 학급 중점 가치 • 학급 의사결정 시스템 등

(2) 구조 요인

구조 요인이란 학교나 학급 차원에서의 비전이나 목표, 조직 구성, 주요 정책, 조직 내 소통을 위한 전략, 팀 빌딩과 같은 학교나 학급의 조직 구조 등에 의해서 수행문제가 발생하는 것을 의미한다. 구조 요인은 교수자를 위한 조직 구조와 학생들을 위한 조직 구조로 나누어 생각할 수 있다.

첫째, 교수자를 위한 조직 구조의 경우 교수자의 수행을 최대한 이끌어 낼 수 있는 조직 구조와 그렇지 못한 조직 구조가 있을 수 있다. 예를 들어, 학교 조직의 비전이 수업에 대해 최고의 가치를 부여하고 교과협의회와 같은 수업 개선을 위한 교사 모임이 활성화되어 있고 이를 지원하기 위한 구조화된 체계가 갖추어져 있다면 그 학교의 수업은 개선될 가능성이 높을 것이다. 하지만 교사들의 생각과 학교 비전이 상충되고 조직 구성원 간의 소통이 잘 되지 않으며, 소집단 간에도 팀 의식이 구축되어 있지 않다면 아무리 개개 교사의 수업 능력이 뛰어나다고 해도 수업의 효과성이 최대화되지 못할 것이다.

둘째, 학습자 입장에서는 학급의 조직구조나 비전 그리고 학생들의 사적인 조직활동 등이 학생들의 수행에 영향을 미치는 중요한 요인이 될 수 있다. 예를 들어, 학급의 비전이 뚜렷한 학급과 뚜렷하지 못한 학급의 경우 공유된 멘탈 모형 자체가 달라지기 때문에 학급의 수행 자체가 많은 영향을 받을 것이다.

수행문제에 대한 교육 여건 중 구조 요인의 대표적인 근본 원인은 〈표 8-4〉와 같다.

표 8-4 구조 요인에 의한 근본 원인의 예

교사	학생
• 학교 정책 미흡 및 부족, 또는 불안정 • 학교 내의 교사 조직 및 역할 불안정 • 학교 비전 부재 및 불인지 • 학교 의사결정 시스템 불안정 등	• 학급 정책 미흡 및 부족, 또는 불안정 • 학급 내의 학생들 조직 및 역할 불안정 • 학급 비전 부재, 불인지 • 학급 의사결정 시스템 불안정, 부재, 미흡 등

수행문제의 원인은 교수자, 학습자, 동기, 물리적 및 심리적 환경 및 구조 등 다양한 요인에 의해 발생할 수 있음을 인지해야 한다. 다시 말하면, 수업 개선은 수업장학에서 강조한 것처럼 교수자의 수업 기술이나 방법 등에 대한 지식 및 기술요소의 개선만을 통해서만 이루어지는 것이 아니라 보다 더 종합적인 관점이 필요하다는 것을 기억해야 한다. 뿐만 아니라, 대체로 수행문제의 원인은 이들 한 가지 요소에 의해 발생하기보다는 이들 요소들의 복합적 영향으로 발생하며, 단지 그 영향력에 차이가 있다는 것도 기억해야 한다.

4. 수업컨설팅 과제의 원인 분석 도구

수행문제는 앞서 언급했던 한 가지 요인에 의해서만 발생하는 것이 아니라 다양한 요인의 복합적인 원인에 의해서 발생하는 경우가 많다. 특히 '수업 분석' 단계에서 수집된 정보나 자료가 많으면 많을수록 원인 분석을 위해 고려해야 할 요인이 많아질 수 있다. 따라서 '수업 분석' 단계에서 수집한 자료를 체계적으로 분류하고 정리하여 수행문제의 근본 원인을 쉽게 도출해 내기 위해서는 근본 원인 분석(root cause analysis) 도구를 활용할 필요가 있다. 이를 위해서는 다양한 도구가 사용될 수 있지만 이 책에서는 수업컨설팅에서 가장 자주 활용되는 '다섯 가지 왜 질문법 분석(the five why's technique)'과 '하이라이팅 기법'을 중심으로 소개한다.

1) 다섯 가지 '왜' 질문법

다섯 가지 왜 질문법(5why)은 도요타가 생산 현장에서 발생하는 각종 문제를 해결할 때 원인을 규명하기 위해 사용하는 프로세스이다(송철범, 2011). 다섯 가지 왜 질문법은 원인과 결과가 끊임없이 이어지는 점을 활용해 다섯 번이 넘게 '왜'라는 질문을 함으로써 근본적인 원인을 파악하려는 시도이다.

수업컨설팅에서 '다섯 가지 왜 질문법'을 적용한 사례는 다음과 같다. 첫째, 학습자들의 수업집중도 향상을 위해 교수자와 컨설턴트는 함께 '왜 학습자들이 수업에 집중하지 못하는가?'라고 질문한다. 컨설팅을 통해 '학습자들이 수업에 흥미를 느끼지 못한다'라는 잠정적인 답이 나오면 또 다시 질문한다. 둘째, '왜 학습자들이 수업에 흥미를 느끼지 못하는가?'라고 질문하고 '수업 시간에 많은 내용을 한 번에 다루기 때문이다.'라고 답을 도출한다. 셋째, '왜 수업시간에 많은 내용을 한 번에 다루는가?'라고 질문하고 '중간고사 전까지 진도를 나가야 하기 때문이다.'라는 답을 도출할 수 있다. 넷째, '왜 중간고사 전까지 해당 진도까지 나가야 하는가?'라는 질문에 '학기 초에 동일 교과 담당 교수자 협의회를 통해 해당 진도를 설정했기 때문이다.'라는 답을 도출한다. 다섯째, '왜 해당 진도까지로 선정했는가?'라는 질문에 '한 학기 수업시수를 고려해서 선정했기 때문이다.'라는 답을 도출할 수 있다. 이 정도까지 답이 도출되면 원인은 교과 내용의 난이도를 고려하지 않은 채 시수만을 고려해서 진도를 설정했기 때문에 난이도가 높은 학습 내용을 주어진 수업시간에 많이 다루었다는 원인이 도출될 수 있다. 따라서 잠정적으로 핵심내용과 수업 내용 난이도를 고려하여 진도를 재설정하기 위한 해결방안을 모색할 수 있다.

2) 하이라이팅 기법

생성된 아이디어 중에서 괜찮다고 느껴지는 아이디어를 골라 낸 다음, 공통적인 측면이나 요소에 따라 묶음(결집, clusters)을 만드는데, 이를 적중 영역(hot spots)이라 한다(김영채, 1999). 하이라이팅 기법은 이러한 적중 영역을 문제해결에 적합한 형태로 재진술하는 기법이다. 수업컨설팅의 원인 분석 도구로써 효과적으로 활용하기 위해서 재구성한 하이라이팅 기법의 핵심 의미는 다음 [그림 8-3]과 같다.

하이라이트 기법의 의미		수업컨설팅의 원인 분석 도구로써의 의미
생성된 아이디어	⇨	'수업 분석' 단계에서 수집된 다양한 자료, 즉 수업관찰 결과, 설문 결과, 그리고 인터뷰 결과
괜찮다고 느껴지는 아이디어를 고르기	⇨	수업 결합의 오류라고 판단되는 내용 및 찾은 수업 결합의 오류의 근본 원인 요인 찾기(※형광펜으로 표시)
공통적인 측면, 요소에 따른 묶음	⇨	수업 결합의 오류 중 어떤 결합의 오류에 속하는지를 찾고, 그 오류의 근본 원인을 교사와 학생의 범주로 구분하고 동시에 각각의 세 가지 근본 원인 중 어디에 속하는지를 묶기
적중 영역을 통한 재진술	⇨	세 가지 근본 원인 중 근본 원인 형태로 정교화함

[그림 8-3] 수업컨설팅의 원인 분석 단계에서의 하이라이팅 기법 의미

즉, 컨설턴트는 '수업 분석' 단계에서 수집한 다양한 자료, 즉 수업관찰 결과, 설문 결과, 그리고 인터뷰 결과를 읽어 가면서 중요하고 핵심이 된다고 판단되는 수업 결합 오류의 내용과 근본 원인 요인을 형광펜으로 표시한다. 그 후에 수업 결합의 오류 중 어떤 결합의 오류에 속하는지를 찾고, 그 오류의 근본 원인을 교사와 학생의 범주로 구분하고 동시에 각각의 세 가지 근본 원인 중 어디에 속하는지를 묶는 작업을 한 다음에 지식, 동기, 교육 여건 등의 세 가지 근본 원인 중 근본 원인 형태로 정교화하는 활동을 한다.

5. 근본 원인 분석 사례

다음 〈표 8-5〉에 제시된 내용은 수업 분석 결과 자료로 근본 원인 분석이 어떻게 이루어지는지를 하이라이팅 기법을 활용해서 분석한 사례이다.

표 8-5 수업 분석 결과

분석 도구	결과
수업관찰 종합 분석	• 학생들의 선수학습 능력 분석을 통해서 수준별 접근에 따른 수업전략이나 선수학습 능력에 대한 처치 등이 이루어진다면 더욱 효과적인 수업이 될 것임 • 수업 중에 학습목표를 달성하고 있는지에 대한 확인 점검 전략 등이 이루어진다면 더욱 효과적인 수업이 될 것임 • 주로 교사의 설명 형태로 내용이 전달되고 있는데, 학생들이 실제 읽고 쓸 수 있는 경험을 갖는다면 더욱 매력적인 수업이 될 것임 • 수업목표의 제시가 이루어진다면 학습의 방향을 학생들이 인지할 수 있을 것임 • 항상 종료 종이 울린 후에도 수업이 진행됨
인터뷰	• (교사) 업무가 많아서 수업설계 등과 같은 수업 준비를 할 충분한 시간이 부족하다고 말함 • (교사) 학교 정책에 따라 문제중심학습 수업을 의무적으로 모든 수업의 20% 내에 실시해야 한다고 말함 • (교사) 동기 전략은 정확히 잘 모르고, 어떻게 해야 할지 고민이 됨 • (학생) 어떤 학생들은 수업 내용이 쉽다고 하고 어떤 학생들은 수업 내용이 너무 어렵다는 엇갈린 의견을 보이고 있음 • (학생) 학교에 충분한 영어 학습 자원 부족하다고 호소하고 있음 • (학생) 영어 공부하는 방법에 대해서 잘 모름
검사지	• 학습동기 검사 결과 5점 만점에 평균이 2.59임(범주별 평균: 주의집중 3.04, 관련성 2.02, 자신감 2.30, 만족감 3.00) • 자기주도적 학습 능력이 5점 만점에서 2.00으로 나타남

　　첫째, 수업관찰 결과, 설문 결과, 그리고 인터뷰 결과를 읽어 가면서 중요하고 핵심이 된다고 판단되는 수업 결합 오류의 내용 및 근본 원인 요인을 형광펜으로 표시한다. 〈표 8-5〉의 수업 분석 결과에서 하이라이트로 처리한 부분이 해당 부분이다. 둘째, 수업 결합의 오류 중 어떤 결합 오류에 속하는지를 찾는다. 〈표 8-5〉에 음영으로 처리한 부분을 바탕으로 [그림 8-4]를 작성하고, 그 오류의 근본 원인을 교사와 학생의 범주로 구분하고 동시에 각각의 세 가지 근본 원인 중 어디에 속하는지를 묶는 작업을 한다. 이후에 지식, 동기, 교육 여건 등의 세 가지 근본 원인 중 근본 원인 형태로 정교화하는 활동으로써 〈표 8-6〉을 작성하게 된다.

　　[그림 8-4]에서 학습자와 교수자 간의 수업 결합적 오류로 선수학습 능력과 출발점

행동, 학습전략과 수업전략, 학습동기와 동기 전략으로 분석한 것은 〈표 8-5〉의 수업 분석 결과의 하이라이트된 부분에서 '학생들의 선수학습 능력 분석' '수준별 접근의 수업전략' '확인 점검 전략 필요' '선수학습 능력에 대한 처치'에서 찾을 수 있고, 인터뷰 기록에서 하이라이트된 부분인 '영어공부법을 모름' '동기 전략 모름'과 검사지 결과의 '학습동기 결과와 자기주도적 학습능력의 낮은 점수 결과' 등을 통해 진단할 수 있다. 더불어, 〈표 8-6〉에서 근본 원인에서 교수자 입장에서는 지식 요인을 원인으로 보고, 근본 원인으로서 수업모형 및 전략에 대한 이해 · 적용 능력 부족, 개별화 수업전략 관련 지식 부족, 효과적인 동기 유발 전략과 효율적인 수업시간관리 전략 미흡 등으로 학

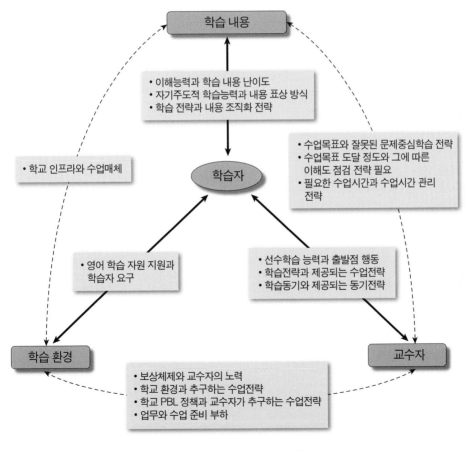

[그림 8-4] 수업 결합 오류 분석 결과

습자 입장에서는 선수학습 능력부족, 그리고 자기주도적 학습능력부족으로 분석할 수
있다. 또한 동기요인에서는 학생들의 동기검사 결과로 동기부족으로 분석할 수 있다.

표 8-6 근본 원인 분석 결과

수업문제	근본 원인 분석			
• 수업컨설팅 과제 - 평균 영어성적이 현재(60점)에서 75점 이상 향상되기 • 수행문제(교사 측면) - 학생들의 선수학습 능력에 대한 진단과 그 결과에 따른 적절한 출발점 행동의 진단이 이루어지지 않고 있다. - 학생들의 선수학습 능력에 차이가 많이 나기 때문에 적절한 수준별 혹은 개별화 수업이 필요하지만 실제 이루어지지 않고 있다. - 문제중심학습 수업활동이 이루어지고 있지만 수업목적에 맞지 않는 잘못된 적용이 이루어지고 있다. - 비효율적인 동기 유발 전략이 이루어지고 있다. - 비효율적인 수업시간 관리가 이루어지고 있다. • 수행문제(학생 측면) - 영어수업에 동기가 낮으며 수동적인 참여가 이루어지고 있다. - 자신의 영어 능력에 따라 자기주도적으로 보충 혹은 심화학습이 이루어지지 않고 있다. - 영어교과에 대한 낮은 자기 효능감을 가지고 있다.	지식		학생	• 선수학습 능력 부족 • 자기주도적 학습 능력 부족
			교사	• 수업모형 및 전략에 대한 이해와 적용 능력 부족 • 개별화 수업전략 관련 지식 부족 • 효과적인 동기 유발 전략 미흡 • 효율적인 수업시간관리 전략 부족
	동기		학생	• 동기 부족
			교사	–
	교육 여건	환경	학생	• 영어 관련 학습 자료 부족
			교사	• 업무 과다(과부하) • 수업매체 개발 환경 부족
		구조	학생	
			교사	• 의사결정 과정의 일방성(학교장의 PBL 수업 정책과 교사의 영어과목 수업전략 간의 갈등) • 가치 갈등(교장의 독단적인 의사결정과 교사들의 중점 가치 간의 갈등)

그 외에 교육여건의 환경과 구조적 요인에서 살펴보면 학생과 교사에 각각 해당되는 근본원인으로 진단할 수 있을 것이다.

앞서 언급했듯이, 수업 분석 결과를 토대로 수행문제의 원인이 교수자 요인뿐만 아니라 다양한 요인들에 의해서 발생할 수 있음을 알 수 있다. 따라서 컨설턴트는 의미 있는 개선안을 찾기 위해서 체계적인 수업 분석 결과를 토대로 수업 결합적 오류와 근본 원인을 분석함으로써 종합적인 관점을 갖는 것이 필요하다.

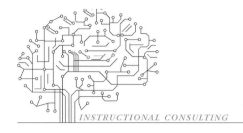

제9장
개선안 설계 및 실행

INSTRUCTIONAL CONSULTING

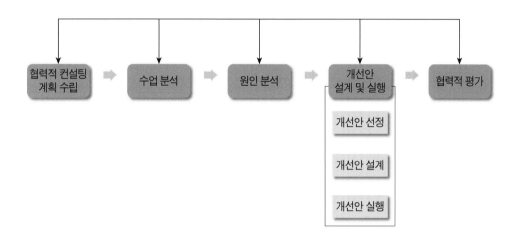

이 단계는 원인 진단 결과를 토대로 수업컨설팅 과제를 해결하기 위한 개선안 (intervention)을 설계하고 실행하는 단계이다. 이 단계에서 컨설턴트는 자신의 전문성에 기초하여 창의적으로 개선안을 제안하게 된다. 주의할 점은 개선안에 대한 수용 여부를 결정하는 주체는 컨설턴트가 아닌 교수자라는 점이다. 그리고 개선안은 교수자와 학습자 차원, 두 가지 모두에서 실제 문제 원인을 해결할 수 있는 실천 가능한 최선의 개선안을 탐색하고 선정 또는 개발하는 과정이 필요하다.

이 장의 수행목표

- 컨설턴트는 컨설티와의 협력 관계를 바탕으로 개선안 목표를 규정할 수 있다.
- 컨설턴트는 개선안 아이디어 발상을 통해 다양한 개선안을 찾아낼 수 있다.
- 긴설틴트는 긴설티와 합의를 통해 최종 개선안을 도출하고 선택할 수 있다.
- 컨설턴트는 수업문제 해결을 위한 구체적인 개선안을 설계하고 개발할 수 있다.
- 컨설턴트는 컨설티와 협력하여 선택된 개선안을 효과적으로 실행할 수 있다.

핵심과정 및 산출물

컨설팅 과정	산출물	
	물리적 산출물	관계적 산출물
• 개선안 목표 규정	• 개선안 목표 규정	• 협력적으로 개선안 목표 공유
• 최종 개선안 도출	• 최종 개선안	• 협력적 개선안 도출
• 개선안 설계, 개발, 실행	• 개선안 설계 • 개발된 개선안 • 개선안 실행과 모니터링	• 협력적 설계, 개발, 실행

1. 개선안 목표 규정

개선안 목표 규정이란 수업문제에 대한 원인 진단 결과에 기초하여 개선안을 통해 달성하고자 하는 목표를 규정하는 단계이다. 수업 상황은 매우 역동적이고 다양한 요인에 영향을 받기 때문에 수업 문제의 원인을 해결하기 위한 개선안 역시 일차원적이기보다는 다차원적인 개선안의 선정과 실행 전략이 필요하다. 개선안 목표를 설정할 때 몇 가지 유의점이 있다. 첫째, 개선안의 목표는 반드시 앞 단계에서 분석한 근본 원인과 논리적으로 연결되어 작성해야 한다. 따라서 개선안 목표 설정을 위해 가장 먼저 하는 작업은 근본 원인 분석 결과를 표를 통해 개관하는 작업이다. 개선안을 통해 수업문제의 근본 원인이 해결되지 못하면 궁극적으로는 수업컨설팅 과제를 해결할 수 없게 된다. 둘째, 개선안 목표 설정 과정에서부터 수업컨설턴트는 컨설티와 밀접한 협력을 해야 한다. 왜냐하면 개선안 목표를 규정하고 진술하는 단계부터 교수자가 함께 참여한다면 개선안 설계 및 개발과정에서 적극적인 참여를 이끌어 낼 수 있고 결국 개선안의 실행 단계에서도 적극적으로 참여하게 될 것이기 때문이다. 컨설팅의 최종 성공 여부는 교수자의 참여 정도에 달려 있다고 하여도 과언이 아니다. 셋째, 많은 수업컨설턴트가 수업컨설팅 과제와 개선안 목표를 혼돈스러워 하는 경우가 많은데 이는 구별되어야 한다. 수업컨설팅 과제는 전체 수업컨설팅 과정을 통해 해결해야하는 궁극적 목표라고 한다면 개선안 목표는 근본 원인을 해결하기 위한 구체적 전략의 목표들을 의미한다. 예를 들어, 수업컨설팅 과제가 학생들의 수업 참여율을 30% 이상 향상시키는 것이고, 수업문제의 근본 원인이 학생들의 선수학습 부족과 자기 효능감 부재 그리고 교사의 학습동기 유발 역량 부재로 분석되었다면 개선안 목표는 이들 각각의 원인에 대한 개선 목표나 몇 가지 원인을 포괄하는 목표를 기술하는 것이다. 즉, '학생들에게 수업에 필요한 선수학습 능력을 길러 준다.' 또는 '교사에게 적절한 학습동기 유발 역량을 길러 준다.' 등이 개선안 목표가 된다. 마지막으로 개선안 기술 시 반드시 긍정적으로 기술해야 하며 관찰 가능한 수행 용어를 사용하여 기술하여야 한다. 수행 용어로 진술할 때 '⋯⋯할 수 있다.' 또는 '⋯⋯를 한다.'와 같이 특정 수업행동이나 능력 차원에서 기술해야 한다.

개선안 목표를 진술할 때는 먼저 다음 표와 같이 근본 원인 분석을 통해 도출한 근본 원인을 범주별로 정리하여 제시하고 각 범주별로 교수자와 학생을 구분하여 개선안 목표를 진술하여야 한다. 필요시에는 각 범주에서 몇 가지 원인을 통합하여 하나의 개선안 목표로 진술할 수 있다.

표 9-1 근본 원인 개관과 개선안 목표 진술

수업문제		근본 원인 분석		개선안 목표
• 학생들이 수학과 목에 대한 낮은 학습동기를 가지고 있다. • 교사가 학습자의 이해도 수준에 맞지 않는 수업 내용 난이도를 적용하고 있다.	학습 문제	학생	교재 이해 (지식기능)의 부족 수학 학습 기술 부족	학생 • 선수학습 능력 보완한다. • 수학과목 관련 학습기술을 향상시킨다. 교사 • 수업 내용의 조직화 전략을 향상시킨다.
		교사	수업 내용의 조직화 전략 부족	
	동기 문제	학생	학습동기 및 자기효능감 부족	학생 • 수학과목 학습동기와 자기 효능감을 향상시킨다. 교사 • 수업 개선을 위하여 적극적인 노력을 기울일 수 있도록 동기를 높여 준다.
		문제	수업 개선에 대한 노력과 의지 부족	

개선안 목표를 규정하기 위해서 고려해야 할 사항을 정리하면 다음과 같다 (Robinson & Robinson, 1996; Rosenfield, 1987).

- 창의적으로 접근하려는 태도를 갖고 목표를 진술한다.
- 근본 원인에 기초하여 목표를 기술한다.
- 개선안 구안 단계부터 교수자를 참여시키고 협력관계를 유지한다.
- 가능한 구체적이고 수행 중심으로 목표를 진술한다.

• 교수자의 수업기술에만 초점을 두기보다는 실제 문제를 일으키는 다양한 원인에 대한 실행 가능한 개선안을 찾고자 한다.

다음의 〈표 9-2〉는 각 주체별로 개선안 목표 진술 예시를 기술한 것이다.

표 9-2 개선안 목표 진술 예시

학생	• 학생들은 수학과목에 대해서 긍정적인 태도를 가진다.
	• 학생들은 교사에 대해서 긍정적인 태도를 가진다.
	• 학생들은 수학 영역 학습과정에서 적절한 학습동기를 유지한다.
	• 효과적인 수학 문제해결을 위한 적절한 학습기술을 적용할 수 있다.
	• ○○○의 수학 영역 학습을 위한 선수학습 능력을 갖춘다.
교사	• 학생들과 공감대를 형성할 수 있다.
	• 수업에 대한 교수효능감을 가지고 수업을 한다.
	• 학습자 수준에 따른 수준별 접근 전략을 사용한다.
	• 학습자 수준에 맞게 학습 내용을 조직화하여 학생들에게 제공한다.
	• 학습자의 학습동기 수준에 따른 학습동기 촉진/유지 전략, 특히 강화 전략을 사용한다.

2. 개선안 설계 및 개발

개선안 목표들은 구체적인 개선안 전략을 제공하는 것이 아니라 수업컨설팅 과제를 해결하기 위해 근본적으로 해결해야 할 요인들을 기술하고 있다. 이러한 개선안 목표가 규정되면 개선안 목표를 달성하기 위한 다양한 개선안 전략을 선정하고 설계하는 활동이 필요하다. 즉, 개선안 목표들을 해결하기 위해 구체적인 접근 전략들을 구상하고 이들을 다시 정교화하고, 통합하거나, 우선순위의 결정 과정 등을 거쳐 최종적으로 구체적인 개선안 전략들을 선정하고 설계하는 작업이 이루어진다. 개선안 선정과 설계가 끝나면 실제 개선안을 구체적으로 개발하는 활동이 이어진다.

1) 개선안 아이디어 발상

　개선안 설계 및 개발을 위해서는 제일 먼저 다양하고 창의적인 개선안 아이디어의 발상이 필요하다. 아이디어 발상은 완전히 새로운 것을 창조해 내는 것이 아니라 컨설턴트와 교수자가 상호 협력적인 관계를 유지하면서 문제와 관련한 개선안 목표를 달성하기 위한 다양한 아이디어와 정보를 탐색하는 것을 의미한다. 이를 위해서는 기존에 개발되거나 제시된 여러 개선안을 조사하거나 탐색하는 일에서 출발할 수 있다. 이처럼 컨설턴트와 함께 개선안을 구안해 가는 과정 자체가 교수자에게 새로운 학습 기회가 되기 때문에 함께 아이디어를 만드는 작업이 중요하다. 아이디어 발상을 위해 활용할 수 있는 자원은 다양한데, 그 예를 제시하면 다음과 같다(조민호, 설중웅, 2006; Rothwell et al., 2007).

- 컨설턴트가 가진 사전컨설팅 경험
- 컨설턴트의 파일과 문서들
- 전문적인 간행물
- 컨설턴트가 보유하고 있는 다른 컨설팅 사례
- 관련 주제에 관한 정보를 제공하는 모임이나 사이트
- 이전에 수행한 수업과 의뢰한 교수자 경험
- 유사한 여건에서 수업 중인 학교 내의 동료(학교 내부 우수 수업교수자 포함)
- 실험연구를 통해 검증된 해당 분야의 실천적 이론들
- 수행공학 연구에서 제시하고 있는 다양한 수행문제 해결을 위한 개선안들

　개선안 아이디어 발상 방법은 여러 가지가 있는데, 대표적인 방법으로는 유형 인식과 일치, 브레인스토밍(brainstorming), 메타컨설팅, 벤치마킹 기법, 델파이(Dephi) 기법 등이 있다(조민호, 설중웅, 2006; Edelson, 2002; Rathvon, 2008; Spitzer, 1999). 유형 인식과 일치는 가장 보편적인 방법으로 당면한 문제를 이전의 유사 경험과 연결시켜 봄으로써 과거에 설계하고 적용한 개선안의 적용 가능한 여부를 판단하는 기법이다. 브레인

스토밍은 몇 명의 전문가 집단이나 수업컨설턴트와 컨설티가 모여 개선안 목표를 달성하기 위한 구체적인 전략들을 아무런 조건 없이 발산적 사고를 사용하여 가능한 많이 개발하고 수렴적 전략을 통해 제시된 전략들을 판단하여 수정, 삭제, 보강, 통합 등의 활동을 통해 결정해 나가는 전략이다(전경원, 2004). 메타컨설팅이란 수업컨설턴트가 특정 영역에 전문성을 가진 다른 컨설턴트에게 컨설팅을 받아서 개선안에 대해 도움을 받는 것을 의미한다. 즉, 컨설팅에 대한 컨설팅을 받는다고 해서 메타컨설팅이라고 한다. 수업컨설턴트 중에도 어떤 특정 영역에 더 많은 전문성을 가진 사람들이 있을 수 있으며 이들 자원은 보다 효과적인 개선안을 개발하는 데 도움이 될 수 있다. 벤치마킹 기법은 다른 교수자의 좋은 수업 사례나 문제해결 사례를 연구하여 개선안으로 활용하는 것을 의미한다(McNair & Leibfried, 1993). 이를 위해서는 유사한 맥락에서 원하는 이상적인 수업 결과를 얻고 있는 우수한 수업을 선정하는 것이 중요하다. 만일 주변에서 그런 수업 사례가 있다면 어떤 요인이 영향을 미쳐 우수한 수업결과를 얻고 있는지 분석함으로써 개선안을 위한 아이디어를 획득할 수 있다. 델파이 기법은 그 분야의 전문가 집단을 구성하여 특정 문제에 대한 전문가들의 견해를 종합하는 전략에 해당한다(이종성, 2001). 델파이 기법은 많은 전문가 집단의 수를 요구하고 있으며 시

표 9-3 개선안 아이디어 발상 전략

유형	특성
유형 인식과 일치	현재 수업컨설팅 과제와 이전의 유사 경험과 비교하여 과거에 설계하고 적용한 개선안을 현재 수업컨설팅 과제에 적용 가능한지를 판단하여 활용하는 기법
브레인스토밍	전문가 집단 또는 수업컨설턴트와 컨설티가 함께 모여 개선안 목표 달성을 위한 구체적인 전략들을 아무런 조건 없이 발산적 사고와 수렴적 사고 전략을 통해 개발하는 기법
메타컨설팅	수업컨설턴트가 특정 영역에 전문성을 가진 다른 컨설턴트에게 도움을 받아 개선안에 대한 아이디어를 찾는 방법으로 컨설티에 대한 컨설팅을 받는 기법
벤치마킹	수업컨설팅 과제와 관련하여 다른 교수자의 좋은 수업 사례나 문제해결 사례를 연구하여 개선안으로 활용하는 기법
델파이 기법	그 분야의 전문가 집단을 구성하여 수업컨설팅 과제에 대한 전문가들의 견해를 종합하여 활용하는 기법

간과 기간 이 많이 소요되기 때문에 문제해결을 위한 효과적인 개선안을 도출할 수 있는 장점이 있지만 큰 규모의 컨설팅이 아닌 경우에는 사용하기 어려운 문제점이 있다.

2) 개선안 선정

개선안 목표에 따라 구체적인 개선안들이 아이디어 발상을 통해 만들어지면 개선안 선정 작업이 이루어져야 한다. 개선안 선정 이전까지의 개선안들은 구체적인 전략을 포함하고 있지 않은 개요 수준에서 개발되어야 한다. 만일 구체적 전략까지 개발한다면 선정 과정에서 누락되거나 통합될 수 있어서 불필요한 노력을 하게 되기 때문이다. 최종 개선안 선택은 제공된 여러 개선안 중에서 평가를 통해 선택된다. 최선의 해결방안을 선택하기 위해서는 여러 개선안 간에 상호비교와 여러 가지 측면에서 검토가 이루어져야 한다. 개선안을 결정하기 위해 고려해야 할 요소들에 대해 많은 연구가(Gresham, 1989; Kampwirth, 2006; Rosenfield, 1987; Rothwell et al., 2007; Zins & Erchul, 2002) 있으며 이들의 연구를 종합해 보면 〈표 9-4〉와 같다.

표 9-4 개선안을 결정하기 위한 고려사항

- 수용성
  - 개선안은 컨설티, 관리자, 핵심 구성원 모두에게 받아들여질 수 있어야 한다.
  - 개선안은 컨설티에게 최소한의 작업 부하를 주어야 한다.
  - 컨설티가 이해하기 힘든 전문용어는 사용해서는 안된다.

- 타당성
  - 개선안은 시기 적절해야 한다.
  - 개선안은 문제의 근본 원인에 영향을 미쳐야 한다.

- 윤리성
  - 개선안은 학습자, 학부모, 컨설티, 관리자 모두에게 부정적인 영향을 주어서는 안 된다.
  - 개선안은 어느 한 구성원들에게만 유익해서는 안 된다.

- 효과성과 효율성
  - 개선안은 실행에 있어 경제적으로 가능해야 한다.

- 개선안은 최소한의 시간과 자원을 소비하도록 하여야 한다.
- 개선안은 단순하면서 이해 가능해야 한다.
- 개신안은 가장 직은 노력으로 가장 큰 변화를 가저와야 한다.

• 실행 가능성
- 개선안은 주어진 여건에서 주어진 자원으로 실행 가능해야 한다.
- 컨설티 관점에서 새로운 기능을 필요로 하는 경우 반드시 사전 연수나 훈련의 과정을 갖게 해야 한다.

이들 준거에 의해 개선안들을 평가하기 위해서 Rothwell과 동료들(2007)은 준거 매트릭스를 작성하여 최종 개선안 선정을 위한 체계적인 평가를 하도록 하였다. 개선안 평가는 개선안의 목표와 환경 등 교수자와 학습자들이 실제 개선안을 수행할 때 관련되는 변인들을 고려하여 선정하며, 또한 앞에서 언급한 다양한 평가 준거에 의해 실시된다. 예를 들어, 수용성, 타당성, 윤리성, 효과성과 효율성, 실행 가능성 등의 준거를 사용한다면 다음 〈표 9-5〉처럼 평가척도를 만들어 사용할 수 있다.

표 9-5 평가척도

평가요소	척도				
	매우 낮음	낮음	보통	높음	매우 높음
수용성	1	2	3	4	5
타당성	1	2	3	4	5
윤리성	1	2	3	4	5
효과성과 효율성	1	2	3	4	5
실행 가능성	1	2	3	4	5

컨설턴트와 컨설티는 각각의 개선안들에 대해 평가척도를 이용하여 각 준거별로 점수를 주고 총합을 구한 뒤에 만일 평가한 사람의 수가 여러 명일 경우 평가자의 수로 나누어 평균점수를 기록한다. 이러한 평균점수의 총점이 높게 나타난 순서대로 최종 개선안을 선정할 수 있다.

표 9-6 준거 매트릭스

개선안	준거 1 (타당성)	준거 2 (수용성)	준거 3 (실행 가능성)	총점	순위
개선안 1	5	1	5	11	2
개선안 2	1	1.5	1.5	4	4
개선안 3	4	4.5	5	13.5	1
개선안 4	3	2	3	8	3

앞에서 제시한 준거 매트릭스는 개선안이 4개이고 준거들은 세 가지, 즉 타당성, 수용성, 실행 가능성만 사용하였다. 준거들은 앞에서 제시한 다섯 가지 큰 범주만 사용할 수도 있고 각 범주 아래의 13개 하위 준거 중에 선정하여 사용할 수도 있다. 준거의 선정도 컨설턴트와 컨설티가 함께 정하면 된다. 그리고 결과에 따라 순위가 나오고 그 순위에 따라 몇 개의 개선안을 선정하거나 필요시에는 개선안들을 통합하여 새로운 개선안으로 발전시킬 수도 있다.

개선안 선정에서 가장 중요한 것은 컨설턴트와 컨설티가 협력적으로 개선안을 선정해야 한다는 것이다. 결국 개선안을 수용하고 실행하는 주도적 역할의 주체는 컨설티, 즉 교수자이기 때문이다. 또한 교수자들을 개선안 선정에 참여시키는 가장 큰 이유 중하나는 교수자들이 개선안 선정 과정에 참여함으로써 실행 과정에서 교수자들의 참여가 활발해지기 때문이다(Conoley & Conoley, 1992). 따라서 개선안 선정은 최고의 개선안이 아닌 실제 수업 환경에서 교수자가 실행 가능한 최선의 개선안을 선정하는 것이 중요하다. 하지만 교수자들은 자신에게 익숙한 개선안을 선택하는 경향성을 보인다는 점을 고려한다면(Witt & Martens, 1988), 필요에 따라서는 설득 작업이 필요하다. 컨설팅 과정에서 저항은 자연스런 현상 중 하나이다(Blom-Hoffman & Rose, 2007). 컨설티 저항이 발생하는 원인들로는 컨설티가 컨설팅 결과로 불이익을 얻게 되거나 컨설팅 결과가 자신의 무능함을 밝혀 어떤 유형의 처벌로 이어질지 모른다는 걱정이나 잘못된 이해 등을 들 수 있다(Piersel & Gutkin, 1983). 이러한 저항을 줄이기 위해서는 개선안 선정에서 '교수자'가 무엇을 해야 하는 것이 아니라 '학습자들이 학습을 개선하기

위해' 무엇을 필요로 하는가에 초점을 두어야 한다(Rosenfiled, 1987). 즉, 수업컨설팅의
초점은 학습의 개선에 있으며 모든 수업문제의 원인을 교수자의 관점에서 다루지 않
는다는 것이다. 만일 수업장학처럼 수업문제 해결을 위한 개선안들이 모두 교수자가
무엇을 바꾸어야 하는지에 초점을 둔다면 교수자들은 수업컨설팅 자체를 자신의 무능
함이나 결점을 찾아 해결하는 접근으로 보고 컨설팅 자체에 부정적 견해를 가지고 저
항으로 이어질 것이다.

표 9-7 개선안 선정 시 저항의 전형적 핑계 요소

- 우리 문제는 다르다.
- 이미 우리도 해 보았지만 효과가 없었다.
- 알고는 있지만 시간이 없어서 실행이 안 된다.
- 행 · 재정적 지원이 없어서 실행 불가능하다.
- 현장과 괴리된 너무 이론적 접근이다.
- 너무 앞서가는 방법이고 우리 교실(학교)은 아직 준비가 안 되어 있다.
- 나이 든 사람들에게 새로운 것들을 요구하지 마라.
- 너무 예산이 많이 들 것 같다.
- 그런 변화는 많은 사람이 반대할 것이다.
- 연구를 더 해 보고 나중에 실행하자.

3) 개선안 설계 및 개발

개선안이 선정되고 나면 그 개선안을 실행하기 위한 구체적인 전략을 설계해야 한
다. 개선안 설계 활동은 구체적인 개선안 개발로 이어지기 때문에 때로는 설계와 개발
이 동시에 진행될 수 있다. 개선안을 설계하여 개발할 때는 기본적으로 설계 및 개발
시 포함되어야 할 요소들이 있으며, 학습자의 학습결과 향상을 위해서는 보다 구체적
인 개선안을 제공해야 한다(Rathvon, 2008). 기본양식은 〈표 9-8〉과 같다.

💬표 9-8 개선안 설계를 위한 기본 양식

• 개요: 개선안의 전체적 장점을 제시하고 개입을 적용하는 방법을 설명한다.
• 목적: 개선안 적용을 위한 구체적인 목표를 제시한다.
• 대상: 개선안을 적용할 대상을 기술한다.
• 적용: 개선안 적용 과정, 단계, 주요 전략을 설명한다.
• 평가: 개선안 적용 후 결과 평가방법을 설명한다.
• 관련 변인 및 주의사항: 개선안 적용에 관련된 여러 변인을 제시한다. 개선안 적용 시 정보, 주의
 사항 및 기록사항 등을 제시한다.
• 자원: 활용 가능한 자원으로 자료, 사이트 등을 제시한다.

첫째, 개요는 개선안의 기본적인 개념, 특징 등에 대한 간략한 이론적인 설명과 더불어 개선안이 어떠한 방법으로 적용될 것인지에 대한 과정 및 절차에 대한 요약이다. 따라서 개선안을 전체적으로 요약·정리하여 이론과 실제를 통합하여 진술한다.

둘째, 목적은 개선안을 적용할 때 최종적으로 달성하기를 바라는 개선안의 구체적인 목표이다. 앞서 제시한 개선안 목표 진술 과정에 기록된 내용을 정리하여 기술하면 된다. 개선안 목표는 개선안을 적용하여 학습자와 교수자에게 기대하는 올바른 수행 정도를 서술하는 것이다.

셋째, 대상은 컨설팅을 의뢰한 문제를 해결하기 위해서 주로 개선안을 적용하여 실행하게 되는 주 대상이다. 대상은 교수자와 학습자 둘 중 하나일 수도 있고, 하나의 개선안이 둘 다를 위한 개선안일 수도 있다. 결국 어디에 초점을 더욱 맞추어 컨설팅을 진행할 것인지에 따라 달라진다.

넷째, 적용이란 개선안이 적용되는 과정, 절차 및 주요 전략을 의미한다. 개선안을 적용할 때는 실행 계획을 세워서 그 절차에 따라 순서대로 진행한다. 물론 컨설팅 시간이 부족하거나 단기간에 실행해야 할 경우에는 모든 절차를 지키지 않고 핵심적이고 필요한 사항만을 선택하여 적용할 수 있다.

다섯째, 평가란 개선안을 적용하는 과정과 개선안을 적용한 후 얻게 된 결과에 대한 평가이다. 평가는 자기평가, 상호평가, 설문지, 만족도 등 다양한 방법으로 이루어진다.

여섯째, 관련 변인 및 주의사항은 개선안 적용에 관련된 여러 변인이다. 개선안 적용 시 정보, 주의사항 및 기록사항 등을 제시한다.

일곱째, 자원은 개선안을 계획하고 활용하는 과정에서 필요할 것으로 예상되는 자료나 자원을 말하며, 추가 자원은 추가로 활용 가능한 자원으로 자료, 사이트 등을 제시한다.

개선안 설계와 개발 과정은 프로토타입(prototype) 설계 전략을 따르는 것이 좋다. 프로토타입 설계란 처음부터 완벽한 개선안을 개발하는 것이 아니라 프로토타입 형태로 핵심 구조만 개발하고 실제 수업 상황에 따른 실행 가능성을 검토하면서 점차 정교화된 형태로 개발하는 전략이다(Bannan-Ritland, 2003; Tripps & Bichelmeyer, 1990). 점검 결과 수정해야 할 사항이 확인되면 수정·보완 과정을 거쳐 개선안 적용 시 필요한 학습 자료 및 매체 등을 함께 개발하여 최종 개선안을 도출하여 교수자에게 제공하게 된다(조민호, 설증웅, 2006; Spitzer, 1999; Rothwell et al., 2007).

3. 개선안 유형

개선안이란 수업문제를 해결할 수 있는 전략이나 방법을 의미하며, 그 접근 방법은 매우 맥락 의존적 특성을 가지고 있다. 즉, 개선안은 컨설팅 의뢰 집단, 물리적 및 심리적 환경, 개선안의 목표가 되는 집단 특성, 조직 구조, 문화 등 다양한 요인에 의해 효과가 달라질 수 있기 때문에 어떤 상황에서는 매우 효과적인 전략이 다른 상황에서는 효과적이지 않을 수 있다. 따라서 어떤 수업문제는 어떤 개선안을 사용해야 한다는 절대적인 방식을 제안하는 것은 거의 불가능하다.

수업컨설팅에서 개선안들을 범주화하려는 노력은 많이 있어 왔다. 다양한 이론에 기초한 다양한 개선안이 있을 수 있기 때문에 어떤 이론적 근거에 기초하느냐에 따라 개선안을 범주화하는 작업도 다양해질 수 있다. 수행공학 차원에서는 인간수행을 개선하기 위한 개선안을 수행의 확립, 수행의 개선, 수행의 유지, 수행의 소멸이라는 네 가지 범주로 구분하기도 한다(Langdon et al., 1999). 수행의 확립이란 새로운 수행능력을 갖게 하는 것으로 교육 훈련, 멘토링, 모델링 등이 효과적인 전략으로 제시되고 있다. 수행의 개선이란 기존의 수행을 보다 효과적 혹은 효율적인 방향으로 업그레이드

하는 것을 말하며 정확한 피드백 제공, 코칭, 행동 연구 등을 전략으로 사용할 수 있다. 수행의 유지는 기존의 수행이 잘되고 있다고 판단하고 이를 유지하는 것으로, 보다 명확한 수행표준 개발이나 가이드라인을 제공하는 전략 등을 사용할 수 있다. 마지막으로, 수행의 소멸은 수행 목적에 부정적 영향을 미치는 수행을 제거하는 것으로 보상의 제거나 부정적 결과를 피드백으로 제공하는 등의 전략을 사용할 수 있다.

이 장에서는 앞 장에서 제시한 근본 원인 분류 세 가지 범주에 따라 수업컨설팅을 위한 개선안의 유형을 지식 및 기술 향상 전략, 동기 유발 전략, 그리고 교육 여건 개선 전략 세 가지로 구분하여 제시하였다. 또한 수행과 관련된 문제는 교수자 및 학습자 모두에게 해당될 수 있으므로 이 세 가지 전략을 교수자와 학습자 차원으로 구분하여 교수자 수행을 개선하기 위한 전략 및 학습자 수행을 개선하기 위한 전략을 나누어 제시하였다.

1) 지식 및 기술 향상 전략

(1) 교수자 차원에서의 지식 및 기술 향상 전략

지식 및 기술 향상 전략은 교수자와 학습자들이 교수학습 분야의 지식이나 기술이 부족하여 수업문제를 유발시킬 경우 교수자와 학습자들을 대상으로 필요한 지식과 기술 습득을 위한 효과적인 방법이나 전략을 제공하는 것을 의미한다. 먼저 교수자의 경우, 수업방법이나 전략과 관련된 지식의 이해가 부족하거나 수업기술과 같은 기술적 역량이 부족하여 문제가 발생할 수 있다. 대표적인 예로 수업모형 혹은 전략 사용 능력, 수업기술의 적용 능력, 수업 자원(매체, 교재, 교육과정)의 선정 및 적용 능력, 수업설계 능력, 수업 관리나 학급경영 능력, 수업 분석 및 수업평가 전략 등의 부재나 부족 등이 수업문제를 유발할 수 있다. 교수자들이 수업 관련 지식이나 기술의 부족으로 인해 수업문제가 발생할 경우에는 자신의 교수학습 지식과 기능을 향상시킬 수 있는 다양한 형태의 경험을 제공해 주어야 한다. 가장 많이 사용되는 방법은 연수 기회를 제공하는 것이다. 최근 들어서는 다양한 기관에서 다양한 내용의 교원연수 기회를 제공하고 있어 필요한 연수를 수강하도록 권장할 필요가 있다. 연수 외에도 교내외 멘토와의 연결, 교과연구회 활동, 자기주도적 학습 계약, 실행연구 참여, 실천학습(action learning) 집단 구성, 실천공동체 구축, 수업컨설팅 제공 등 다양한 현장교육(on-the-job training) 전략이 사용될 수 있다. 교수자 차원에서 지식 및 기술 향상을 위한 주요 개선안을 문제의 원인별로 구분하여 제시하면 〈표 9-9〉와 같다.

표 9-9 교수자 차원에서의 지식 및 기술 향상을 위한 개선안 사례들

문제의 원인	개선안 예시
수업모형 및 전략 이해와 적용 능력 부족	• Gagné의 아홉 가지 수업사태에 따른 수업전략 • 다양한 협력적 문제해결 전략 • 구성주의 및 객관주의 수업모형 적용 훈련 • 발문 전략 훈련 • 학습자 주의집중 전략 훈련 • 학습 내용 안내 전략 훈련 • 수행 유도 전략 훈련 • 학습동기 향상 전략 훈련
수업 화법의 이해와 적용 능력 부족	• 언어적 표현(교수화법) 훈련(꾸중 및 칭찬하기, 요구하기, 설명하기, 질문하기 등) • 비언어적 표현 훈련 및 안내(몸짓, 시선, 손동작, 공간 활용, 학습자 반응 읽기 등)
수업 자원(매체, 교재, 교육과정)의 선정 및 적용 능력 부족	• 수업매체 선정 및 개발 전략 훈련 • 다양한 매체 활용 수업 훈련(멀티미디어 활용 수업, SNS 활용 수업 등) • 판서 및 PPT 사용 전략 훈련 및 안내 • 온라인 학습, 블렌디드 학습 훈련 및 안내(웹 기반 학습, e-learning)
수업설계 능력 부족	• ADDIE 수업설계 모형 훈련 • Dick & Carey 수업설계 모형 훈련 • 수업설계안(교수 · 학습과정안) 작성 방법 훈련
수업관리 및 학급 경영 능력 부족	• 수업관리를 위한 참고 매뉴얼 제공 • 학급경영 가이드라인 제공
수업 분석 및 수업평가 지식 부족	• 수업 분석 및 평가 방법 훈련 • 수업 분석도구 활용 훈련 • 수업평가 문항 개발 및 방법 훈련

개선안은 전략과 방법을 구체적이고 상세하게 제시하는 세안(細案)과 주요 내용 중심으로 요약하여 제시하는 약안(略案) 형태로 개발할 수 있다. 세안의 경우 개요, 목적, 대상을 명확하게 하고 개선안 적용 단계나 세부 전략을 체계적이고 단계적으로 설명해 주어야 한다. 주요 전략과 방법을 자세하게 설명하고 난 뒤에는 개선안의 성과에 대해 어떻게 평가할 것인가를 제시하고, 해당 개선안을 적용하는 데 고려해야 할 점이나 주의사항, 그리고 개선안을 개발, 활용하는 데 필요한 참고문헌이나 자원을 표기하면 된다. 다음은 교사의 효과적인 발문 역량 신장을 위한 개선안 세안 사례이다.

자료 9-1   교수자 차원에서의 지식 및 기술 범주 개선안(세안) 예시

교사를 위한 효과적인 발문 역량 신장 방안

○ 개요

발문이란 수업의 한 형태인 문답법에 있어서 '제기되는 의문'을 의미하는 것으로, 질문과 거의 같은 뜻으로 사용되고 있다. 하지만 발문이란 주로 수업에서 교사에 의해 발해지는 것이며, 교사로서 이미 알고 있는 내용을 그대로 설명하거나 주입하기보다는 그것을 계기로 하여 학습자의 사고를 자극, 유발하여 새로운 아이디어 발현이나 상상의 확대를 가져오고 발전시켜 나가기 위해서 이루어지는 것이다. 효과적인 발문은 교사와 학생 간의 소통을 활발하게 만들고, 수업의 효과를 높일 수 있다.

물음	**질문**	• 모르는 사람이 알고 있는 사람을 향한 물음 • 알지 못하는 것을 밝히기 위한 물음	• 일상생활 가운데서의 질문 • 교육 장면에서의 질문
	발문	• 알고 있거나 나름의 생각을 갖고 있는 사람이 상대방이 어떻게 알고 있거나 생각하고 있는가를 알아보기 위한 물음 • 교사가 학생에게 공부를 시키기 위한 물음	• 기억재생적 발문(일문일답적 발문) • 창조적 발문(일문다답적 발문)

본 개선안은 교사의 발문 역량을 신장하기 위해 프로그램을 운영하는 것보다는 교사 스스로 자신의 문제점을 발견하고 해결하기 위한 과정으로 구성되어 있다.

○ 목적

본 개선안은 교사가 발문 역량을 향상시켜 학습자의 지식과 이해의 정도를 파악하고 선행학습 형태를 진단함과 동시에 더 나아가 학습자의 사고 과정을 유도하고 사고를 유발시켜 효과적인 수업을 수행하도록 하기 위한 것을 목적으로 한다.

○ 대상

본 개선안의 핵심 적용 대상은 발문 지식과 기술이 부족한 교사이며, 교사 자신에게 본인의 발문의 오류사항을 발견하고 이를 개선하기 위해 다양한 자료를 제공하는 것이 우선된다. 이를 위해 컨설티의 수업 동영상을 과정별로 컨설턴트와 컨설티가 함께 보면서 특정 상황에서 특정 내용과 관련하여 좋은 발문을 하기 위해 수행해야 할 다양한 방안을 모색하는 방식으로 활용이 가능하다.

○ 적용 단계 및 전략

본 개선안을 적용하기 위한 단계는 다음과 같다.

① 본 개선안 적용을 위한 교사의 수업 영상을 선정하고 수업 전개 과정에 따라 도입, 전개, 정리 과정으로 분류한다.
② 컨설티 교사에게 자료를 제공하여 발문의 목적, 유형, 좋은 발문의 조건을 제공한다.
③ 컨설턴트와 컨설티가 만나 수업의 일부분 영상을 보며 발문의 오류를 컨설티 스스로 발견하도록 유도 질문한다.
④ 컨설턴트 교사는 좋은 발문 유형 사례를 들며 개선안 예시를 제시한다.
⑤ 컨설티 교사는 발문 오류점검표를 가지고 스스로 자신의 수업 영상 전체를 보면서 오류사항을 작성한다.
⑥ 컨설티 교사는 스스로 발견한 발문 오류사항을 개선된 발문으로 직접 고쳐 본다.
⑦ 컨설턴트는 컨설티에게 받은 오류사항과 개선된 발문에 대한 피드백을 준다.
⑧ 컨설티는 개선된 발문을 생각하며 좋은 발문 연습을 한다.
⑨ 개선안 제시 이후 수업관찰을 통해 컨설티 교사의 발문이 어떻게 바뀌었는지 점검한다.

위와 같은 발문 역량 향상을 위한 방안을 실천하기 위해서는 발문과 관련된 다양한 지식과 정보, 방법 등을 습득해야 하는데 발문의 유형, 원칙, 발문 방법, 연습 및 수행 관련 내용을 제시하면 다음과 같다.

▶ 발문의 유형 이해

발문은 사고의 유형이나 사고의 과정 혹은 수업의 목적이나 진행 과정에 따라 다양하게 분류되는데, 사고의 폭과 수준에 따라 분류해 보면 제한형 발문과 확장형 발문으로 구분해 볼 수 있다. 제한형 발문이란 주로 인지적 기억의 범위 내에서 대답의 범위와 한계가 정해져 있는 발문으로서 수렴적 특성을 갖고 있는데 반해, 확장형 발문이란 다양하고 폭넓은 사고를 통해 가설을 설정하거나 추론해 본다든가 평가나 판단을 요구하는 발문으로서 발산적 혹은 확산적 특성을 갖고 있다. 발문의 유형을 도식화하여 제시하면 다음과 같다.

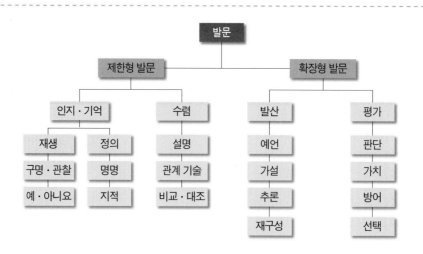

▶ 발문의 원칙 알기

- 명확하고 간결한 발문: 발문의 내용이 무엇을 대답해야 좋을지 모르게 막연하고 모호해서는 안 되며, 발문이 너무 길어 발문의 요지를 쉽게 파악할 수 없으면 안 된다. "이 그림을 보고 처음 떠오른 생각은 무엇인가?" "제비는 왜 남쪽으로 날아갈까?"
- 구체적인 발문: 발문 내용이 추상적이고 막연하면 학생들이 생각의 방향을 잡지 못하고, 당황하게 되며, 대답도 명확해지지 않는다. 따라서 생각의 방향을 분명히 안내해 줄 수 있는 구체적인 발문이 되어야 한다. "이 단원을 읽고, 어떻게 생각하는가?"와 "이 단원을 읽고, 주인공이 한 착한 일을 두 가지만 말해 보자." 중 어느 것이 더 구체적인 발문인가?
- 사고를 자극하는 개방적인 발문: 발문의 본질은 '학생들의 사고활동을 유발시켜 주기 위한 문제제기'라고 하였다. 따라서 '예, 아니요'나 '맞습니다, 틀렸습니다' '경복궁입니다'와 같은 단순한 기억이나 지식을 재생시키는 발문보다는 생각하게 하는, 사고를 자극하는 발문이 수업의 중심을 이루어야 할 것이다.
- 의견이나 해석을 구하는 발문: "이 그림 지도에서 큰 공장을 지을 수 있는 곳은 어디인가?"
- 가치나 판단을 묻는 발문: "길을 가던 중 만 원짜리 지폐를 주웠다면 어떻게 처리하겠는가?"
- 설명을 구하는 발문: "이 도자기를 보고 새롭게 발견한 사실을 말해 보자."
- 원인이나 결과를 묻는 발문: "숲속의 나무꾼이 금도끼를 얻게 된 이유는 무엇일까?"
- 개인차를 고려한 발문: 학생들은 학습 능력(판단력, 문제해결력, 이해력 등), 관심, 흥미 등에 있어 개인차가 있다. 따라서 발문은 학생들의 이해 수준과 관심 정도 등을 고려하여야 하며, 특히 발표하기를 꺼려하는 학생들에게는 인내심을 가지고 대답하기를 기다려 주어야 하고, 답을 암시하는 재질문으로 자신감이 생기도록 유도해야 할 것이다. 학생이 답을 제대로 하지 못하고 주저한다고 해서 "너 벙어리야?" "빨리 대답하지 않고 뭐하니?" "도대체 뭘 듣고 있었니?"라는 식으로 말한다면 해당 학생은 자신감을 잃게 되고 좌절감을 느끼며 수업에 대한 흥미를 더욱 잃게 되고 말 것이다. 학력이 낮은 학생에게는 기억 재생 및 단순한 사실의 열거 정도를, 우수아에

게는 설명, 분석, 종합, 결론에 관한 발문을 하는 것이 좋다.

- 생각하는 틈을 주는 발문: 발문의 가장 큰 목적은 학생들로 하여금 생각하게 만드는 것이다. 즉, 답을 얻기 위해서가 아니라 사고를 자극하여 생각하는 힘을 길러 주는 것이다. 따라서 교사는 발문을 한 후에는 적당하게 생각하는 시간(틈)이나 메모할 시간을 줌으로써 사고활동이 자유롭게 이루어지며 확산될 수 있도록 해야 할 것이다. 또한, 발문한 후에 곧바로 지명한다든가, 연쇄적인 발문을 퍼부어 혼란스럽게 하는 것도 주의해야 한다.
- 다양한 발표나 표현을 기대하는 발문: 교사가 원하는 한 가지 대답으로 이끌어 가려고 하거나, 학생들의 사고활동과 표현활동을 저해하지 않도록 하는 것이 중요하다. 예기치 않은 대답이나 엉뚱한 대답이 나왔을 때도, 그 대답을 존중해 주고 칭찬하며, 생각의 방향을 이끌어 가려는 여유가 필요할 것이다. 또한, Howard Gardner의 다중지능이론에 의하면 모든 학생은 최소한 하나의 우수한 지능(언어, 논리-수학, 공간, 신체-운동, 음악, 대인, 개인지능)을 갖고 있으며, 어떤 과목이든 이 지능을 이용하여 가르치면 성공적으로 학습할 수 있다고 하였다. 따라서 다양한 표현을 기대하고 허용하는 것도 교사의 중요한 임무라고 할 수 있다.

▶ 수업에 효과적인 발문 방법
- 학생을 생각하게 만드는 발문 방법
  - 근거나 이유를 묻는 '왜'라는 발문과 사고의 과정에 대해서 묻는 '어떻게'를 사용하는 발문
  - 학생들이 개념 정의나 특성을 쉽게 찾아내도록 도와주는 비교하게 만드는 발문
  - 학생들이 탐구하여 저절로 답을 발견하게 되는 문제를 내주는 발문
  - 종합을 하거나 결론을 내리도록 요구하는 발문
  - 한꺼번에 2~3명의 학생에게 답변 또는 문제 풀이를 시키고 학생들로 하여금 누구의 답이 왜 맞는가를 찾도록 하는 발문
  - 학생 각자에게 같은 문제의 해결 방법 또는 표현 방법을 찾도록 하는 발문
  - 다양한 답변을 이끌어 낼 수 있는 발문
  - 그냥 넘어가기 쉬운 문제에 대해서 의문을 갖도록 해 주는 발문
- 학생들의 흥미 유발 효과가 높은 발문
  - 농담 섞기
  - 생활 및 경험과 관련된 발문
  - 교과서 삽화와 관련시킨 학습 문제에 대한 발문
  - 스무고개, 수수께끼 등 놀이를 이용한 발문
  - 행동으로 흥미를 유발시킨 후 발문
  - 학생들이 조금만 생각하면 쉽게 선택할 수 있는 선택형 발문
- 학생들의 답변이 쉽게 나오도록 하는 발문
  - 물음을 체계적으로 풀어서 하는 발문
  - 처음 답변하는 학생에게서 반드시 완전한 답변을 들으려고 하지 않는 발문
  - 교사가 발문 의도를 설명해 줌으로써 학생들로 하여금 교사가 원하는 답변의 종류나 수준을 정확히 알도록 해 주는 발문

- 학생에게 가설적인 상황을 상상하게 하여 그 상황에서 어떤 답변을 할지를 쉽게 이야기할 수 있게 해 주는 발문
- 학생들에게 예를 들도록 요구하는 발문
- 새로운 학습 내용에 대한 답변을 요구하기에 앞서 학생들이 가지고 있는 학습 자료로 즉석에서 조사할 기회를 제공하는 발문
- 교사가 어떤 개념과 관련된 여러 명제를 제시하고 학생들이 그 명제가 맞는지 틀리는지를 말하게 하는 발문

• 수업의 구조화에 도움을 주는 발문
- 설명이나 교과서 읽기와 같은 수업에 앞서 설명이나 읽기가 더욱 효과적으로 이루어질 수 있도록 하는 발문

▶ 발문 전략 (예시)
• 전략 1: 발문을 이용하여 교사의 말하기를 감소시키면서 학생들의 말하기를 증가시킨다.
  - 연습해야 할 교사의 행동
    △ 발문을 한 후 학생에게 사고할 시간을 주기 위해서 최소한 3초 동안 기다린다.
    △ 만일 학생이 간단하거나 부분적인 대답을 하면 그 반응을 확장하도록 발문하라.
    △ 발문은 분명한 말로 하라.
    △ 한 발문에 한 명 이상이 답하게 하라.
    △ 다른 학생의 반응에 대해서 학생들이 반응하도록 격려하라.
    △ 교사가 발문을 반복하는 것을 피하라.
    △ 학생들의 반응이 반복되는 것을 피하라.
• 전략 2: 폐쇄적 발문이 아니라 개연적 발문이어야 한다.
  - 연습해야 할 교사의 행동
    △ 주요한 개연적 발문을 주의 깊게 사전에 계획한다. 여기에는 개연적 발문의 사용을 촉진시키는 내용, 목표, 수업의 형태를 인지하는 것을 포함한다.
    △ 발문의 말을 분명하게 한다.
    △ 교사 자신의 판단을 개연적 발문에 대한 학생의 대답에 주입하는 것을 피한다.
    △ 교사가 발문이 개연적 발문이 되기를 원한다는 사실은 다양한 반응이 가능하고 인정할 수 있다는 것을 암시한다.
    △ 발문을 한 후 학생이 생각할 기회를 제공하기 위해서 최소한 3초나 그 이상을 기다린다.
    △ 한 질문당 한 명 이상을 부른다.
    △ 다른 학생의 반응에 반응하도록 학생들을 격려한다.
• 전략 3: 발문을 학생들의 참여를 분산시키는 데 사용한다.
  - 연습해야 할 교사의 행동
    △ 지원자는 물론 지원하지 않은 사람도 지명
    △ 전 학급에 발문을 분산
    △ 많은 반응을 허용하는 발문 사용
    △ 발문당 한 명 이상이 반응하도록 권장

▶ 발문 연습하기

• 도입 단계에서의 발문

- 전시와 본시 학습을 연결하기 위한 발문: "지난 시간에 더 자세히 알아보기로 한 것은 무엇이지요?"

- 생활 경험의 상기: "……에 관해서 보았거나 들은 적이 있나요?"

- 학습 의욕의 유발: "이 봉투 속에는 무엇이 들어 있을까요?"

- 공부할 문제를 알아내게 하는 발문: "책상에 놓인 자료로 보아 오늘은 무슨 공부를 할 것 같습니까?"

• 전개 단계에서의 발문

- 자신감을 심기: "아는 데까지만 생각하여 말해 봅시다."

- 힌트나 단서를 주는 발문: "이런 점에서 다시 생각해 보면 어떻겠니?"

- 사고하게 하기: "그렇지. 그런데 ……한 방향에서 생각해 보면 다른 방법이 있을 텐데 그것을 찾아볼까?"

• 정리 단계에서의 발문

- 학습 방법의 학습을 위한 발문 유형: "이 시간의 공부할 문제는 무엇이었는가?" "어떤 순서, 어떤 방법으로 공부했는가?" "새로 알게 된 점을 무엇인가?" "더 알아보고 싶은 것은 무엇인가?"

- 차시 학습과의 관련성: "다음 시간에는 축구 경기를 하겠어요. 그러니 축구 경기 규칙에 대해서 알아보도록 합시다."

- 학습 내용의 정리: "이 시간에 공부한 내용을 묶어 하나의 법칙으로 정리해 볼까요?"

• 적용 발전 단계에서의 발문

- 생활에 적용하기: "이 원리를 적용하여 만든 것이 있는데 찾아볼까요?"

▶ 수행 및 자기성찰하기

컨설티 교사는 스스로 본인 수업 영상을 보며 다음 표를 참고하여 자신의 수업에서 발문 오류사항을 발견하고 개선해 나가는 과정을 갖도록 한다.

학년 반	학년 반	교사		수업 장소		학생수	명
교과		차시		수업 일시			
단원명				관찰자			
본시 학습목표							

관찰 시간	발문 오류사항 발견	개선된 발문으로 수정	컨설턴트 피드백

※ 수업 시의 발문 오류(잘못된 발문 습관은 자기 수업의 녹음, 녹화를 통해 확인할 것)
– 같은 형태의 발문만 계속한다.
– 자기가 기대하는 답만을 받아들이려 한다.
– 자신이 묻고 자신이 답한다.
– 동의를 구하는 단발성 발문을 계속한다.
– 아예 발문을 하지 않는다.

○ 평가
본 개선안의 성과는 교사의 발문 능력 수준의 향상 정도를 평가한다. 발문 역량의 신장은 개선안 실행 후 변화된 교사의 수업 모습을 관찰하기 위해 수업을 촬영, 관찰하여 컨설턴트가 변화된 정도를 체크한 다음, 개선안을 수행하기 전 교사의 발문 횟수와 수준, 그리고 개선안을 실행하고 난 다음에 나타나는 교사의 발문 내용과 수준을 비교하도록 한다. 평가는 각 발문별 수준을 5점 만점의 평정척도를 이용하여 측정한 뒤 평균을 산출하여 사전과 사후를 비교할 수도 있고, 주요 발문 내용을 기술적으로 정리한 다음 교사와 함께 사전 발문과 사후 발문의 수준 차이를 함께 검토하는 방식을 활용할 수도 있다.

○ 관련 변인 및 주의사항
본 개선안을 적용할 때 주의사항으로는 교사와의 컨설팅 계약을 바탕으로 본 개선안을 실행하도록 하고, 개선 내용이 컨설턴트에 지나치게 의존적이 되지 않도록 할 필요가 있다는 점이다. 컨설티 교사 스스로 문제점을 인식하고 해결해 나갈 수 있도록 수업 영상을 활용하여 자기평가 혹은 자기성찰 활동을 수행하도록 유도하고, 컨설컨트는 컨설티가 스스로 자기개선을 위한 잠재력을 최대한 발현할 수 있도록 도와주고 지원해 주는 역할을 수행한다.

○ 참고문헌 및 자원

광주교육대학교부설초등학교(2006). 학습자 중심의 학습 방법의 학습. 서울: 교육과학사.
교육과학기술부(2008). 초등학교 교육과정 해설. 서울: 대한교과서.
인천광역시동부교육청(2010). 2010 초등 신규임용교사 연수 교재. 미간행 도서.
이희도, 한상철, 곽형식, 이동원, 양병한(1996). 수업의 이론과 실제. 서울: 중앙적성출판사.
Cole, P. G., & Chan, L. K. S. (1998). 수업의 원리와 실제(Teaching Principles and Practice). 권낙원 역. 서울: 성원사. (원저는 1994년에 출판)
Gallagher, J. J. (1965). *Productive Thinking in Gifted Children*. Urbana, IL: Institute for Research in Exceptional Children, University of Illinois.

(2) 학습자 차원에서의 지식 및 기술 향상 전략

학습자 경우에도 학습과 관련된 다양한 지식이나 기술의 부족으로 수업문제가 발생할 수 있다. 예를 들어, 학습기술이나 전략, 자기주도적 학습 능력이나 자기효능감, 문제해결 능력, 교재 이해 능력 등의 부재나 부족으로 수업문제가 발생할 수 있다. 학습자 차원에서 지식 및 기술 향상을 위한 주요 개선안들을 문제의 원인별로 구분하여 제시하면 〈표 9-10〉과 같다.

표 9-10 학습자 차원에서의 지식 및 기술 향상을 위한 개선안 사례들

문제 원인	개선안 예시
학습 기술이나 전략 부족 또는 부재	• 학습 기술, 학습 전략 훈련 프로그램 실시: 자기관리 기술, 수업 참여 기술, 읽기 기술, 쓰기 기술, 과제 해결 기술, 시험 치기 기술, 정보처리 기술
자기주도적 학습 능력 부족 또는 부재	• 비계 설정 전략 적용 • 학습 계약 전략 적용 • 자기주도적 학습 능력 훈련
문제해결 능력 부족 또는 부재	• 문제해결 중심 수업전략 적용: 문제중심학습, 프로젝트학습, 앵커드 수업, 인지적 도제 제도, 창의적 문제해결학습 등 • 수학(과학) 놀이 체험 • 독서 논술 지도
교재 이해 능력 부족 또는 부재	• 읽기 및 쓰기 수행 향상 전략 • 선수학습 능력 보충학습 제공 • 수준별 교육전략 적용 • 학습보조자료(job aid) 제공 • 학습훈련(learning training): 교재 준비 및 읽히기(예습, 복습)

학습자들의 수업 관련 지식과 기술을 향상시키기 위한 접근은 크게 두 가지로 나누어 접근할 수 있다. 첫째, 일반 수업시간에 필요한 지식과 기술을 향상시키기 위한 교육내용을 포함시켜 접근하는 통합형 접근 방법이다. 예를 들어, 학습기술이 부족한 학습자들을 대상으로 실제 국어나 영어 수업시간에 교과 내용뿐만 아니라 읽기 능력 향상을 위한 전체 개요 파악, 키워드 파악, 개요 읽기 후 심화 읽기와 같은 전략을 함께

통합하여 가르치는 것을 의미한다. 둘째, 방과 후 프로그램이나 심화 또는 보충학습 프로그램과 같이 독립된 프로그램 형태로 학습기술이나 문제해결학습 능력 등을 가르치는 접근방법이 있다. 학교 상황이나 여건에 따라 이들 전략을 선택적으로 사용하거나 두 가지 방법을 함께 사용할 수도 있다. 학습기술이나 전략 부족 영역의 개선안 사례로 '시험 치기 기술 훈련 프로그램'을 제시하면 다음과 같다.

자료 9-2   학습자 차원에서의 지식 및 기술 범주 개선안(약안) 예시

시험치기 기술 훈련 프로그램

　학습기술은 공부전략 또는 학습전략, 인지전략 또는 사고기술, 사고전략, 메타인지 기술 등 다양한 용어로 사용된다. 여러 선행 연구들과 훈련 프로그램을 분석한 결과에 따르면 학습 기술의 구성 요소를 일곱 가지 영역으로 나눌 수 있다. 학습기술의 일곱 가지 구성요소로는 자기관리 기술, 수업 참여 기술, 읽기 기술, 쓰기 기술, 과제 해결 기술, 시험 치기 기술, 정보처리 기술 등을 들 수 있다(변영계, 강태용, 2003). 이 중 시험 치기 기술은 시험 유형에 따른 시험 치는 방법, 시험 불안의 원인과 그에 대처하는 방법이나 전략을 의미한다.

　학습자들의 시험 치기 기술을 향상시키기 위한 개선안의 예로 강태용(2002)이 개발한 시험 치기 기술 훈련 프로그램을 제시하고자 한다. 단, 모든 학습기술은 짧은 시간 동안의 훈련으로 익히기 힘든 것이므로 지속적인 훈련이 필요하며, 효과성을 높이기 위해서는 학습자들의 활동 위주의 방법으로 훈련을 해야 하고, 항상 주어지는 과제를 충실히 해 올 수 있도록 칭찬이나 점수 부여 등의 강화 전략이 함께 이루어져야 한다. 시험 치기 기술을 훈련시키는 프로그램은 총 4차시로 구성되어 있으며, 시험 준비 전략, 시험 치기 전략, 시험불안 극복, 요약 및 정리로 구분해 볼 수 있다. 차시별로 수행할 구체적인 하위 전략 및 방법을 체계적으로 제시하면 다음과 같다.

시험 치기 기술 훈련 차시		하위 전략 및 방법
1차시	시험 준비 전략 훈련 (시험 준비 실태 파악 및 구체적인 시험의 계획과 준비 방법)	• 학습할 내용: 시험 범위와 양식의 파악, 시험공부에 관련되는 자료의 준비 등 • 학습자 각자의 시험 준비 실태 파악을 위해서 점검표를 작성해서 실시하라. • 친구들의 시험공부 방법 실태를 알아볼 수 있도록 인터뷰도 함께 활용하라. • 이러한 논의를 통해 좋은 시험 준비 방법과 좋지 않은 시험 준비 방법이 어떤 것인가를 알아볼 수 있는 기회를 제공하라.

3차시		• 마지막으로 교수자와 함께 시험 범위(시험에 나올 내용 예측하기)와 시험 유형 파악, 시험공부에 관련되는 자료의 준비(노트 조직하기와 학습 자료 갖추기), 그리고 시험준비의 과정(시험공부의 순서) 등과 같은 몇 가지 구체적인 시험준비 기법을 배우고 적용할 수 있는 기회를 제공하라.
2차시	시험 치기 전략 훈련 (시험 치기의 일반적 지침과 구체적인 방법)	• 학습할 내용: 시험 치기를 위한 일반적인 지침인 시험 당일에 준비해야 할 사항들, 시험 시간의 사용, 문제풀이의 순서와 요령, 그리고 시험을 마친 후의 답지 점검 등과 시험 치기의 구체적인 지침으로 진위형, 선다형, 논술형과 같은 세부적인 시험 유형에 따른 시험 치기 기법을 습득함 • 시험 치기의 방법(조기등교, 자료 구비, 지시사항 경청, 주의사항 읽기, 시간 계획, 핵심 내용 기입, 지시어 유의, 문제풀이 순서, 모르는 문제 처리, 답의 수정, 답지 검토)을 학습자들에게 각자 작성해 보게 한 뒤에 교수자가 설명한 시험 치기 방법을 비교해 보게 하여 자신에게 가장 필요한 시험 치기 기술을 선택하여 작성해 보도록 하라. • 시험 유형별에 따른 시험 치기 전략도 학습자들에게 각자 작성해 보게 한 뒤에 교수자가 설명한 방법을 비교해 보게 하여 자신에게 필요한 전략을 보완적으로 작성해 보도록 하라. – 진위형: 핵심어에 유의하기, 진술문의 길이 파악하기, 잘못된 논리를 경계하기, 답을 모를 경우는 추측하기 – 선다형: 분명히 틀린 답을 제거하기, 질문을 주의해서 읽기, 모든 답지를 읽기, '위의 답 모두'라는 말에 유의하기, 가장 긴 답을 찾기 – 논술형: 시간을 주의해서 계획하기, 답의 개요를 먼저 작성하기, 시험 용어를 이해하기, 서론·본론·결론을 명확히 하기, 읽기 편한 글씨로 깨끗하게 작성하기, 연결어를 잘 사용하기, 간단하고 압축적인 답을 작성하기
3차시	시험불안 극복 전략 훈련	• 학습할 내용: 시험불안의 의미, 시험불안 극복 필요성, 신체적 및 심리적 측면에서의 시험불안 극복 해소 전략 • 학습자들 각자의 시험불안 정도를 점검표를 활용하여 파악하라. • 시험불안이 무엇인지, 시험불안을 극복해야 하는 이유 등을 설명하라. • 학습자들의 시험불안 이기는 방법을 각자 작성한 후에 동료들 간에 공유하라(충분한 숙면 및 영양 섭취, 긴장완화를 위한 가벼운 운동, 더운물로 샤워하기, 불안이 생길 경우에는 시험 전에 복습을 하거나/하지 않기, 긍정적인 태도 갖기, 시계를 보면서 시험치는

		속도 조절하기, 자신이 아는 문제 먼저 풀기, 답을 잊었더라도 당황하지 않기, 다른 사람이 먼저 시험을 마치더라도 걱정하지 않기, 시간이 다 되어 가더라도 당황하지 않기 등). • 시험불안을 극복할 수 있는 신체적 및 심리적 전략을 설명하고 수행하라.
4차시	요약 및 정리	• 시험 치기기술의 하위 기술 전략 • 시험 준비 기술·시험 치기 기술·시험불안을 이기는 방법의 하위영역 • 시험 유형별로 시험 치기 전략을 직접 연습해 보도록 기회 제공하기

2) 동기 유발 전략

(1) 교수자 차원에서의 동기 유발 전략

지식 및 기술 이외에 수업에서 발생하는 대표적인 문제는 교수자와 학습자의 동기 부족에서 나타나는 경우가 많다. 먼저 교수자의 경우, 교수자에 대한 보상이나 평가, 동기부여가 잘 이루어지지 않아 수업과 관련된 문제가 발생할 수 있는데, 이러한 문제의 근본 원인을 찾아보면 교수자에 대한 인센티브, 보상 시스템, 공정한 업적 평가 시스템, 개인 성취 인지 시스템 등의 부족이나 부재 등을 들 수 있다. 교수자들이 수업개선을 위한 노력을 기울이지 않는 이유는 여러 가지가 있겠지만, 열심히 수업을 하고자 하는 동기가 형성되지 않을 경우 학습자와 마찬가지로 교수자의 참여 동기를 높이기 위한 전략이 필요하다. 수업과 관련하여 수업 개선을 위한 노력을 기울이는 교수자와 그렇지 않은 교수자를 대상으로 차별화된 보상 시스템이 운영되는 학교는 그리 많지 않다. 학교장 재량으로 수업개선 노력과 성과를 측정할 수 있는 준거를 개발하고 순위 매기기 차원이 아닌 절대평가 차원에서 수업개선을 위해 노력한 모든 교수자에게 적절한 보상을 제공하는 시스템을 개발하도록 수업컨설턴트가 지원해 줄 수 있다. 교수자들의 참여 동기를 높이기 위해서는 물질 차원의 보상뿐만 아니라 교내에서 우수 교수자 표창과 같이 개인의 성취를 집단 차원에서 인지해 주는 시스템도 필요하다. 어린 아이에게는 칭찬과 같은 긍정적 강화가 필요하다면 성인은 집단 차원의 인지만으로도 긍정적 강화 효과를 가져올 수 있다. 제일 중요한 것은 타인의 인지보다 자기 자신이 자신의 성취감을 느끼고 보다 나은 발전을 위해 도전감을 갖도록 하는 내적 보상체제를 교수자 스스로 개발할 수 있도록 도움을 줄 필요가 있다는 점이다. 이를 위해 '자신 칭찬하기'나 '자가 보상' 체제를 스스로 개발하게 할 수도 있을 것이다.

표 9-11 교수자 차원에서의 동기 유발을 위한 개선안 사례들

문제 원인	개선안 예시
보상 시스템 부족	• 성과별 보상 시스템 마련 • 수업개선 노력에 대한 보상체제 구축 • 조직 내 참여 동기 향상 전략
공정한 업적 평가 시스템 부족	• 다면평가 실시 및 환류 • 자기평가 실시 및 환류
개인 성취 인지 시스템부족	• 성취에 대한 자가 인지 시스템 구축 • 개인적 성취에 대한 집단 차원의 인지 시스템 구축

(2) 학습자 차원에서의 동기 유발 전략

학습자의 학습과 관련된 동기가 부족하거나 학교와 학급에 대한 부정적인 태도로 인하여 수업에서 문제가 발생할 수 있는데, 이러한 문제의 근본 원인을 찾아보면 일반적으로 교수자에 대한 부정적 태도, 과목에 대한 낮은 동기, 학교에 대한 부정적 태도, 특정 과목(주제)에 대한 낮은 동기 등을 들 수 있다. 특정 교과목이나 교과목 내 특정 주제에 대해 낮은 동기를 가진 학습자들을 위해서는 대체로 수업시간에 주제 관련 학습동기를 높이기 위한 전략을 수업에 통합하여 사용한다. 대표적인 것이 Keller의 ARCS이론이나 Skinner의 강화 전략 등이 있다. 하지만 학교나 특정 교수자에 대해 갖고 있는 부정적 태도는 오랜 기간의 경험에 의해 형성되기 때문에 쉽게 개선하기가 어렵다. 이를 개선하기 위해서는 학습자에게 사실과 감정을 구분하게 하는 훈련을 제공하여 무조건적인 부정적 감정을 감소시키거나 교수자나 학교장과의 소통의 기회를 제공해 서로의 이해를 돕는 활동이 필요하다. 또한 학습자의 문화와 교수자의 문화 간에 차이가 있기 때문에 서로의 문화를 공유하고 이해할 수 있도록 수업시간 외에 함께하

는 시간이나 기회를 많이 마련해 주는 것도 필요하다. 한편, 자기 자신에 대해 부정적 태도가 형성된 경우도 개선이 쉽지 않다. 이 또한 오랜 실패의 경험에 기초하여 형성된 것이기 때문에 긍정적 자아개념이 형성될 수 있도록 특별한 프로그램을 제공하거나 수업 과정에서 다양한 성공의 경험을 증가시키기 위해 수준별 접근을 제공하거나 실패의 경우 능력이 아닌 노력 부족으로 귀인할 수 있도록 도움을 제공해야 한다.

표 9-12 학습자 차원에서의 동기 유발을 위한 개선안 사례들

문제 원인	개선안 예시
학교나 교수자에 대한 부정적 태도	• 사실과 감정 구분하기 • 교수자와의 소통 기회 확대 • 문화 공유 활동
과목 및 특정 주제에 대한 낮은 동기	• 피드백 전략 적용 • 학습자 특성을 고려한 강화 전략 적용(Skinner의 강화전략) • 학습자 동기 유발 전략 적용(Keller의 ARCS 전략) • 도전적 과제 제시
자신에 대한 부정적 태도	• 긍정적 자아개념 및 자기효능감 향상 전략(Weiner의 귀인 전략, Bandura의 자기 효능감 전략) • 성공 경험하기

학습자들의 동기 유발을 위한 다양한 개선안 중 여기에서는 자신에 대한 부정적 태도를 개선하고 자기 스스로를 긍정적 존재로 인식할 수 있도록 함으로써 수업참여 동기를 향상시킬 수 있는 자기효능감 증진 프로그램을 세안으로 제시해 보고자 한다. 자기효능감을 향상시키는 것은 자신에 대한 존중감과 자신의 능력에 대해 신뢰감을 높여 줌으로써 수업에 적극 참여할 수 있는 동기를 유발 및 유지시켜 줄 수 있기 때문에 수업에서 매우 중요한 의미를 갖고 있다.

자료 9-3	학습자 차원에서의 동기 유발 전략 개선안(세안)예시

자기효능감 증진 프로그램을 통한 학습자의 동기 유발 방안

• 개요

일반적으로 사람들은 자신이 어떠한 행동을 성공적으로 수행할 수 있다고 믿을 때, 그 행동을 더욱 자주 하게 된다고 한다. 이러한 논리를 바탕으로 임정훈, 한기순과 이지연(2008)은 자기효능감이란 자신에게 주어진 상황을 얼마나 잘 해낼 수 있다고 믿는지, 그리고 스스로의 수행을 통해서 자신이 바라는 결과를 이루어 낼 수 있다고 믿는 것이라고 언급하였으며, 최적의 자기효능감은 자기 능력의 현실적 평가를 전제로 한다고 제시한 바 있다. 이러한 자기효능감을 높이기 위해 본 개선안에서 사용할 자기효능감 증진 프로그램은 Bandura(1977)가 제시한 성취 경험, 대리 경험, 언어적 설득, 생리 및 정서적 안정을 바탕으로 이를 성취 경험 전략, 대리 경험 전략, 언어적 설득 전략, 생리 및 정서적 안정 전략으로 재구성하여 제시하였다. 본 수업컨설팅에서 컨설티가 수업컨설팅을 의뢰한 사유로는 학생들이 모둠활동이나 발표에 적극적으로 참여하지 않는다는 것이었으며, 실제로 이에 따른 원인을 규명하기 위해 여섯 가지 분석 도구(수업 일관성 분석, 수업 구성 분석, 학습동기 분석, 과업집중도 분석, 시간관리 및 과업분산 분석, 인터뷰)를 통해 수업 분석을 실시한 결과, 학생들의 자기효능감이 낮은 수준으로 나타났다. 아울러 학생들의 발표에 대해 컨설티는 긍정적인 피드백보다는 주로 교정적인 피드백이나 정오 피드백을 사용하였다. 이러한 원인들로 학생들의 자기효능감은 저하되었고, 그 결과 학생들이 동기가 유발되지 않아 모둠활동이나 발표에 적극적으로 참여하지 않는 것으로 확인되었다. 이에 학생들에게 자기효능감 증진 프로그램과 더불어 컨설티의 긍정적인 피드백을 제공함으로써 학생들의 자기효능감을 향상시키고 동기를 유발시켜 수업 참여도를 증진시키고자 한다.

• 목적

본 개선안은 낮은 자기효능감을 가진 학생들의 자기효능감을 증진시키고 수동적으로 수업에 참여하는 학생을 능동적으로 수업에 참여하도록 동기를 유발시키는 데 그 목적이 있다.

• 대상

본 개선안의 핵심 적용 대상은 자기효능감이 낮은 컨설티의 반 학생들이다.

• 적용 단계 및 전략

본 개선안에서 사용하고자 하는 자기효능감 프로그램은 정남숙(2006)의 연구를 바탕으로 수정·보완하였으며, 이 연구를 선정한 이유는 개선안을 적용시킬 대상자와 현재 컨설티가 가지고 있는 수업문제를 고려하여 여러 연구와 문헌을 탐색해 본 결과, 이 연구에서 제시하고 있는 자기효능감 증진 프로그램이 가장 적합하다고 판단되었기 때문이다. 이 프로그램의 특징은 자기효능감을 증진시키기 위해 초등학생이 손쉽게 다룰 수 있는 악기인 리코더를 매개로 사용하고 있다는 점이며, 이 프로그램의 적용 단계는 다음과 같다.

① '만남의 장' 단계로, 프로그램의 필요성, 목적, 규칙을 정하고 자기소개 활동과 집단 이름 정하기로 전체 프로그램에 대해 준비된 마음으로 참여할 수 있게 하는 단계이다.

② '체험의 장' 단계로, 등 대고 넘어지기, 이완 훈련, 콜라주[1] 작업으로 집단 구성원들 간의 공감대를 형성하며 신뢰감을 쌓고 자기 이해, 자기 수용, 자기 개방을 경험하는 단계이다.

③ '도전의 장' 단계로, 자신의 비합리적인 사고를 합리적 사고로 바꾸고 자신의 가치관을 명확하게 알아 원하는 가치관을 효과적으로 살 수 있는 방법을 모색하는 단계이다.

④ '극복의 장' 단계로, 역할극으로 자신의 내적인 걸림돌 극복, 단계적 주장 훈련으로 권리를 주장하지 못했던 상황 찾아 주장 펼치기, 부끄러움 극복, 성공 경험을 통한 자신감 회복, 실천 가능한 목표를 세우고 이를 달성하기 위한 전략을 세워 높은 수준의 연습을 하게 하고 긍지와 만족감, 자신감을 높이는 단계이다.

⑤ '표현의 장' 단계로, 자신감을 적극적으로 표현해 보고 개인의 장점을 구체화하여 긍정적인 인정자극을 주고받는 단계이다.

⑥ '결실의 장' 단계로, 작은 연주회, 나에게 주는 수료증 만들기로 전체 프로그램을 마무리하는 단계이다.

본 개선안을 적용하기 위한 구체적인 내용은 다음과 같다. 먼저 위 단계로 구성되어 있는 자기효능감 증진 프로그램은 방과 후 시간에 일주일에 2회씩 7주에 걸쳐 총 13회를 진행하며, 매 회마다 평균 90분으로 운영한다. 위 프로그램을 진행함에 있어 교수자는 학생 한 명 한 명에게 관심을 기울임과 동시에 학생들에게 충분한 칭찬이나 보상을 제공하도록 한다. 이 프로그램에 대한 개괄적인 내용은 다음 표와 같다.

회	단계		주제	목표 및 주요 내용
1	초기 단계	만남의 장	프로그램 안내 및 자기소개	• 프로그램의 필요성, 목적, 규칙 정하기, 별칭 짓기 • 자기소개서 및 서약서 쓰기 • 느낌 나누기와 자기평가 • 리코더와 친구하기: 악기 소개, 운지법, 텅깅
2	작업 단계	체험의 장	믿음 쌓기	• 타인에 대한 신뢰와 집단의 응집력 높이기 • 집단 이름 정하기 • 장애우 안내하기, 등 대고 넘어지기 • 느낌과 관찰한 사실 표현하기, 집단원의 행동 특성이나 진행 과정 중 관찰한 것 나누기와 자기평가 • 리코더와 친구하기: 시음

---

1) 콜라주: 미술에서 캔버스에 인쇄물이나 사진 따위를 오려 붙이고 가필하여 작품을 만드는 것을 말함.

3	작업 단계		'나'를 찾아서	• 이완훈련을 통해 긴장과 불안을 해소하여 자신을 이해하고, 탐색하여 자신감 회복하기 • '숨겨진 내 모습'과 '몰랐던 내 모습'(자기이해, 자기수용, 자기개방 경험, 서로의 다른 점 수용) • 느낌 나누기와 자기평가 • 리코더와 친구하기: 라음
4		도전의 장	'약이 되 는 생각' 과 '독이 되 는 생각'	• 사고는 변할 수 있다는 것을 이해하고 합리적인 사고와 비합리적인 사고와의 관계 파악하기 • 생각의 상대성 • 합리적 사고와 비합리적 사고(원효대사의 일화 예시) • 자신의 비합리적 사고를 찾아 합리적 사고로 바꾸기 • 느낌 나누기와 자기평가 • 리코더와 친구하기: 솔음
5			가치관 경매	• 자신의 행동이나 일상생활에 큰 영향을 미치는 가치관을 확인하고 서로 다른 가치관을 이해하고 상대방의 입장을 보다 분명하게 이해하는 경험하기 • 자기 가치관 차트 만들기(브레인스토밍 기법 사용) • 가치관 경매 • 낙찰 순서 살피기 • 자신이 원하는 가치관을 효과적으로 살 수 있는 방법 탐색 • 느낌 나누기와 자기평가 • 리코더와 친구하기: 도음
6		극복의 장	신기한 약국	• 자신의 생활에 방해가 되는 내적인 걸림돌을 발견하고 극복하기 위한 실천의지 다지기 • 신기한 약국 소개 역할극 하기(원하는 것을 사고, 버리고 싶은 것 팔기) • '치료 받고 싶은 점'과 '치료 후 달라진 점' 탐색 질문 • 유목화하여 프로그램의 목적과 연관 짓기 • 느낌 나누기와 자기평가 • 리코더와 친구하기: 레음
7			나는 어떻게 표현하고 있을까?	• 자신의 표현 행동을 알고 충동과 소극적 주장을 조절하는 방법 익히기 • 자기표현 행동 요소 안내(내용적인 것, 음성적인 것, 신체적인 것, 소극적 행동 등) • 권리를 주장하지 못했던 상황 찾기

				• 자신의 주장을 단계적으로 연습
				• 자기 주장하기(녹화해서 다시 보기)
				• 느낌 나누기와 자기평가
				• 리코더와 친구하기: 왼손을 위한 이중주, 왼손 듀엣
8			도전 해 봐요	• 좋은 경험 상기, 확대히여 자아존중감을 높이고 부끄리운 상황을 극복하여 자신감 키우기 • 나의 자랑(구체물을 소개하며 탐색질문으로 경험 확대, 자기 은유 활동) • 밀가루 묻히고 지령 따르기 • 느낌 나누기와 자기평가 • 리코더와 친구하기: 파음
9		극복의 장	꿈은 이루어 진다!	• 성공 경험을 통해 자신감 회복하고 미래의 꿈을 구체화하기 • 이완훈련 • '나의 성공 이야기' 그리기 • 경험해 보고 싶은 성공 경험 상상하여 그리기 • 성공 인물 인터뷰하기 • 리코더와 친구하기: 미음
10			목표 설정과 실천	• 실천 가능한 목표를 세우고, 달성하기 위한 전략 세우기 • 목표 달성을 위한 지속적인 노력하기 • 목표 설정과 실천과의 관계 알기 • 단기목표와 실천 전략 세우기 • 목표 달성과 어려움을 극복하기 위한 방법 찾기 • 느낌 나누기와 자기평가 • 리코더와 친구하기: 레음
11		표현의 장	따로 또 같이	• 자신감 있게 표현하기 위한 동기의식 갖기 • 조각 그림 나누어서 완성하기(의견 수용, 조절 방법 익히기) • 동시 노래 부르기(적극성, 협동심) • 자신감 교실 '날 따라 하세요!'(적극적 신체표현 유도) • 느낌 나누기와 자기평가 • 리코더와 친구하기: 도음
12			칭찬 세례	• 칭찬 세례를 통해 개인의 장점을 구체화하며 긍정적인 인정 자극으로 자기존중감 향상시키기 • 나의 장점 찾기 • 롤링 페이퍼(rolling paper) 활동하기 • 자기 은유 활동, 자기에게 다짐하는 편지 쓰기

| 11 | | | | • 느낌 나누기와 자기평가
• 리코더와 친구하기: '작은 연주회' 곡 선정 연습 |
| 12 | 종결
단계 | 결실의
장 | 마무리
소감
나누기 | • 작은 연주회를 통해 꾸준한 노력이 성취감의 밑바탕이 됨을
  알기
• 나에게 주는 수료증 만들기
• 작은 연주회
• 느낌 나누기와 자기평가
• 리코더와 친구하기: 작은 연주회(녹화하여 다시 보기) |

• 평가
- 본 개선안의 성과로는 학생들의 자기효능감이 증진되어 수업에 적극적으로 참여하는 것이므로, 이를 알아보기 위해서 학생들의 자기효능감 검사 결과의 변화, 과업집중도의 변화, 발표하는 횟수의 변화로 평가한다.
- 학생들의 자기효능감이 얼마나 변화하였는지 알아보기 위해서는 자기효능감 검사지를 사용할 것이며, 과업집중도의 변화와 발표하는 횟수의 변화는 1회의 수업관찰 및 촬영을 통해 살펴보고자 한다.

• 관련 변인 및 주의사항
- 본 개선안을 적용하기 위해서는 이 프로그램에 참여한 학생들에 대한 지속적인 모니터링과 컨설티의 긍정적인 피드백이 절대적으로 필요하다. 따라서 컨설티 혼자서 이 모든 활동을 할 수 없으므로 이 프로그램에 참가하는 학생들을 모둠으로 집단화하여 학생들끼리 서로 용기를 주고 확인하고 격려해 주는 공동체 전략을 사용할 필요가 있다.

• 참고문헌 및 자원
임정훈, 한기순, 이지연(2008). 교육심리학. 경기: 양서원.
정남숙(2006). 자기효능감 증진 프로그램이 초등학교 아동의 학습된 무력감에 미치는 영향. 부산
    대학교 교육대학원 석사학위논문.
Bandura, A. (1977). *Social learning theory*. Englewood Cliffs, NJ: Prentice-Hall.

3) 교육 여건 개선 전략

교육 여건이란 수업에 영향을 미칠 수 있는 환경 요인을 포함하여 조직의 구조적 문제나 학교 및 학급의 문화적 풍토 등을 포괄하는 개념을 말한다. 이러한 요인들은 교

수학습 활동이 이루어지는 수업에 직접적으로 영향을 미치지는 않지만 간접적으로 영향을 미침으로써 교수자가 수업목표를 달성하기 어렵게 하기도 한다. 여기에서는 문화적 풍토는 조직구조와 밀접한 관련을 맺고 있으므로 문화적 요소를 조직구조 내에 포함시켜 교육 여건을 환경과 조직구조 두 가지 관점에서 살펴보고자 한다.

(1) 교수자 차원에서의 교육 여건 개선 전략

교수자 차원에서의 교육 여건 개선 전략을 환경과 조직구조 두 가지로 구분해서 살펴보면, 첫째, 환경이란 교수자가 수업을 준비하거나 운영하는 데 있어서 처해 있는 환경적 특성을 말한다. 예를 들면, 수업 환경, 연구 및 휴식 공간, 매체 개발 환경, 개인 개발 지원 환경 등의 요인을 들 수 있다. 교수자는 수업을 연구하고 수업자료를 개발하기 위한 적절한 공간과 시설이 필요하다. 예를 들어, 교과연구를 할 수 있도록 독립적인 공간을 제공해 줄 필요가 있다. 공간이 부족할 경우에는 각 교과별로 그 공간을 공유하도록 할 수 있으며, 수업자료 개발을 위한 매체 개발 환경이 지원되어야 할 필요도 있다. 필요시에는 매체 개발 전문 교수자나 지원자를 두어 교수자들과 협력하여 매체를 개발, 활용하도록 할 수도 있을 것이다. 최근 들어서는 교과 교실제 확대에 따라 교과 교실제의 환경 설계에 대한 연구와 지원이 필요한 경우가 많으며, 수업연구와 직접 관련이 없어도 자기 개발을 위한 교수자들의 휴식과 연구 공간이 필요하다. 적절한 휴식이 작업의 효율성을 높여 준다는 것이 많은 연구를 통해 증명되어 있다.

둘째, 교수자가 속한 조직이 불안정하거나 역할이 불확실하여 교수자 간에 협력이 잘 되지 않는 등 구조적 문제로 수업에 문제가 발생하고 있다면 이러한 문제를 해결할 수 있는 개선안이 필요하다. 이와 같은 문제의 근본 원인을 찾아보면 대체로 교수자 조직 불안정, 학교 비전 부재 또는 인지 부족, 교수자의 역할 불안정, 교내 교수자 간의 협력의식 부재 등일 수 있으며, 이러한 문제의 근본 원인을 해결하는 데 적용 가능한 다양한 개선안을 찾을 수 있다. 교수자 조직이나 역할이 불안정할 경우에는 조직 개편이나 교직원들의 업무를 재분장하여 문제를 해결할 수 있다. 하지만 교수자들이 자신의 역할에 대한 명확한 인식 부족으로 인해 문제가 발생할 경우에는 선배교수자와의 멘토링 제도나 동료교수자의 상호코칭 제도를 통해 도움을 줄 수 있다. 무엇보다 중요한 것은 조직 내, 즉 학교의 비전이 공유되지 않았을 때에는 학교 조직의 시너지 효과를 가져오기보다는 갈등과 분열로 인해 수업에 영향을 미칠 수 있다. 따라서 소규모 집단, 즉 교과협의회 모임이나 학년 모임을 통해 소집단 간의 소통과 협력을 촉진하게 함으로써 소집단 내 소통을 활성화하고 각 소집단이 모여 학교 조직의 소통 활성화를 촉진할 수 있도록 행·재정적 도움을 제공해야 할 것이다.

한편, 경우에 따라 문화적 요소가 수업개선을 위해 고려해야 할 교육 여건 중 하나로 주목되는 경우도 있다. 예컨대, 교수자들의 문화와 관련하여 학교 및 학급 풍토, 학교 중점 가치, 의사결정 시스템, 학교 내 교수자 사조직 문화 등이 문제가 될 수 있기 때문이다. 잘못된 학교 풍토나 문화는 교수자의 헌신적인 노력을 유도해 낼 수 없고 따라서 수업의 질 저하로 연결될 수 있다. 이러한 문화적 요소는 대개 조직구조 문제와 밀접한 관련을 맺고 있기 때문에, 문화적 문제의 경우 조직구조 내에서 조직문화 개선을 위한 방안을 찾는 노력을 기울이는 방향으로 개선안을 모색할 필요가 있다. 이때 유의해야 할 것은, 특정 수업문제가 조직구조로 인한 문제인지 문화로 인한 문제인지를 구체적으로 구분하려고 하기보다는, 그 문제를 교육 여건과 관련하여 발생한 문제로 규정하고 어떤 해결방안이 있는지를 다각적으로 탐색하려는 노력이 중요하다. 교수자 차원에서의 교육 여건 개선을 위한 개선안 사례들을 환경과 조직구조로 구분하여 제시하면 다음과 같다.

표 9-13 교수자 차원에서의 교육 여건 개선을 위한 개선안 사례들

구분	문제 원인	개선안 예시
환경	수업 환경 비효율성	• 수업 관련 시설 재설계 혹은 구축
	연구 및 휴식 공간 부재	• 연구 및 휴식 공간 재설계 혹은 구축 • 자투리 공간의 활용
	매체 개발 환경의 비효율성	• 매체 개발 지원 환경 구축: 자료 제작 지원실, 정보자료실
	개인 개발 지원 환경 부재	• 개인연구 및 자기 개발 환경 지원

조직 구조	교수자 조직 불안정	• 학교조직 개발 전략 적용 • 직무 재설계: 교수자 업무분장 재설계 • 교직원 재배치
	학교 조직문화	• 조직 문화 변화 프로그램 • 학교 정책의 개선 • 조직문화 개선을 위한 학습조직 개발 전략
	학교 비전 부재 또는 인지 부족	• 학교 내 교수자 간 협의를 통한 비전 계획 및 제시 • 학습 조직화 전략
	교수자의 역할 불안정	• 선배 교수자 멘토링(mentoring) • 동료 교수자 상호코칭(cross-coaching) • 학교 업무 순환제 • 교내 자율 연수
	교내 교수자 간 협력체제 부재	• 의사소통 시스템 구축: 컴퓨터 네트워크, 이메일, 메신저, 홈페이지(전자게시판) 활용 • 협력적 업무활동 실시 • 직원 및 동학년회의 효율화

교수자 차원에서 교육여건 개선을 위한 개선안 사례로써는 학습 조직 개발 전략을 제시하고자 한다. 학습조직의 경우 학교조직 내에서 비전이 존재하지 않거나 혹은 비전이 존재하긴 하지만 구성원 간에 제대로 공유되지 않을 때 구축하여 운영해야 할 경우도 있고, 학교 풍토나 문화가 함께 모여 학습하거나 구성원 간 경험이 제대로 공유되지 않을 때도 개발, 운영해야 하는 경우가 있다. 개선안 사례를 간략히 제시하면 다음과 같다.

자료 9-4	면담 계획서 예시

조직문화 개선을 위한 학습조직 개발 전략

학습조직이란 개인, 집단, 조직의 학습활동을 활성화함으로써 조직 전체의 변화를 실현하기 위한 목적으로 추진되는 전략(배을규, 2009)으로써, 변화하는 환경에 능동적으로 대처할 수 있는 조직체가 되도록 조직 문화를 개선하기 위한 방법이다. 학습조직은 개개인의 지속적인 학습을 강조하고 있고 이러한 개인학습은 개개 수준이 아닌 조직 차원의 학습으로 승화하여 하나의 살아있는 유기체처럼 문제해결 능력을 습득해 나간다. 모든 조직체가 학습조직이 되기는 힘이 들며, 학습조직이 되기 위해서는 조직학습을 포함하여 조직의 구조뿐만 아니라 문화까지도 변화가 되어야 한다(Senge, 1990; Huber, 1991; Marquardt, 1996; Dixon, 1999). 학교에서도 교사들이 공부하는 분위기나 학교 풍토를 조성하기 위한 목적으로 학습조직을 구축하여 운영할 필요가 있다. 학습조직에 있어서 학습의 의미는 단지 공부한다는 의미만 있는 것이 아니라 외부의 변화를 감지하고 이를 조직 구성원들의 인지 과정을 통해 처리한 뒤 행동으로 체화하는 일련의 과정을 의미하는데, 이러한 과정을 함께 거치는 과정에서 학교에서 발생하는 다양한 문제를 함께 해결하고 공동으로 대처해 나갈 수 있는 조직 내 문화가 형성될 수 있다.

학습조직에서 지식은 지식의 주체에 따른 분류와 형태에 따른 분류로 나누어지는데, 먼저 지식의 주체에 따라서는 개인적 지식과 조직적 지식으로 분류된다. 개인적 지식은 개인에게 체화되어 있거나 개인적으로 보유하고 있는 지식을 말하며, 조직적 지식은 개인과는 상관없이 조직 내에 축적되어 남겨지는 지식을 말한다. 형태에 따라서는 지식이 암묵지와 형식지로 구분되는데, 암묵지는 장인의 비법처럼 말로는 표현할 수 없지만 내면에 존재하는 지식을 의미하고, 형식지는 말이나 글의 형태로 외현적으로 표현 가능한 지식을 의미한다. 암묵지로는 일반적으로 노하우라고 불리는 경험을 통해서 획득한 방법이나 조직 내 문화 같은 것이 포함되며, 형식지로는 업무 매뉴얼, 데이터베이스 같이 정형화된 형태로 표현된 자료가 포함된다. 학교 내에서 학습조직을 구축, 개발해 나가기 위한 전략으로 Huber(1991)가 제시한 전략들을 제시하면 다음과 같다.

• 지식 획득(knowledge acquisition): 학습은 조직이 지식을 획득할 때 발생한다. 지식의 획득은 외부 환경의 관찰, 연구, 개발과 내부인사의 교육훈련 등을 통해서 발생할 수 있다. 학습은 조직 외부로부터의 지식 획득뿐만 아니라 조직 내부의 기존 지식의 재구성, 개정, 이론의 확립 등을 통해서도 발생할 수 있다. 따라서 모든 구성원이 외부 혹은 내부의 지식을 획득하거나 재구성할 수 있도록 촉진해야 한다.

• 정보의 분배(information distribution): 정보의 분배란 조직이 정보를 구성원들이나 소단위 체제 간에 공유함으로써 학습을 촉진하거나 새로운 지식이나 이해를 생성하는 것을 의미한다. 효과적인 정보의 공유와 분배가 효과적인 조직학습을 촉진한다. 이를 위하여 학교 구성원들 간의 교과협의회나 교과연구회 또는 수업모형 연구회 등 교과 내 혹은 교과 간 집단을 구성하게 하고 구성원들 간에 정보와 지식을 공유하고 분배하는 활동을 촉진할 필요가 있다.

- 정보 해석(information interpretation): 정보가 공유되기 위해서는 정보가 해석되어야 한다. 정보 해석이란 분배된 정보가 구성원들 간에 공유된 의미를 갖게 되는 과정을 의미한다. 개개인은 주어진 동일한 정보를 달리 해석할 수 있으며 구성원들이 주어진 정보를 다양한 의미로 해석함으로써 다양한 문제해결 전략을 생산하게 될 때 조직학습이 촉진된다. 예를 들어, 같은 수업모형을 여러 과목의 교수자들이 함께 공유하고 자신의 과목에 맞게 수업모형을 재해석하고 적용함으로써 교과목 다양한 수업모형으로 재창조할 수 있도록 촉진해야 한다.

- 조직 차원의 기억(organizational memory): 조직 차원의 기억이란 조직의 지식이 미래의 문제해결을 위해 조직 차원에서 축적되는 것을 의미한다. 이러한 조직 차원의 기억은 모든 구성원이 사용할 수 있는 전자 데이터베이스나 문서 등이 대표적인 예가 될 수 있다. 조직의 기억은 다음 학습의 효과성을 결정하는 중요한 역할을 하게 된다. 이를 위해 개개 교수자들이 가진 연수 결과나 수업에서의 노하우를 학교 차원에서 홈페이지나 학교 블로그 등을 통해 공유할 수 있는 시스템의 구축이 필요하다.

(2) 학습자 차원에서의 교육 여건 개선 전략

학습자 차원에서도 교육 여건의 경우 환경과 구조 측면에서 교육 여건 개선 전략을 모색해 볼 수 있다. 첫째, 학습자 차원에서 환경적 요소로 인해 수업문제가 발생 가능한 원인들로는 물리적 공간 배치의 문제, 동료 학습자와의 물리적 거리 문제, 학습자원 부족, 디지털 인프라 문제, 도서관 자료 부족 등을 들 수 있다. 예컨대, 학습자의 학습에 영향을 주는 대표적인 환경 문제로 학교 시설을 들 수 있는데, 여기서 말하는 학교 시설이란 학교의 디지털 인프라나 도서관 같은 수업과 직접 연관이 있는 것들을 의미한다. 만일 블로그, 트위터, 유튜브, 페이스북과 같은 사회적 네트워크 서비스를 사용한 수업을 진행해야 할 경우 학교에서 충분한 유무선 네트워크 인프라를 구축하고 있어야 하며 데스크톱 컴퓨터나 태블릿 PC와 같은 장비를 가지고 있어야 한다. 또한 다양한 유형의 자원 기반 수업을 진행해야 할 경우에도 도서관 등에 충분한 도서와 관련된 학습 자원이 비치되어 있어야 한다. 이러한 수업 요구와 환경적 요소가 서로 충족되지 못할 때 수업문제가 발생할 수 있으므로, 학교의 환경적 혹은 경제적 요건 등을 고려하여 단기적 해결이 어려우면 장기적 차원의 해결방안을 찾을 수 있도록 도움을 주어야 한다. 또한, 학급의 환경 문제로 인해 수업문제가 발생할 수도 있다. 예컨대, 학급 내 시설이나 기자재의 공간 배치나 학급 교실 벽면을 이용한 환경미화 그리고 동료 학습자와의 물리적 배치에 의해 다양한 형태의 수업문제가 야기될 수 있다. 교실 공간이 어떻게 설계되고 배치되느냐에 따라 학급풍토나 수업 분위기가 달라질 수 있다. 가장 대표적인 예로 저학년 아이일수록 교실 전면에 주의 분산요소들에 의해 많은 영향을 받는다. 따라서 교실 전면은 가능한 한 수업요소를 제외하고는 매우 단순하게 설계되어야 한다. 교실 전면의 단순화만으로도 수업 집중도를 높일 수 있을 것이다.

둘째, 학습자들과 관련한 구조적 문제란 학급 단위의 경우 학습자들의 학급 구조의 문제를 의미하며, 학교 차원이라면 학교 내 전체 학습자들의 학년별 구조나 전체 학년 구조가 수업문제의 원인이 될 수 있다는 것이다. 따라서 개선안 역시 학급 수준의 문제냐 혹은 학교 차원의 문제냐에 따라 개선안 전략이 달라질 수 있다. 일반적으로는 학급을 중심으로 학습자 조직 불안정, 학급 비전 부재 및 인지 부족, 학급 내 협력 체제 부족 또는 부재 등이 근본 문제의 원인이 될 수 있다. 예를 들어, 학급의 학습자 조직이 불안할 경우 학급 운영에 문제가 생길 수 있고 학급 단위의 협력적 과제 수행을 필요로 하는 학습활동의 경우 효과성이 떨어질 수 있다. 이를 극복하기 위해서는 소집단별 조직을 만들고 그 역할을 분명히 해 줄 필요가 있다. 특히 학급 초에 정확한 학급 법칙을 정하고 정해진 법칙에 따라 운영될 경우 보상체제와 그렇지 않을 경우 처벌에 관한 명확한 합의가 학습자와 교수자 그리고 학습자들 간에 이루어져 있어야 한다. 특히 학급 비전이 학습자들 간에 공유되지 않았을 경우 학급의 시너지를 요구하는 활동의 효과성을 보장하기 힘들어지므로, 학습자들 스스로 합의된 비전을 만들어 갈 수 있는 경험을 제공할 필요가 있다. 예를 들어, 학급회의를 정례화하여 형식적 회의가 아닌 학습자들 스스로 학급의 법칙을 만들고 관리해 나갈 수 있도록 하는 방안을 고려해 볼 수 있다.

한편, 학습자 차원에서도 문화적 요소가 영향을 미칠 수 있는데, 예컨대 학급풍토나 학급의 중점 가치나 학생들 간의 의사결정 시스템 등이 문제가 되는 경우가 있다. 그렇지만 이러한 문제들 역시 조직 문화적 측면이 강하기 때문에 조직 문제 차원에서 접근하여 문제를 해결하고자 노력하는 것이 올바른 방향이라 할 수 있다. 다만, 문화적 요인은 짧은 시간에 해결할 수 있는 것이 아니라 오랜 시간이 소요될 가능성이 높기 때문에 학급 조직 문화의 문제해결을 위해서는 일회성 처방보다는 장기적이면서도 종합적인 전략적 접근 방안을 모색할 필요가 있을 것이다. 학습자 차원에서의 교육 여건 개선을 위한 개선안 사례들을 제시하면 다음과 같다.

표 9-14 학습자 차원에서의 교육 여건 개선을 위한 개선안 사례들

구분	문제 원인	개선안 예시
환경	물리적 공간 배치의 문제	• 학습 공간 설계 • 학급 시설 재설계 • 교실 기자재의 재배치
	동료 학습자와의 물리적 거리 문제	• 학습자 자리 재배치 전략
	학습 자원 부족	• 다양한 학습 자료(자원) 지원: 도서, 인쇄 자료, 멀티미디어 자료 등
	디지털 인프라 문제	• 인프라 재설계 • 컴퓨터, 네트워크 설비 구축 및 정비
	도서관 자료 부족	• 도서관 설비 구축 및 정비 • 도서관 자료 보충 및 정비
조직	학습자 조직 불안정	• 특별활동 및 역할 분담 조직 • 소집단별 조직의 활성화
	학급 조직 문화	• 갈등관리 기술 훈련 • 학급특색활동 계획 • 학습자 사조직 개선 전략
	학급 비전 부재 및 인지 부족	• 학급 비전 창출 전략 • 학급 내 학습자 간 협의를 통한 비전 수립 및 공유
	학급 내 협력체제 부족 또는 부재	• 학급 공동체 형성 기초 전략 • 협력적 활동의 통합적 활용: 학급회의, 특별활동 • 집단지성 전략

4. 개선안 실행

1) 제안된 개선안의 실행

실행은 컨설티와 상호 협력적 협의를 통해서 개발된 개선안을 실행하는 단계이다. 이 단계에서 중요한 것은 컨설티가 컨설턴트와 함께 선택한 개선안에 대한 신뢰와 적극적인 실천의지를 가지는 것이다. 개선안 설계 및 개발 단계에서 순조로운 협조관계와 신뢰관계가 구축되어 있다면 개선안 실행은 성공적으로 이루어질 수 있다(Kampwirth, 2006; Rothwell et al., 2007). 수업컨설팅 기간이 짧을 경우에는 개선안을 개발하여 교수자에게 제공하는 것만으로 컨설팅이 종료되기도 한다. 하지만 수업컨설팅의 가장 중요한 단계 중 하나는 실행 단계로써 계획된 개선안들이 정확히 실행되는지를 컨설턴트와 컨설티가 함께 모니터링 및 평가를 수행하고 필요시에는 적응적으로 개선안을 수정하는 작업이 필요하다.

컨설턴트는 실행 초기에 개선안에 대한 안내와 조언이 필요하며, 실행 중에 평가를 통해 실행에 대한 지속적인 모니터링을 실시하고, 모니터링 결과를 개관하고 분석하여 계속적으로 컨설티에게 안내와 조언을 제공해야 한다. 그리고 개선안에 대한 컨설티의 성공적인 실행을 위해서는 선택된 개선안을 실행해 나갈 수 있도록 컨설티를 준비시키는 단계가 필요하다. 만일 컨설티에게 특별한 지식이나 기술이 필요하다면 단기 연수와 세미나를 실시할 수 있고 실제 유사한 개선안을 실행한 사례가 있으면 그 사례를 제공해 주는 것도 좋은 방법이 될 수 있다.

실행 단계는 개선안 수용과는 또 다른 차원임을 알아야 한다. 컨설티가 개선안을 수용한다 하더라도 직접적으로 실행하는 단계에서는 어려움을 느끼는 경우가 많다. 실행에 영향을 미치는 요인들 또한 다양하며 이들에 대한 연구들을 종합해 보면 학교 맥락, 개인의 기술이나 태도, 변화 관리자(컨설턴트)로부터의 지원, 자신들 노력의 효과성과 영향력에 대한 인지 등이 중요한 요인으로 밝혀지고 있다(Evans & Hopkins, 1988; Hall & Hord, 1987). 그중에서도 가장 중요한 요인으로 논의되고 있는 것은 개선안 전략들의 통합성(integrity)이다. 개선안 전략들의 통합성이란 전략들이 초기에 설계된 대로 실행되느냐를 의미한다(McKenna, 2005; Wilkinson, 2006). 개선안 전략들의 통합성이란 개선안 자체에 대한 통합성과 전략 실행 과정에 대한 통합성 두 가지 차원에서 이야기할 수 있다(Fuchs & Fuchs, 1990). 즉, 초기에 설계한 개선안 전략들이 그대로 실행되고 있는지와 초기에 계획된 개선안 실행 전략의 과정에 따라 이루어지고 있는지 모두를 보아야 한다. 개선안 전략의 통합성 개념에 따라 초기에 계획된 개선안과 그 실행 과정을 100% 똑같이 실행할 수는 없을 것이다. 학교나 수업 상황의 변화에 따라 변화가 있을 수 있지만 많은 연구가 통합성과 개선안의 성공 간의 긍정적인 연관성을 보여 주고 있다(Gresham, Gansle, & Noell, 1993). Witt와 Elliott(1985)는 개선안 측정 프로파일 (Intervention Rating Profile: IRP)을 개발하여 개선안 전략의 통합성을 평가할 수 있게 하고 있다. IRP는 개선안의 적절성, 학급에서 사용하고자 하는 의지, 적절성, 그리고 합리성이라는 네 가지 범주로 나누어 각 범주별 15개의 문항으로 구성되어 있다.

실행의 효과성을 높이기 위해 컨설턴트는 실행 과정에도 컨설티와 함께 참여해야 한다. 실행은 다양한 학습자, 학부모, 행정가, 교수자, 기타 전문가들의 참여를 요구할 수 있기 때문에 실행에서 컨설턴트의 역할은 모든 개선안 실행의 참여자들이 개선안 실행을 위한 기술과 참여 의지를 가지고 있는가를 체크할 필요가 있다. 그리고 실행의 과정에서 컨설턴트는 지속적인 모니터링을 통해 개선안 전략들의 수용성과 통합성을 유지하도록 지원해야 하며 기술적, 정서적 도움을 제공해야 한다. 개선안 전략의 수용성과 통합성을 높이기 위해서는 컨설턴트가 실행 과정에 대한 모니터링 결과를 참여자들에게 요약 보고함으로써 개선안 실행 과정과 결과에 대한 피드백을 수시로 제공할 필요가 있다.

2) 개선안 실행 모니터링

교수자가 개선안을 실행하는 동안 컨설턴트는 적절한 기법을 사용하여 그 과정을 모니터링하고 코칭하는 역할을 수행해야 한다. 개선안 실행 단계에서 모니터링의 방법으로 수업관찰이 많이 이루어지는데, 이 경우 양적 측면과 질적 측면에서 수업관찰 기법을 활용할 필요가 있으며 그 외에도 면담, 설문지(검사지) 등을 활용할 수 있다. 모니터링은 커뮤니티나 메일 등을 통해 간단히 이루어질 수 있으며, 이 외에도 컨설턴트는 의사소통 기법, 상담 기법, 멘토링 기법 등을 숙지하여 개선안 실행 과정에서 이들을 활용해야 한다. 개선안 실행 모니터링의 핵심목표는 개선안이 수업컨설팅 과제를 해결할 수 있도록 실행되고 있는지에 대한 확인이며, 다음과 같은 요인들도 함께 모니터링되어야 한다(Dougherty, 2008).

- 실제 학습자들의 행동이 얼마나 변화했는가?
- 얼마나 수업컨설팅의 의뢰 목적이 달성되고 있는가?
- 얼마나 효율적으로 실행되었는가?
- 효과적인 개선안과 효과적이지 못한 개선안은 어떤 것들인가?
- 수업컨설턴트와 컨설티의 협력 정도는 어떠한가?
- 보다 효과적이고 효율적인 개선을 위해 조정이 필요한 개선안이나 실천 전략이 있는가?

모니터링을 통해서 교수자의 실행을 높이는 방법으로 〈표 9-15〉와 같은 방법이 있다(조민호, 설중웅, 2006; Robinson & Robinson, 1996; Rothwell et al., 2007). 모니터링은 자료를 수집하는 것보다 수집된 자료를 분석하여 개선안 실행 시 발생하는 방해요소나 장애물을 제거하여 실제 교수자나 학습자의 올바른 수행이 발생할 수 있도록 지원하는 활동이 더욱 중요하다. 다음 〈표 9-15〉에서 알 수 있듯이 실행 향상 방법으로 최상의 방법 제시, 성공 사례 소개, 익숙한 것부터 적용하기 등 다양한 방법이 있다. 이러한 방법은 교수자와 학습자의 특성을 고려하여 적절하게 선택하거나 통합하여 사용하면 된다.

💬 9-15 모니터링 및 실행 향상 방법

모니터링 방법	모니터링 후 실행 향상 방법
수업관찰 면담 설문지(검사지)	• 최상의 방법 제시 • 성공 사례 소개하기 • 익숙한 것부터 적용하기 • 일정 간격을 유지하여 적용하기 • 시험적으로 적용하기 • 중간 성과 공유하기

각각의 방법을 간략하게 설명하면, 성공 사례 소개하기는 입증한 성공 사례를 소개하여 객관적으로 검증된 방법으로 현실적인 타당성을 높이도록 만드는 방법이다. 익숙한 것부터 적용하기는 자신에게 익숙한 것부터 적용하고 점차 익숙하지 않은 것을 소개하는 방법이다. 시작의 부담감을 줄이고 단계별로 개선안을 적용할 수 있게 한다. 그리고 일정 간격을 유지하여 적용하는 방법으로 적용과 실행과정에서 학습자 집단별, 활동 단계별로 일정 간격을 유지하여 선행 집단의 경험을 활용할 수 있도록 한다. 이 외에도 시험 적용을 통해 노출된 문제점과 시사점을 이후의 대상에 적용하기 위한 방법으로 활용할 수도 있으며, 실행의 중간 결과를 공유하여 변화를 올바른 방향으로 유도하는 방법도 있다.

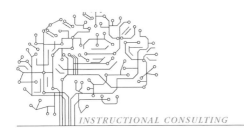

제10장
협력적 평가

INSTRUCTIONAL CONSULTING

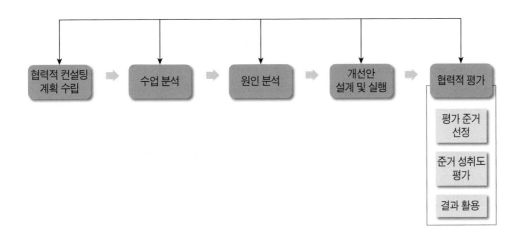

이 단계는 컨설티가 요청한 의뢰 문제가 제대로 달성되었는지, 의뢰 문제가 제대로 달성하기 위한 과정에서 컨설턴트는 컨설팅 절차에 따라 바람직한 역할을 수행하였는지에 대한 평가를 실시하게 된다. 즉, 수업컨설팅 결과 평가와 과정 평가를 실시하는 활동이 이루어진다. 그리고 수업컨설팅에 대한 일련의 과정에 따라 보고서를 작성하는 활동도 함께 이루어진다.

🌸 이 장의 수행목표

- 수업컨설팅의 협력적 평가의 의미와 단계를 파악하고 적용할 수 있다.
- 수업컨설팅 과정과 결과를 평가하기 위한 평가 준거를 선정할 수 있다.
- 수업컨설팅 과정과 결과를 평가 준거에 따라 평가할 수 있다.
- 수업컨설팅 보고서 작성 방법에 따라 일련의 과정을 효과적으로 보고할 수 있다.

🌸 핵심과정 및 산출물

컨설팅 과정	결과물	협력활동
• 수업컨설팅 과정 및 결과에 대한 평가 준거 선정	• 수업컨설팅 효과성 근거 자료 마련	• 평가 준거 선정에 대한 공유된 인식
• 수업컨설팅 과정 및 결과에 대한 준거 성취도 평가	• 의뢰한 수업문제의 해결 여부 평가 결과 • 수업컨설팅 전 과정에 대한 평가 자료 • 수업컨설팅 과정 및 결과에 대한 가치 판단	• 수업컨설팅 결과에 대한 공유된 인식 • 수업컨설팅 과정 평가에 대한 공유된 인식
• 수업컨설팅 종료	• 수업컨설팅 결과보고서	

1. 협력적 평가의 의미와 단계

1) 협력적 평가의 의미

컨설팅에서 평가란 컨설팅이 얼마나 잘 진행되고 효과적이었는지를 판단하고 의사결정하기 위한 목적으로 컨설팅 활동과 결과에 대한 체계적인 정보수집으로 정의할 수 있다(Patton, 1986). 본 모형에서 기술한 협력적 평가는 두 가지 측면에 주목할 필요가 있다. 첫째, 협력적 평가 과정은 컨설팅 과정의 마지막 단계로 보기보다는 컨설팅 시작 단계에서부터 계획되어야 하며 컨설팅 전체 과정에서 동시에 이루어지는 순환적 과정의 통로로 사용되어야 한다. 앞에서 기술하였듯이 본 수업컨설팅 모형은 절차적 성격을 가지면서 동시에 순환적 성격을 가지고 있다. 주어진 시간 제약에 따라 수행 분석, 원인 분석, 개선안 설계 및 실행 단계가 동시에 이루어질 수 있다. 그리고 이 과정에서 주어진 자료에 대한 지속적인 평가를 통해 수행분석이나 원인 분석의 수정작업이 이루어지고 그 이후 개선안의 수정이 이루어질 수 있다. 이처럼 각 과정별 평가가 지속적으로 이루어지고 그 결과는 전체 수업컨설팅의 적응적 개선 작업에 영향을 미친다. 따라서 각 단계마다 그에 상응한 평가활동도 함께 이루어져야 한다. 둘째, 협력적 평가란 용어를 쓴 이유는 컨설턴트가 일방적으로 컨설팅 과정과 결과를 평가하기 보다는 컨설팅 전 과정에서 컨설턴트와 컨설티가 협력하여 평가를 위한 목적과 방법을 합의하여 결정하고 컨설팅의 실행 과정에서도 협력할 것을 강조하기 위한 것이다. 궁극적으로 컨설턴트는 컨설팅 과정이 끝나면 그 대상 조직을 떠나게 된다. 따라서 컨설티 스스로 평가 과정에 참여함으로써 즉각적인 정보와 결과를 획득할 수 있고 자신의 수업에 대한 객관적인 시각을 갖게 함으로써 컨설턴트가 떠난 후에도 스스로 자신의 수업을 진단하고 수업문제를 해결할 수 있는 능력을 얻게 된다.

일반적으로 컨설팅 평가는 도구적 수행(instrumental performance)과 표현적 수행(expressive performance)의 두 측면에서 이루어진다(Chowanec, 1993). 도구적 수행이란 '컨설팅이 문제를 해결하는 데 얼마나 잘 도움을 주었는가'이며 표현적 수행이란 '얼마나 인간적 관계를 잘 가졌으며 얼마나 편안함을 제공하였는가'를 의미한다. 컨설팅이라는 활동 자체가 컨설티의 자발적 참여를 강조하기 때문에 컨설턴트와 컨설티의 관계성도 중요한 평가요인이 되어야 한다. 이 모형에서 기술하고 있는 협력적 평가는 크게 두 가지 차원의 평가를 목적으로 하고 있다. 첫 번째 목적은 수업컨설팅 결과의 평가로, 수업컨설팅 의뢰인의 의뢰 목적이 이루어졌는지를 판단하는 것이다. 즉, 수업문제가 선정된 개선안의 실행을 통해 해결되었는지를 평가하는 것이다. 두 번째 목적은 수업컨설팅 과정의 평가로, 수업컨설팅이 효과적이고 효율적으로 이루어졌는지를 평가하는 것이다. 두 번째 목적의 평가를 하는 것은 전체 컨설팅 과정에서 문제점을 찾아 수업컨설팅을 개선하기 위한 것이다.

Dougherty(2008)는 컨설팅의 평가과정에 대한 몇 가지 준거를 제시하고 있다. 그 내용은 학생들(혹은 체제)의 행동이 바람직한 방향으로 변화된 정도, 컨설턴트가 컨설팅 대상이 되는 체제에 얼마나 심리적으로 입문하였는지, 컨설팅 결과로 조직이 변화된 방향, 컨설팅 계약에 명시된 목적이 얼마나 충족되었는지, 시간 계획 대로 얼마나 진행되었는지, 얼마나 성공적으로 개선안이 실행되었는지, 얼마나 효과적으로 컨설턴트와 컨설티의 관계가 확립되었는지, 컨설팅이 시간, 노력, 비용 차원에서 얼마나 가치가 있는지 등이다. 이 외에도 컨설팅 과정에 대한 평가를 위해 다양한 설문도구가 개발되어 활용되고 있으며(Brown et al., 2001; Conoley & Conoley, 1992; Kaiser, Rosenfield, & Gravois, 2009), 개선안 전략의 효과성을 평가하는 도구(Kazdin, 1980)도 개발되어 사용되고 있다.

2) 협력적 평가의 단계

협력적 평가의 단계는 일반적으로 세 가지 단계인 평가 준거의 선정, 준거 성취도 평가, 결과의 활용으로 이루어진다(Dougherty, 2008). 첫째 단계인 평가 준거 선정은 가장 힘든 단계로 구체적으로 어떤 영역에서 어떤 수준까지 달성해야 수업컨설팅이 효과적이었는지를 판단할 수 있는 근거를 찾는 작업이다. 이때 준거들은 가능한 한 구체적이고 측정 가능한 수준으로 기술되어야 한다. 두 번째 단계인 준거 성취도 평가는

[그림 10-1] 수업컨설팅 모형

수업컨설팅 과정과 개선안 실행 결과에 대한 평가를 위해 어떤 정보를 어떤 방법으로 누가 수집할 것인지 그리고 어떻게 분석될 것인지 결정하고 실행하는 과정이다. 마지막 단계인 결과의 활용 단계란 최종 평가 결과를 누구에게 어떤 방식으로 보고를 하고 수업개선과 수업컨설팅 자체의 개선과 후속 의사결정을 위해 어떻게 활용할 것인가를 결정하고 사용하는 단계를 의미한다.

2. 수업컨설팅 결과 평가

　수업컨설팅의 결과 평가는 앞에서도 언급하였듯이 궁극적으로는 수업컨설팅 의뢰인의 의뢰 목적이 달성되었는가를 평가하는 것이다. 이를 위해서 선정된 개선안의 실행을 통해 수업문제가 개선되었는지 평가한다. 수업문제의 개선을 평가하기 위해서는 개선안 유형에 따라 평가 전략이 달라질 수 있다. 앞에서 기술한 수업컨설팅 평가의 세 가지 단계의 첫 번째 단계로 수업컨설팅의 결과를 평가하기 위해서는 제일 먼저 어떤 준거에 의해 평가할 것인가를 선정하는 작업이 필요하며, 그 준거는 대체로 수업컨설팅 결과 평가에서 평가 준거는 개선안 설계 단계에서 기술하였던 개선안의 목표들이 평가의 준거가 될 수 있다.

　수업컨설팅 결과의 효과성을 검증하기 위한 하나의 예로, 개선안을 실행하기 이전에 학생이나 교사의 수행과 개선안 실행 이후의 학생이나 교사의 수행을 측정하여 비교함으로써 개선안이 효과적이었는지를 비교하는 것이다. 예를 들어, 학생들의 학습동기가 낮아서 수업문제를 일으킨 경우 학생들의 학습동기를 높이기 위한 개선안을 실행했을 것이다. 따라서 과연 개선안이 학생들의 학습동기를 높였는지를 평가하기 위하여 개선안 실행 이전에 학생들의 학습동기를 측정하고 개선안 실행 이후에 학생들의 학습동기를 평가하여 비교하는 전략이다.

또 다른 예로, 사례연구(case study), 면담(interview), 관찰(observation), 성찰일지(reflective diary) 등을 활용할 수 있다. 사례연구는 특정 맥락 안에서 관련 요소들의 발달을 강조하는 것으로 사람, 집단, 그리고 사건 같은 개별적인 단위들을 대상으로 집중적으로 분석하는 방법이다(Yin, 2014). 따라서 사례연구는 대개 기술적이면서 설명적인 방식으로 진술된다. 수업컨설팅이 시작되는 단계부터 종료되는 시점까지 어떠한 방법으로 문제가 규정되었으며 그 문제를 해결하기 위한 개선안은 무엇이었으며 개선안의 효과는 어떠하였는지 등에 대한 일련의 과정을 하나의 예시 차원에서 접근하면서 교사와 학생의 변화, 특정 사전에 대해 기술할 수 있다. 또한 이 과정에서 컨설턴트의 역할에 따른 컨설티의 태도 변화, 학생들의 변화, 컨설팅 과정에서 발생할 수 있는 특정 사건 등을 중심으로 하나의 사례 또는 몇 가지 사례를 심층적으로 분석하여 평가할 수 있다. 예를 들어, 개선안을 선정하는 단계에서 상호 견해 차이로 인해 교사의 저항이 심하게 드러난 상황을 하나의 사례로 기술할 수 있다. 교사 저항의 원인 분석 결과 교실에서 실행하기에는 너무 어려워서 많은 시간과 노력이 들어 큰 부담으로 작용한 경우이다. 따라서 컨설턴트는 방향을 수정하여 교실에서 활용하기에 시간과 노력을 최소화하면서 보다 수월한 방법을 제시하였더니 개선안을 받아들였을 경우는 유용한 사례가 될 수 있다. 이런 하나의 사례는 수업컨설팅 결과를 평가하는 유용한 방법으로도 작용하지만, 수업컨설팅을 주도하는 컨설턴트가 다양한 문제로 어려움을 겪을 때 하나의 문제를 해결할 수 있는 유용한 지침으로도 작용할 수 있다.

컨설턴트는 수업컨설팅의 결과를 평가하기 위해 컨설티(교사)나 해당 수업을 수강하는 학생들의 직접적인 반응을 살펴보기 위해 면담을 실시할 수 있다. 컨설턴트는 컨설티와 협력적 수업컨설팅을 실행하면서 개선안 적용의 효과성, 수업컨설팅에 대한 생각과 대도의 변화 등에 직집직인 대화를 통해 접근할 수 있다는 장점이 있다. 면담은 기준에 따라 몇 가지 유형으로 나뉘는데, 공식성에 따라 공식적/비공식적, 면담질문 준비방식에 따라 구조화/반구조화/비구조화 면담, 면담 대상의 수에 따라 개별면담/집단면담으로 구분된다(이용숙, 2009). 공식적인 상황보다는 비공식적 상황에서 솔직한 대답을 얻을 수 있기 때문에 별도로 면담 시간을 약속하여 실시하는 것보다는 수업컨설팅의 각 단계를 실행하면서 자연스럽게 만나는 과정에서 필요한 질문들을 병행하는 것이 효과적이다. 이런 경우에는 대화 내용을 기록하는 여건이 잘 주어지지 않기 때문에 면담이 끝난 후에 즉시 기록해 두는 것이 중요하다.

수업컨설팅 결과를 평가하는 방법으로 컨설턴트는 수업 장면에 직접 참여하여 교사와 학생들의 모습을 직접 관찰할 수 있다. 수업이 진행되는 현장을 직접 관찰함으로써 선정한 개선안을 효과적으로 활용하고 있는지, 적용하는 과정에서 특별한 문제점은 발생하지 않는지, 그리고 실제로 느끼는 학생들의 반응은 어떤지를 관찰함으로써 평가를 수행할 수 있다. 참여관찰을 통해 평가할 경우에는 '참여관찰 일지'를 작성하면 많은 도움이 된다. 특별한 형식이 있는 것이 아니라 수업을 관찰하면서 드러나는 객관적인 현상, 그리고 생각이나 느낌 등을 병행해서 상세하게 기록하면 된다. 컨설턴트는 참여관찰 일지를 분석함으로써 수업컨설팅의 목적을 달성하고 있는지를 평가할 수 있다. 컨설턴트가 수업에 참여하는 과정에서는 수업에 방해가 되지 않도록 교실의 뒷 공간에 위치하는 것이 좋다. 관찰하는 모습이 너무 부각되거나 두드러져 학생들이 관찰받고 있음을 느낀다면 후광 효과로 인해 원하는 장면이 손상될 수 있기 때문에 주의해야 한다. 경우에 따라서는 컨설턴트의 시선에 잡히지 않는 특별한 장면을 포착하기 위해 동영상 캠코더 같은 장비를 활용하여 별도로 녹화해 두는 것도 좋은 방법이다.

수업컨설팅에서 컨설티 입장에 있는 교사로 하여금 수업을 실행하고 나서 자신의 수업에 대한 성찰일지를 작성하게 함으로써 수업컨설팅 결과를 평가할 수 있다. 컨설티는 성찰 일지를 통해 수업의 전 과정에 대해 돌아보면서 본인이 실감한 실제 사실을 기록하게 된다. 개선안 적용상의 문제점, 전략의 효과성 구현을 위한 선결 조건, 교사와 학생의 상호작용 문제 등과 같은 실제적인 문제는 수업을 직접 실행한 교사의 자기 성찰을 통해서 분명하게 드러나기 때문이다.

3. 수업컨설팅 과정 평가

수업컨설팅 과정 평가는 수업컨설팅의 개선을 목적으로 이루어진다. 이를 위해서 협력관계 형성에 시작하여 협력적 평가까지의 모든 과정에서 수업컨설팅이 목적한 대로 이루어졌는지를 평가하게 된다. 가장 효과적인 수업컨설팅 과정평가는 수업컨설팅 각각의 단계별 과정이 끝날 때마다 평가를 하는 것이다. 평가는 공식적 혹은 비공식적 방법으로 이루어질 수 있다. 공식적인 방법이란 설문지나 구조화된 면담 그리고 구체적 도구를 사용한 관찰을 통해 이루어지는 것이다. 비공식적인 방법이란 이러한 특정한 도구 없이 일상적인 토론이나 대화의 과정을 통해 얻은 자료 혹은 성찰을 통해 얻은 자료를 이용할 수 있다.

〈표 10-1〉은 Dougherty(2008)가 기술한 전체 컨설팅 과정에 대한 평가를 위해 적용할 수 있는 준거들의 예이다. 이들 준거는 컨설팅을 진행해 가는 과정에서 지속적이면서 반복적으로 적용되어야 하며 컨설팅 과정에 대한 진단과 성찰의 도구로 활용될 수 있다. 이들 준거는 설문지, 인터뷰, 관찰리스트 등의 평가도구의 준거로 전환하여 사용할 수 있다.

표 10-1 수업컨설팅의 단계별 과정을 평가하기 위한 준거들

- 컨설티와의 만남 정도
  - 컨설티와 얼마나 많은 접촉을 했는가?
  - 평균 접촉 시간은?
  - 평균 얼마의 시간을 두고 접촉을 했는가?

- 컨설턴트와 컨설티의 관계성
  - 컨설티에 대한 컨설턴트의 인상은 어떠한가?
  - 컨설티와 컨설턴트의 관계는 어떠한가?

- 컨설팅 진행 정도
  - 지금까지 어느 정도 진행이 이루어졌는가?

- 컨설팅 활동이 어느 정도의 구체성을 가져야 하는가?
- 지금까지의 컨설팅에 대해 누구를 더 평가해야 하는가?

• 컨설팅 변화 정도
- 컨설팅이 실행되는 방법상에서 변화가 필요한 것이 있는가?
- 어떤 문제들이 아직 해결되어야 하는가?
- 지금까지의 컨설팅 과정에 대해 컨설티는 어떻게 생각하는가?
- 지금까지의 컨설팅 과정에 대해 컨설턴트는 어떻게 생각하는가?

• 컨설팅 만족 정도
- 지금까지 컨설팅 과정에 대해 컨설티는 어느 정도 만족해 하는가?
- 지금까지 컨설팅 과정에 대해 컨설턴트는 어느 정도 만족해 하는가?
- 컨설턴트의 스타일에 대해 컨설티는 어떻게 생각하는가?

이처럼 앞서 제시한 수업컨설팅의 단계별 과정에 대한 평가 준거는 다양한 형태의 평가도구의 준거로 전환하여 수업컨설팅 과정평가에 활용할 수 있다. 이 외에 평가 준거로 활용 가능한 좋은 방법은 각 단계마다 수업컨설턴트가 수행해야 할 수행목표들을 평가의 준거로 활용하는 방법이다. 〈표 5-2〉는 컨설턴트의 수행목표에 기초하여 수업컨설팅 전체 과정에 적용 가능한 평가 준거와 이러한 준거들을 바탕으로 활용 가능한 평가도구를 각 단계별로 기술해 놓은 것이다.

첫째, 수업컨설팅의 전체 과정에 대한 평가는 수업컨설팅에 대한 총괄적인 평가를 목적으로 한다. 따라서 각 과정에서 평가하기 위한 준거들을 제외한 총괄적인 평가를 위한 요인들로 구성되어 있다. 대표적으로 전체 수업컨설팅 과정에 대해 컨설티나 의뢰인이 만족해하는지 그리고 수업컨설팅이 수업문제해결에 도움이 되었는지를 평가한다. 이를 위해서 컨설티와 의뢰인을 대상으로 설문이나 인터뷰를 실시함하여 평가할 수 있다.

둘째, 협력적 컨설팅 계획 수립 단계에 대한 평가는 주로 컨설턴트와 컨설티 간의 협력관계가 올바르게 형성되었는지와 컨설티의 적극적 참여의식이 형성되었는지를 주요 평가 준거로 삼는다. 이들 요소를 평가하기 위해서 컨설티나 의뢰인을 대상으로 설문이나 인터뷰를 실시할 수 있으며, 효과적인 방법으로 실제 컨설팅 과정에서 컨설티를 관찰함으로써 참여 의지를 평가할 수 있다. 또한 컨설팅 과제가 도출되었는지를 평가해야 한다. 이 외에도 컨설티에게 성찰보고서를 쓰게 함으로써 컨설티의 변화과정을 평가할 수도 있다. 하지만 이 경우에는 컨설티에게 너무 많은 부담을 줄 수 있다는 약점이 있다.

셋째, 수업 분석 단계에 대한 평가는 수행 문제를 도출하기까지의 모든 과정이 효과적이고 효율적으로 진행되었는지를 평가할 필요가 있다. 이들 요소들을 평가하기 위해서는 실제 진행 과정에 대한 참여관찰이나 분석, 그리고 컨설티를 대상으로 한 설문지를 사용할 수 있다.

넷째, 원인 분석 단계에 대한 평가는 수업적 결합의 오류를 정확히 진단하고 수업문제의 근본 원인을 컨설티와 합의를 통해 정확히 진단하였는지를 평가할 필요가 있다. 이러한 과정에 대한 평가를 위해 가장 효과적인 방법은 개선안 실행 후 컨설팅 과제의 해결 여부와 수업 분석 자료를 통해 정확한 수업컨설팅 원인의 진단 여부를 평가할 수 있다. 물론 개선안의 설계와 개발 그리고 적용 과정에서 문제가 없었다는 가정하에서 이런 평가가 이루어질 수 있다.

다섯째, 개선안 설계 · 개발 · 실행 단계에 대한 평가는 개선안들이 수업문제 해결에 효과적이었는지, 구체적으로 설계되고 개발되었는지, 그리고 통합성 있는 실행이 되었는지 등을 평가한다. 이때 평가 방법은 설문지나 관찰 그리고 실제 개선안 설계 내용에 대한 문서 분석 등을 통해 가능하다.

마지막으로 협력적 평가 단계에 대한 평가는 평가 과정이 객관적 자료에 의해 이루어지고 컨설티와 협력적인 평가가 이루어졌는지를 평가한다. 이를 위해서는 평가 자료에 대한 문서 분석, 설문지, 컨설티의 성찰 보고서 등을 사용할 수 있다.

표 10-2 수업컨설팅 과정별 평가 요인 및 평가도구

수업컨설팅 과정	주요 평가 요인	평가도구
전체 과정	• 수업컨설팅 전체에 대해 컨설턴트와 컨설티가 모두 만족해 하는가? • 수업컨설팅이 수업문제 해결에 도움이 되었는가? • 다음 수업컨설팅에 참여하려는 의지는 있는가? • 다른 분들에게 수업컨설팅을 추천하려는 의지는 있는가?	• 설문지 • 인터뷰
협력적 컨설팅 계획 수립	• 의뢰 목적을 명확히 규정하였는가? • 컨설턴트와 컨설티 간 협력관계가 형성되었는가? • 컨설티의 적극적인 참여의식이 형성되었는가? • 컨설팅 과제가 도출되었는가? • 수업컨설팅의 구체적인 과정(수업컨설팅 계약서)에 대해 합의를 하였는가?	• 문서 분석 • 인터뷰 • 관찰 • 성찰보고서 • 설문지
수업 분석	• 도출된 컨설팅 과제에 따라 수업 분석을 위한 계획이 구체적으로 수립되었는가? • 수업 분석 목적에 맞는 다양한 수업 분석도구를 사용하여 수업 분석이 이루어졌는가? • 수업 분석을 통해서 수업문제의 원인들에 대한 자료가 획득되었는가?	• 수업관찰 • 성찰보고서 • 문서 분석 • 설문지
원인 분석	• 수업 결함의 오류를 정확히 진단하였는가? • 수업컨설팅 과제의 근본 원인에 대해 컨설턴트와 컨설티가 합의를 통해 정확히 진단하였는가?	• 관찰 • 문서 분석
개선안 설계 및 실행	• 원인 분석 결과에 기초하여 개선안의 목표를 합의하여 규정하였는가? • 개선안 선정 준거에 따라 개선안들이 선정되었는가? • 구체적인 개선안이 설계되고 개발되었는가? • 개선안의 실행이 통합성 있게 실행되었는가?	• 설문지 • 문서 분석 • 관찰
협력적 평가	• 객관적 자료에 의해 수업컨설팅 결과가 평가되었는가? • 수업컨설팅 과정에 대한 효과적인 정보 수집이 이루어졌는가? • 모든 평가의 결과가 효과적인 활용으로 연결되었는가?	• 문서 분석 • 설문지 • 관찰 • 성찰보고서

〈표 10-2〉에서 제시하고 있는 여러 평가도구 중에서 실제 수업컨설팅 현장에서 가

장 보편적으로 많이 활용되는 평가도구는 설문지이다. 주로 만족도 설문지의 형태로 수업컨설팅의 전체 과정과 각 단계별로 평가 준거를 바탕으로 설문 문항을 제작하여 활용하는데, 예시 자료는 [자료 10-1]과 같다.

자료 10-1 수업컨설팅 만족도 설문지

수업컨설팅 만족도 설문지(컨설티용)

1. 수업컨설팅 전체 과정에 대한 만족도 및 결과에 대한 문항입니다.

문항	전혀 그렇지 않음	그렇지 않음	보통	그러함	매우 그러함
• 전반적으로 수업컨설팅 전체 과정에 만족하는가?					
• 수업컨설팅 서비스 요청이 용이하고 편리하였는가?					
• 수업컨설팅이 수업 문제해결에 도움이 되었는가?					
• 미래에 같은 유형의 문제가 발생하면 혼자서 문제해결을 할 수 있다는 확신을 갖게 되었는가?					
• 다음에 수업컨설팅을 다시 요청할 의향이 있는가?					

2. 컨설팅 절차에 대한 만족도 문항입니다.

문항	전혀 그렇지 않음	그렇지 않음	보통	그러함	매우 그러함
• 컨설팅에 들어가기 전에 충분히 컨설팅의 목적과 필요성을 함께 공유하였다.					
• 컨설턴트가 수업컨설팅에 대한 충분한 이해를 제공하였다.					
• 문제에 대한 원인을 분석하고 진단하기 위한 계획을 함께 논의하고 결정하였다.					

문항	전혀 그렇지 않음	그렇지 않음	보통	그러함	매우 그러함
• 컨설턴트는 의뢰한 문제에 대해서 거시적 및 미시적 접근을 통해 분석 및 진단하였다.					
• 개선안에 대해서 컨설턴트는 나와 함께 실행가능성을 논의하고 결정하였다.					
• 개선방안을 실행할 때, 컨설턴트는 안내와 조언을 제공하였다.					

3. 컨설팅 과정 중에 컨설턴트와의 의사소통에 대한 만족도 문항입니다.

문항	전혀 그렇지 않음	그렇지 않음	보통	그러함	매우 그러함
• 컨설턴트는 일방적인 의사전달이 아닌 컨설티와 동등한 입장에서 협력관계를 유지하였다.					
• 컨설턴트는 의사소통을 하는 데 충분한 역량을 가지고 있다.					

4. 컨설팅 과정 중에 컨설턴트의 역할에 대한 만족도 문항입니다.

문항	전혀 그렇지 않음	그렇지 않음	보통	그러함	매우 그러함
• 컨설턴트는 컨설팅 전체 과정을 통해 컨설티의 의견을 존중하고 컨설팅 과정에 반영하였다.					
• 컨설턴트는 컨설팅 과정 중에 전문적 지식(수업 관련 지식 및 컨설팅 관련 지식)과 기술을 통해 진행하였다.					
• 컨설턴트는 컨설팅 과정 중에 컨설티와의 협력을 통해 정확한 문제의 진단을 실시하였다.					
• 컨설턴트는 문제를 진단하고 해결안을 찾기 위해 객관적인 사실과 정보를 찾는 작업을 하였다.					
• 컨설턴트는 컨설티와의 협력을 통해 문제에 대한 효과적인 개선 전략을 개발하였다.					
• 컨설턴트는 컨설티가 독립적으로 주어진 문제를 해결할 수 있는 전문가가 되도록 수업컨설팅 과정에 도움을 주었다.					

5. 컨설팅 과정 중에 컨설턴트의 윤리적 행동에 대한 만족도 문항입니다.

문항	전혀 그렇지 않음	그렇지 않음	보통	그러함	매우 그러함
• 컨설팅을 하는 동안 컨설턴트는 컨설티에게 윤리적인 행동(기밀 유지, 도와주려는 태도 등)을 유지하였다.					

6. 수업컨설팅을 받는 데 있어서 만족할 만한 사항이나 개선 및 요구사항을 상세히 작성해 주세요.

4. 수업컨설팅 종료 및 결과 보고서

　수업컨설팅의 종료는 수업컨설팅 계약서를 작성할 때 명시된 시기에 하도록 되어 있다. 주어진 시간에 따라 수업컨설팅이 분석과 개선안 제안으로 끝날 수 있고 개선안 실행까지 진행된 후 수업컨설팅의 효과성과 효율성을 평가한 후 끝이 날 수도 있다. 하지만 컨설티가 언제든 컨설팅 종료를 요구할 수 있다. 이유는 아무리 좋은 수업개선 전략을 개선안으로 제공해 준다고 해도 컨설티 스스로 이를 현장에 적용할 의지나 동기가 낮은 경우에는 컨설팅의 효과가 없어지기 때문이다. 따라서 컨설팅 과정이 무의미해지기 때문에 언제든 컨설티의 요청이 있으면 수업컨설팅은 종료된다.

　수업컨설팅이 단계별에 따라 잘 진행되어 컨설팅을 종료하고 나면, 컨설티 입장에서 컨설팅의 전체 과정이 마무리된 것이지만 컨설턴트 입장에서 마지막 과정이 남아 있다. 바로 컨설팅 종료 후에 컨설팅의 전 과정과 결과에 관한 보고서를 작성하는 일이다. 최종보고서 작성은 컨설팅이 이루어지고 있는 학교나 학급 상황, 교사와 컨설턴트의 여건 등을 고려하여 정해진 양식으로 작성되거나 생략될 수도 있다. 이러한 수업컨설팅 보고서는 컨설티인 교사에게는 스스로 자신을 성찰해 볼 기회를 제공해 주며, 컨설팅 이후 개선안의 지속적인 실행을 위한 구체적인 정보를 제공해 주고, 유사한 수업문제 발생 시 자발적인 문제해결 능력 향상을 위해서 도움을 제공해 준다. 그리고 컨설턴트 입장에서 보고서 작성은 컨설팅 경험과 지식 및 정보를 축적하고 자신의 컨설팅 활동에 대한 성찰을 할 수 있는 자원으로 중요한 역할을 한다. 이처럼 수업컨설팅 결과를 잘 활용하기 위해서도 결과보고서는 중요한 의미를 가진다.

　교사에게 제공되는 최종보고서의 내용은 일반적으로 컨설팅의 전반적인 과정, 제안사항, 실행 과정의 변화, 교사에 대한 조언 등이 포함된다. 그리고 컨설팅 관리자에게 제공되는 최종보고서의 내용은 의뢰한 과제에 관한 세부 내용, 특기 사항, 컨설팅 수행 과정에서 참고한 자료, 컨설팅 평가 결과 등이 포함될 수 있다. 최종보고서에 포함되어야 할 요소와 양식은 정해져 있는 것은 아니지만 다음과 같은 공통된 요소들이 포함될 수 있다. 그리고 수업컨설팅 보고서는 컨설티(보완용)와 관리자 및 학교장용(공개용) 두 가지 유형으로 나누어서 작성·제공할 수 있다. 이 두 가지 용도의 보고서의 내용은 다소 차이가 있을 수 있다. 예를 들어, 의뢰교사가 아닌 제3자에게 제공되는 보고서에는 의뢰교사에 관련된 세부적인 내용은 포함시키지 않을 수 있다. 수업컨설팅 보고서에 대표적으로 포함시킬 수 있는 수업컨설팅 보고서 양식을 제시하면 〈표 10-3〉과 같다.

 10-3 수업컨설팅 보고서에 포함되어야 할 요소

수업컨설팅 보고서

• 컨설팅 개요
　– 컨설팅 목적
　– 컨설팅 범위
　– 컨설팅 기간
　– 컨설팅 소요자원(인력, 비용, 참고자료 등)

• 컨설팅 진행 방식 및 적용 기법
  - 컨설팅 진행 방식(수행 전략 및 과정)
  - 적용 기법(자료수집 및 분석 방법)

• 컨설팅 수행 결과
  - 컨설팅 과정별 수행 결과(개선안과 실행 결과)
  - 컨설팅 후 변화

• 컨설팅 수행 과정 평가
  - 교사의 자기평가 결과
  - 컨설턴트에 대한 평가 결과

• 최종 권고 및 제안

• 부록
  - 컨설팅 의뢰서, 계약서, 자료수집 및 분석 도구 등

이러한 보고서 양식을 바탕으로 수업컨설팅 진행 과정에서 발생하는 여러 가지 요소를 고려하여 적절하게 변형시켜 사용할 수 있으며, 수업컨설팅의 결과물을 보고 상황에 맞게 보고서 형식을 수정 활용할 수 있다. 보다 구체적인 수업컨설팅 보고서의 항목별로 세부 작성 사항과 작성 요령을 정리하여 제시하면 〈표 10-4〉와 같다.

표 10-4 수업컨설팅 보고서 세부 작성 요령

	구성요소	주요 내용	
컨설팅 개요	컨설팅 목적	• 컨설팅의 추진 배경 • 컨설팅 필요성 • 컨설팅 목적 • 컨설팅 기대효과	• 컨설팅을 통해 컨설티(의뢰교사)가 얻을 수 있는 이점을 중심으로 기술
	컨설팅 범위	• 수업관찰 횟수 • 학생 대상 설문 및 인터뷰 횟수 • 의뢰교사와의 만남 횟수 및 방법 • 수업 분석을 위한 관찰 방법(직접/동영상)	• 수업컨설팅을 위한 수업 분석 범위(대상을 중심으로) • 컨설티와의 만남 유형 • 수업 분석을 위한 방법(관찰/설문 및 인터뷰/동영상)

	컨설팅 기간	• 컨설팅 일정(기간 및 소요 일수)	• 컨설티 또는 의뢰인(학교장 또는 관리자)과 논의
	컨설팅 소요 자원	• 참여 인력 • 소요 예산	• 컨설팅에 참여한 컨설턴트의 일반적인 정보 및 역할
컨설팅 진행 방식 및 적용 기법	컨설팅 진행 방식	• 수업컨설팅 진행 과정	• 컨설팅 전체 과정에 대한 이해를 높이기 위해 시각화된 자료 제공 • 시각화된 자료에 대해서 각각 단계(과정)들에 대한 상세한 기술
	컨설팅 적용 기법	• 수업 분석을 위한 자료수집 방법 • 컨설티와의 연락 유형 • 수업 분석도구 및 수업 분석 방법 • 개선안 제공 방법	• 수업 분석을 위한 자료수집 • 수업컨설팅 진행 과정에서의 컨설티와의 연락 유형 등을 상세히 기술 • 수업 분석도구에 대한 상세한 기술 • 개선안 제공 방법 및 횟수에 대해서 상세한 기술
수업 컨설팅 수행 결과	컨설팅 과정별 수행 결과	• 수업 분석 결과 • 개선안 제공	• 수업 분석도구들에 대한 각각의 분석과 함께 종합 분석 결과를 상세히 기술 • 구체적인 개선안 제안
	컨설팅 후 변화	• 개선안 적용 후, 수업관찰	• 수업관찰 전에 교수·학습과정안에 대한 1차 피드백 내용 기술 • 컨설티가 수업 실행을 통해서 적용한 개선안에 대한 2차 피드백 내용 기술
수업 컨설팅 수행 과정	교사의 자기평가 결과	• 컨설티에 대한 자기성찰	• 성찰일지 등을 통한 수업컨설팅 전반적인 과정이나 자신의 변화에 대한 다양한 기술
	컨설턴트에 대한 평가	• 컨설턴트에 대한 만족도 평가	• 컨설티를 대상으로 평정법, 인터뷰, 체크리스트 등을 통한 만족도 평가 결과 기술

이렇게 수업컨설팅 결과보고서 작성이 완료되었다면 작성사항을 점검해 보아야 한다. 전체적으로 보고서를 점검표에 제시된 평가 내용 및 준거를 바탕으로 평가해 보고 최종 마무리한다.

표 10-5 수업컨설팅 보고서 점검표

항목	내용
컨설팅 개요	• 컨설팅 추진 배경을 정확하게 기술하였는가?
	• 컨설팅 필요성 및 목적을 정확하게 기술하였는가?
	• 컨설팅 후, 의뢰 교사 또는 학교에 어떠한 효과가 있는지 기술하였는가?
	• 대상에 따른 수업 분석 범위(수업관찰 횟수, 사전 및 사후협의회 등의 면담 횟수, 수업 분석 방법)에 대해서 상세하게 기술하였는가?
	• 컨설팅이 걸리는 기간 또는 일정을 정확하게 기술하였는가?
	• 컨설팅에 활용될 소요자원(참여인력 및 경비) 등을 정확하고 상세하게 기술하였는가?
컨설팅 진행 방식 및 적용 기법	• 컨설팅 진행에 대한 전체 과정에 대해서 상세하게 기술하였는가?
	• 컨설팅을 위한 자료수집 방법에 대해서 상세하게 기술하였는가?
	• 컨설팅을 위해서 컨설티와의 면담 횟수 및 방법에 대해서 상세하게 기술하였는가?
	• 수업 분석도구에 대해서 상세하게 기술하였는가?
	• 개선안을 제공하는 방법에 대해서 상세하게 기술하였는가?
컨설팅 수행 결과	• 활용한 수업 분석도구(수업관찰, 설문 및 인터뷰 등)별 분석 결과를 각각 기술하였는가?
	• 활용한 수업 분석도구(수업관찰, 설문 및 인터뷰 등)별 분석 결과를 통합적으로 기술하였는가?
	• 활용한 수업 분석 결과에 따른 구체적인 개선안을 기술하였는가?
	• 개선안에 따른 변화에 대해서 기술하였는가?(개선안을 실제 적용한 수업관찰 후에 대한 분석 결과 및 피드백)
컨설팅 수행 과정 평가	• 컨설팅의 전반적인 과정과 자신의 변화에 대해서 컨설티(의뢰교사)의 의견을 기술하였는가?
	• 컨설팅 과정을 포함한 컨설턴트에 대한 만족도에 대해서 기술하였는가?

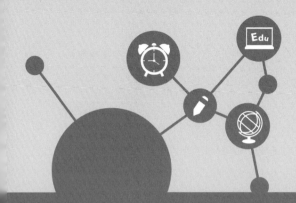

부록

INSTRUCTIONAL CONSULTING

[부록 1] 수업컨설팅 관련 서식

[서식 1] 수업컨설팅 의뢰서
[서식 2] 면담 계획서
[서식 3] 수업컨설팅 계약서

[서식 1] 수업컨설팅 의뢰서

수업컨설팅 의뢰서

의뢰인	소속:	직위 :	이름 :	연락처: email
컨설티	소속:	직위 :	이름 :	연락처: email
의뢰 과목	과목명(교과명):		학년 :	학생수 :
의뢰 사유				
수업 문제 (의뢰 문제)	수업에서 관찰되거나, 파악된 문제 사항들을 기술합니다.			
문제해결을 위한 시도				
희망 컨설팅 일시	1순위	○○○○년 ○월 ○일 ○○시		
	2순위	○○○○년 ○월 ○일 ○○시		
	3순위	○○○○년 ○월 ○일 ○○시		

의뢰일: ○○○○년 ○월 ○일
의뢰인: 홍길동 (인)

[서식 2] 면담 계획서

면담 계획서

• **면담 목적**: 이번 면담은 다음과 같은 세 가지 목적을 가지고 있습니다.
첫째, 수업컨설팅 의뢰서에 기초하여 선생님의 의도를 다시 확인하고 수업컨설팅의 목적을 합의하고자 합니다.
둘째, 실제 수업문제가 무엇인지에 대해 선생님의 의견을 듣고 수업컨설팅 과제를 도출하고자 합니다.
셋째, 합의된 수업컨설팅 목적에 기초하여 구체적인 수업컨설팅 계획을 수립하고 수업컨설팅 계약서를 작성하는 것입니다.

• **면담 예상 시간**: 위에서 제시한 세 가지 목적을 달성하기 위해서는 최소한 1시간 정도의 시간을 예상하고 있습니다. 따라서 다음과 같이 면담 시간을 갖고자 합니다.
일시: 2011년 ○○월 ○○일 13:00~14:00

• **면담 장소**: 교사 휴게실

• **자료 요청 사항**: 면담 시간을 절약하고 보다 효율적인 면담을 위해 다음과 같은 자료가 있다면 준비해 오시면 도움이 됩니다.
1. 선생님 반 학생들의 중간시험 결과(가능한 전체 과목에 대해)
2. 수업컨설팅 의뢰서 내용 중 선생님께서 새롭게 시도하신 수업의 교수학습지도안

• **면담을 통해 논의될 사항**
1. 수업컨설팅이 끝난 후 성취하고자 하는 이상적인 수업 상황
2. 현 수업 실태와 수업문제의 심각성, 기간, 정도, 빈도 등
3. 향후 수업컨설팅 단계와 일정, 자료수집 방법, 최종 컨설팅 산출물, 정보의 보안 방법 등

[서식 3] 수업컨설팅 계약서

수업컨설팅 계약서

컨설팅 주제:

 1. 컨설팅 목적과 범위

A. 본 컨설팅의 결과로 다음과 같은 질문에 답할 수 있게 될 것이다.

B. 본 컨설팅의 범위는 다음과 같은 내용으로 제한한다.
 • 컨설팅 영역:
 • 컨설팅 일정:
 • 컨설팅 비용:

 2. 컨설팅 과정 및 산출물

A. 본 컨설팅을 위해 다음과 같은 컨설팅 활동을 할 것을 합의한다.

B. 본 컨설팅은 자료 수집을 위해 다음과 같은 방법을 사용할 것을 합의한다.

C. 본 컨설팅의 산출물은 다음과 같음을 합의한다.

 3. 상호책임에 대해서는 다음과 같이 합의한다.

A. 컨설턴트:

B. 교사:

 본 컨설팅 과정에서 생성되는 모든 정보는 교사의 허락 없이는 어떠한 이유에서도 타인에게 제공해서는 안 된다.

년   월   일

교사: (인)

컨설턴트: (인)

[부록 2] 수업 분석 도구 서식

1. 수업 일관성 분석
2. 수업 구성 분석
3. 토의수업 분석
4. 토론수업 분석
5. 동기 유발 전략 분석
6. 비언어적 소통 분석
7. 매체 활용 전략 분석
8. 수업만족도 분석
9. 학습동기 분석
10. 과업집중도 분석

1. 수업 일관성 분석

분석 준거	일관성 여부에 대한 판단 내용	일치 여부 (○, △, X)	판단 근거
수업 목표와 수업 내용 간	• 수업이 끝난 후 학습자들이 수업목표에 기술된 수행을 할 수 있도록 학습 내용이 구성되어 있는가? • 수업 내용이 수업목표를 달성하는 데 학습자들에게 필요한 지식과 기술 습득에 도움이 되는가?		
수업 목표와 학습자 간	• 수업목표가 학습자들의 요구와 관련성을 가지고 있는가? • 수업이 학습자들에게 이해 가능한 것인가? • 수업목표의 분량이 학습자들의 학습 능력에 부합하는가? • 학습자들의 이해발달 과정에 따라 적응적인 수업이 이루어지는가?		
수업 목표와 수업 방법 간	• 수업목표가 달성 가능한 수업방법을 사용하고 있는가? • 수업목표 달성을 위한 충분한 학습경험을 제공하는가? • 수업목표 달성을 위한 효과적인 전략인가?		
수업 목표와 수업 매체 간	• 수업목표 달성을 위한 효과적인 수업 내용 전달 방법인가? • 수업매체가 수업목표 달성을 위한 수업 내용을 효과적으로 표상하고 있는가?		
수업 목표와 수업 평가 간	• 수업평가가 수업목표 달성 정도를 평가하고 있는가? • 수업평가가 수업목표 달성을 효과적으로 평가하고 있는가?		

2. 수업 구성 분석

	수업활동 단계 구성									수업활동 단계의 특징
	주의 집중 획득	수업 목표 제시	선수 학습 회상	학습 내용 제시	학습 안내 제공	수행 유도	피드 백 제공	수행 평가	파지 및 전이	
1										
2										
3										
4										
5										
6										
7										
8										
9										
10										
11										
12										
13										
14										
15										
16										
17										
18										
19										
20										
21										
22										
23										
24										
25										

26									
27									
28									
29									
30									
31									
32									
33									
34									
35									
36									
37									
38									
39									
40									
41									
42									
43									
44									
45									
46									
47									
48									
49									
50									

3. 토의수업 분석

분석 준거		토의수업 분석 내용	일치 여부	판단 근거
토의 주제		학습목표에 부합한 주제인가?		
		학습자 수준에 맞는 주제인가?		
토의 준비		학습자들에게 토의 주제를 명확히 안내하였는가?		
		학습자들에게 토의 방법(절차와 규칙)을 안내하였는가?		
		토의 결과를 정리할 수 있는 워크시트가 준비되었는가?		
		허용적인 분위기를 조성하였는가?		
		학습자들은 토의에 참여할 준비(자료 준비 등)가 되어 있는가?		
토의 실시	학습자활동	학습자들이 적극적으로 자신의 의견을 표현하였는가?		
		학습자들이 다른 사람들의 의견을 경청하였는가?		
		학습자들이 토의 결과를 잘 정리하였는가?		
	교사활동	원활한 토의가 진행될 수 있도록 모둠 구성 및 역할 분배를 하였는가?		
		원활한 토의가 진행될 수 있도록 학습자들의 참여를 독려, 격려, 칭찬하였는가?		
		원활한 토의가 진행될 수 있도록 적절한 질문을 제시했는가? (주제 환기, 심층적인 논의 유도 등)		
		원활한 토의가 진행될 수 있도록 시간관리를 잘 하였는가?		
토의 정리		학생들의 토의한 결과를 발표하거나 공유할 수 있는 기회가 있었는가?		
		교사는 토의 내용을 학습 주제와 연관하여 정리, 설명하였는가?		
		토의과정 및 결과에 대해 성찰할 수 있는 기회가 있었는가?		

4. 토론수업 분석

분석 준거		토론수업 분석 내용	일치 여부	판단 근거
설계	수준	토론 주제가 학습자 수준에 부합한 가?		
	내용	찬성과 반대의 입장을 취할 수 있는 주제인가?		
	시간	주어진 시간 안에 운영 가능하도록 설계되었는가?		
교사의 역할	환경구축	교실 환경(좌석 배치 등)은 토론수업을 위해 준비되었는가?		
	토론안내	토론 절차와 참여자들의 역할에 대해 안내하였는가?		
사회자	토론진행	사회자가 토론 진행(시간 엄수, 중립)을 잘 수행하였는가?		
토론자	주제	토론 주제에 대해 잘 인지하였는가?		
	방법	토론 방법에 대해 잘 인지하였는가?		
	팀워크	토론 시 팀워크가 잘 이루어졌는가?		
	근거 준비	적절한 근거를 가지고 자신의 의견을 주장하였는가?		
	태도	토론자들이 토론에 적극적으로 참여하였는가?		
청중	태도	청중은 토론 과정에 관심을 가지고 주의집중하였는가?		
	평가	청중은 토론 내용에 대해 적절한 평가 의견을 제시하였는가?		
결과 정리	정리	토론에서 다루어진 주요 내용을 정리, 제시하였는가?		
	피드백	토론 내용 및 방법에 대한 피드백이 잘 이루어졌는가?		

5. 동기 유발 전략 분석

준거		관찰 유무			관찰 내용
		도입	전개	정리	
주의 집중	지각적 (감각적) 주의집중				
	탐구적 주의집중				
	변화성 (다양성)				
관련성	목적 지향성				
	모티브 일치				
	친밀성 향상				
자신감	성공 학습 요건 활용				
	성공 기회 제공				
	개인적 책임감				
만족감	내적 강화				
	외적 강화				
	공평성				

6. 비언어적 소통 분석

범주	영역	장점 및 단점
물리적 환경	색, 조명, 온도, 공간 배열, 가구	
외적 모습	신체적 특징, 의상, 장신구	
신체적 움직임	자세, 몸짓, 시선, 표정, 접촉	
준언어	음량, 빠르기, 억양(사투리)	
공간	대인 간 거리, 영역	
시간	적시성(즉시성), 휴지	

7. 매체 활용 전략 분석

1) PPT에 대한 설계 분석

상위 항목	포함되어야 할 항목	분석 준거	분석 척도				
			매우 그렇지 않다	그렇지 않다	보통 이다	그렇다	매우 그렇다
내용 제시	• 주요 학습 내용 • 명확한 어휘 • 저작권 • 내용 강조	• 학습 내용을 간결하고 분명하게 제시하였는가?					
		• 중요한 내용을 정확히 제시하였는가?					
		• 학습자 수준에 맞는 어휘가 사용되고 있는가?					
		• 저작권을 침해하는 경우는 없는가? 즉, 참고문헌을 제시하였는가?					
		• 중요한 내용을 강조하는 기법을 사용하고 있는가?					

설계
지침
	• PPT 설계 원리
	  - 이중매체
	  - 근접성
	  - 상호작용
	  - 주제 일치성
	• 화면 디자인
	  - 레이아웃
	  - 템플릿 배경
	  - 색상
		• 두 가지 이상의 정보 채널(언어적+시각적)을 사용하고 있는가?					

		• 시공간적으로 언어적 정보와 이미지 정보를 근접하여 제시하였는가?					
		• 애니메이션 효과를 적절히 사용하였는가?(목적/필요성)					
		• 레이아웃은 간결하게 구성되어 있는가?					
		• 사용되는 시청각 자료(클립아트 등)가 수업 내용과 연관되어 있는가?					
		• 레이아웃이 일관적인가?					
		• 템플릿 배경이 학습 주제나 맥락에 적합한 것인가?					

		• PPT에 사용되는 색상이 학습 내용 전체에 포함될 만큼 일관성을 유지하는가?				
		• 한 화면에 색상을 최대 5개 이하만 사용하였는가?				
	이미지 자료	• 다이어그램, 차트, 그래픽을 사용하여 효과적으로 제시하였는가?				
		• 이미지에 대한 부가 설명이 제시되어 있는가?				
		• 이미지 크기가 화면에 적합한가?				
		• 이미지가 설명하고자 하는 학습 내용과 적합한 것인가?				
		• 이미지 자료를 지나치게 사용하였는가?				
텍스트	• 근접성 • 반복 • 정렬 • 대조 • 텍스트 크기 및 글꼴	• 텍스트 작성 시, 관련된 항목끼리 물리적으로 가깝게 묶어 관계를 나타내었는가?				
		• 텍스트 작성 시, 반복을 사용하여 일관성 있게 강조하였는가?				
		• 텍스트 작성 시, 한 페이지 안에 요소들을 읽기 쉽게 질서 정연하게 제시하였는가?				
		• 두 가지 항목이 서로 완전 다르다면 다르게 나타냈는가?				
		• 글자체, 글자 크기, 색상과 단락 구분에 일관성이 있는가?				
		• 가독성이 높은 글자체를 사용하였는가?				
		• 전체 텍스트에서 3~4개 이내의 글자체를 사용하였는가?				
		• 불릿 등의 기호를 활용하여 정보를 제시할 때 이해하기 쉬웠는가?				

동영상 및 사운드 자료	• 동영상 길이가 학습 시간에 따라서 적합하게 구성되어 있는가?					
	• 동영상 또는 사운드 자료가 꼭 필요하여 사용하였는가?					
	• 동영상 자료가 가시성이 높은가?					
	• 동영상 자료가 가청성이 높은가?					
	• 사운드 자료가 가청성이 높은가?					

2) 판서 설계 및 행위에 대한 분석

상위 항목	분석 준거	분석 척도				
		매우 그렇지 않다	그렇지 않다	보통 이다	그렇다	매우 그렇다
준비사항	• 수업 전 판서에 필요한 모든 도구(색분필, 지우개 등)가 준비되었는가?					
	• 칠판이 어둡거나 반사하지 않았는가?					
내용 제시 전략	• 중요한 사항을 중심으로 판서하였는가?					
	• 요점만 간단하게 작성하였는가?					
	• 내용을 정확하게 작성하였는가?					
	• 내용을 설명하는 데 효과적인 구조로 판서하였는가?					
	• 학습 내용을 이해하기 위하여 색분필을 효과적으로 활용하였는가?					
	• 핵심 내용을 중심으로 그림, 도표 등을 이용하여 내용을 잘 구조화하였는가?					
판서 양	• 판서의 양은 적당한가?					
	• 칠판을 지우는 횟수는 적당한가?					

판서 위치	• 판서의 위치는 적합한가?					
	• 전체 학습자들이 판서 내용을 모두 볼 수 있는가?					
	• 학습 내용에 따라 핵심 내용과 기타 사항을 구별하여 각각 다른 위치에 작성하였는가?					
판서 글자	• 글자의 크기는 적당한가?					
	• 글씨를 쉽게 알아볼 수 있는가?					
	• 주제와 내용을 구별하여 글자 크기를 조절하여 작성하였는가?					
	• 짜임새 있는 글자, 즉 정자로 작성하였는가?					
교수자의 행위	• 판서 시, 적당한 시간 내에 판서를 빠른 속도로 작성하였는가?					
	• 판서 중 글자가 학습자의 시야를 가리지 않도록 작성하였는가?					
	• 판서하는 과정에서 지속적으로 학습자들에게 이야기를 하는가?					
	• 판서 중에서도 가끔 돌아서서 학습자와 한 번씩 눈을 맞추면서 작성하였는가?					
	• 학습자들에게 판서의 내용을 노트할 충분한 시간을 할애해 주었는가?					

* 기타 사항

8. 수업만족도 분석

1) 전체 수업용

항목	하위 내용	분석 척도				
		①	②	③	④	⑤
일반	• 우리 학교 모든 수업에 만족한다.					
수업 내용	• 수업 내용에 대해 만족한다.					
	• 교재에 대해 만족한다.					
	• 선생님이 제공해 주는 수업자료에 대해 만족한다.					
	• 수업 내용의 난이도에 대해 만족한다.					
수업 방법	• 수업 양에 대해 만족한다.					
	• 수업 방법에 만족한다.					
	• 수업에서 사용하는 수업매체에 대해 만족한다.					
수업 환경	• 교실에 대해 만족한다.					
	• 교실 이외의 시설(동아리 방 등)에 만족한다.					
	• 수업 시설 및 실습 환경에 만족한다.					
학습 평가	• 평가 방법에 만족한다.					
	• 평가의 공정성에 만족한다.					
수업 효과	• 수업이 나에게 도움이 된다고 생각한다.					
교사	• 선생님들의 전문성에 만족한다.					
	• 선생님과의 관계에 만족한다.					

전체 수업에 대한 개선점 및 문제점을 자유롭게 기술해 주세요.

---

① 매우 그렇지 않다   ② 그렇지 않다   ③ 보통이다   ④ 그렇다   ⑤ 매우 그렇다

2) 특정 수업용

항목	하위 내용	분석 척도				
		①	②	③	④	⑤
일반	• 이 수업에 만족한다.					
수업 내용	• 이 수업 내용에 대해 만족한다.					
	• 이 수업의 교재에 대해 만족한다.					
	• 이 수업에서 제공되는 자료에 내해 만족한다.					
	• 이 수업의 내용 난이도에 대해 만족한다.					
수업 방법	• 이 수업의 양에 대해 만족한다.					
	• 이 수업 방법에 만족한다.					
	• 이 수업에서 사용하는 수업매체에 대해 만족한다.					
학습 평가	• 이 수업의 평가 방법에 만족한다.					
	• 이 수업 평가의 공정성에 만족한다.					
수업 효과	• 이 수업이 나에게 도움이 된다고 생각한다.					
교사	• 선생님의 전문성에 만족한다.					
	• 선생님과의 관계에 만족한다.					

전체 수업에 대한 개선점 및 문제점을 자유롭게 기술해 주세요.

---

① 매우 그렇지 않다   ② 그렇지 않다   ③ 보통이다   ④ 그렇다   ⑤ 매우 그렇다

9. 학습동기 분석

1) 전체 수업용

문항	척도				
	전혀 그렇지 않다	그렇지 않다	보통 이다	그렇다	매우 그렇다
1. 모든 수업에서 배우는 것을 좋아한다.	①	②	③	④	⑤
2. 모든 수업에서 성적을 잘 받는 것보다 공부하는 것 그 자체를 좋아한다.	①	②	③	④	⑤
3. 모든 수업에서 새로운 호기심을 갖는다.	①	②	③	④	⑤
4. 모든 시험에서 다른 친구들보다 좋은 성적을 받고 싶다.	①	②	③	④	⑤
5. 모든 수업에서 배우면 나의 진로에 많은 도움이 될 것이다.	①	②	③	④	⑤
6. 모든 수업에서 좋은 성적을 받는 것은 나에게 중요 하다.	①	②	③	④	⑤
7. 모든 수업에서 잘하면 좋은 직업을 얻을 수 있을 것 같다.	①	②	③	④	⑤
8. 모든 수업에서 다른 친구들보다 더 잘할 수 있다.	①	②	③	④	⑤
9. 모든 수업에서 잘 해낼 수 있는 자신이 있다.	①	②	③	④	⑤
10. 모든 수업에서 열심히 집중할 자신이 있다.	①	②	③	④	⑤
11. 모든 수업에서 시험을 잘 볼 수 있다.	①	②	③	④	⑤
12. 모든 수업에서 높은 점수를 받을 수 있다고 믿는다.	①	②	③	④	⑤
13. 모든 수업에서 주의집중이 잘 된다.	①	②	③	④	⑤
14. 모든 수업에서 지적 호기심을 가진다.	①	②	③	④	⑤
15. 모든 수업 내용이 흥미롭다.	①	②	③	④	⑤
16. 모든 수업에서 제공되는 다양한 수업자료가 흥미 를 끈다.	①	②	③	④	⑤
17. 모든 수업이 나와 관련이 있다고 생각한다.	①	②	③	④	⑤

18. 모든 수업 내용이 나의 미래 직업과 관련이 있다고 생각한다.	①	②	③	④	⑤
19. 모든 수업 내용이 당장 사용 가능한 실용적인 지식이라고 생각한다.	①	②	③	④	⑤
20. 모든 수업에서 소속감이나 안정감을 느낀다.	①	②	③	④	⑤
21. 모든 수업 내용이 나에게 친밀한 것들이다.	①	②	③	④	⑤
22. 모든 수업에서 자신감을 가지고 있다.	①	②	③	④	⑤
23. 모든 수업에 필요한 사전 지식을 가지고 있다고 생각한다.	①	②	③	④	⑤
24. 모든 수업을 성공적으로 성취하기 위한 전략을 가지고 있다.	①	②	③	④	⑤
25. 모든 수업에서 적절한 도전감을 가지고 있다.	①	②	③	④	⑤
26. 모든 수업에서 좋은 성적을 얻을 수 있다고 생각한다.	①	②	③	④	⑤
27. 모든 수업에서의 결과는 나의 노력에 의해 결정된다고 생각한다.	①	②	③	④	⑤
28. 모든 수업에서 만족감을 느낀다.	①	②	③	④	⑤
29. 모든 수업에서 성취감을 느낀다.	①	②	③	④	⑤
30. 모든 수업에서 칭찬이나 보상을 많이 받는다.	①	②	③	④	⑤
31. 모든 수업 결과에 대해 자긍심을 가지고 있다.	①	②	③	④	⑤
32. 모든 수업이 공평하게 진행된다고 생각한다.	①	②	③	④	⑤

2) 특정 수업용

문항	척도				
	전혀 그렇지 않다	그렇지 않다	보통 이다	그렇다	매우 그렇다
1. 이 수업에서 주의집중이 잘 된다.	①	②	③	④	⑤
2. 이 수업에서 지적 호기심을 가진다.	①	②	③	④	⑤
3. 이 수업 내용이 흥미롭다.	①	②	③	④	⑤
4. 이 수업에서 제공되는 다양한 수업자료가 흥미를 끈다.	①	②	③	④	⑤
5. 이 수업이 나와 관련이 있다고 생각한다.	①	②	③	④	⑤
6. 이 수업 내용이 나의 미래 직업과 관련이 있다고 생각한다.	①	②	③	④	⑤
7. 이 수업 내용이 당장 사용 가능한 실용적인 지식이라고 생각한다.	①	②	③	④	⑤
8. 이 수업에서 소속감이나 안정감을 느낀다.	①	②	③	④	⑤
9. 이 수업 내용이 나에게 친밀한 것들이다.	①	②	③	④	⑤
10. 이 수업에서 자신감을 가지고 있다.	①	②	③	④	⑤
11. 이 수업에 필요한 사전 지식을 가지고 있다고 생각한다.	①	②	③	④	⑤
12. 이 수업을 성공적으로 성취하기 위한 전략을 가지고 있다.	①	②	③	④	⑤
13. 이 수업에서 적절한 도전감을 가지고 있다.	①	②	③	④	⑤
14. 이 수업에서 좋은 성적을 얻을 수 있다고 생각한다.	①	②	③	④	⑤
15. 이 수업에서의 결과는 나의 노력에 의해 결정된다고 생각한다.	①	②	③	④	⑤
16. 이 수업에서 만족감을 느낀다.	①	②	③	④	⑤
17. 이 수업에서 성취감을 느낀다.	①	②	③	④	⑤
18. 이 수업에서 칭찬이나 보상을 많이 받는다.	①	②	③	④	⑤
19. 이 수업 결과에 대해 자긍심을 가지고 있다.	①	②	③	④	⑤
20. 이 수업이 공평하게 진행된다고 생각한다.	①	②	③	④	⑤

10. 과업집중도 분석

[과업집중 분석표]

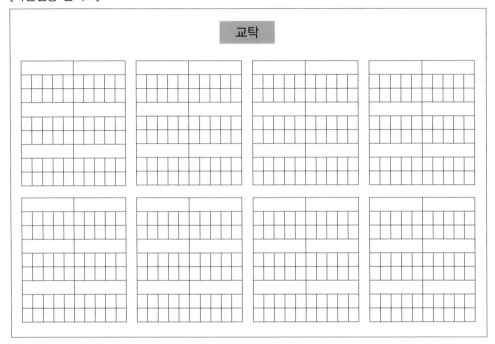

[과업집중분석표(빈도와 백분율)]

시각 범주	00:05	00:10	00:15	00:20	00:25	00:30	00:35	00:40	00:45	00:50	합계	%
A												
B												
C												
D												
E												
F												

※ 시간은 시작 시간부터 5분 간격으로 체크함.

A: 과업 중(혼자-개별 학습 활동), B: 과업 중(교사), C: 자리 이탈, D: 잡담, E: 공상, F: 장난

[부록 3] 수업컨설팅 최종보고서 예시

Ⅰ. 수업 개선 컨설팅의 개요

1. 수업컨설팅의 필요성 및 목적

- 수업은 "학습자가 적절한 학습활동을 하도록 방향을 제시하고, 학습자로 하여금 적절한 지식을 얻게 하고, 학습자의 행동을 관찰하고, 학습자의 행동에 대해 적절한 피드백을 주는 활동"으로써 교수자는 학습자들로 하여금 효과적, 효율적, 매력적 수업을 제공해 주어 학습을 촉진하도록 해야 함

- 이에 효과적, 효율적, 매력적 수업을 하기 위해 수업 개선의 일환으로 일차적으로 '수업 분석' 혹은 더 나아가 '수업컨설팅'이 이루어지고 있음

- 따라서 수업을 직접 관찰과 동시에 보완적으로 수업을 촬영한 동영상을 통해서 수업컨설턴트는 전문적인 컨설팅 역량을 통해서 수업을 체계적이고 과학적으로 분석하여 수업 문제의 원인을 진단하고 그에 따른 개선안(interventions)을 제공함으로써 수업 문제를 개선하는 데 일차적인 목적이 있으며, 궁극적으로 컨설팅을 의뢰한 교사는 의뢰 문제와 함께 그 밖의 수업 행동에 대해서 성찰할 수 있는 기회가 될 것임
  - 전문적인 수업 분석을 통해 수업 설계 및 수업 기술을 포함하는 전반적 수업의 질이 제고될 수 있으며, 이를 통한 교사의 교수 역량을 강화하는 결과를 가져올 수 있음
  - 강의 촬영의 장점은 녹화된 동영상을 통해 교사의 수업 기술을 분석할 수 있다

는 점이며, 수업 기술은 그 자체가 기술(technic)이기 때문에 자신의 문제점을 파악한 후, 개선하려는 노력만 있으면 단시간에 충분히 학습되고 변화될 수 있으며, 수업 행동과 상황을 직접 보여 줄 수 있는 기회가 되어 교사가 강의의 실체나 문제점을 객관적으로 관찰함으로써 강의 개선을 위한 아이디어를 얻게 됨

2. 수업컨설팅의 범위

- 김철수 선생님을 대상으로 각각 2회 총 4회의 면대면 컨설팅 진행함
  - 김철수 선생님을 대상으로 각각 1회 총 2회의 수업관찰 실시
- 수업컨설팅을 위해 메일이나 온라인 대화를 통해 컨설팅을 진행함
- 수업 분석은 면대면 분석과 동영상 촬영 분석을 모두 사용함
  - 면대면 분석: 수업컨설턴트가 수업을 직접적으로 관찰하여 수업의 맥락을 이해하고 이를 통해 상황 분석이 가능함
  - 수업동영상 분석: 수업동영상은 직접 관찰을 통해서 분석하는 데 어려움이 있거나 놓치는 부분을 보완하고자 함
- 학생들을 대상으로 설문과 인터뷰를 실시함

3. 수업컨설팅 기간

- 컨설팅 일정: 20○○년 ○○월 ○○일 ~ 20○○년 ○○월 ○○일(30일)

4. 수업컨설팅 소요 자원

- 이 수업컨설팅에 참여하는 인력 구성은 다음 표에 제시되어 있음

〈표 1〉 수업컨설팅 참여 인력의 예시

참여 인력	경력	역할
수업컨설팅 매니저 이○○	• ○○대학교 교육학과 교수 • 교육공학 박사 • 수업컨설팅 경력 15년	• 수업컨설팅 총괄 • 수업 분석 결과 및 보고서 검토 • 수업컨설팅 만족도 평가
수업컨설턴트 강○○	• ○○대학교 연구원 • 교육공학 박사 • 수업컨설팅 경력 10년	• 교실 수업관찰 • 수업 분석(Critical Incident Analysis, 과업집중분석) • 수업만족도 및 학습동기 설문 조사
수업컨설턴트 이○○	• ○○대학교 연구원 • 교육공학 박사 • 수업컨설팅 경력 10년	• 교실 수업관찰 • 수업동영상 촬영 • 수업 분석(수업 일관성 분석, 수업 구성 분석, 수업 분위기 분석)
수업컨설턴트 오○○	• ○○대학교 연구원 • 교육공학 박사 • 수업컨설팅 경력 10년	• 교실 수업관찰 • 인터뷰(교사 및 학생) • 수업 분석(학습동기 분석, 수업매체 분석, 비언 어적 의사소통)

• 수업컨설팅 소요 경비 산출 내역

〈표 2〉 수업컨설팅 경비 내역의 예시

경비 내역	금액	산출 근거
인건비	1,200,000원	4명×300,000
교통비	320,000원	4명×20,000×4회
보고서(수업 분석 포함)	500,000원	1process×500,000
총액	2,020,000원	

II. 수업컨설팅 진행 방식 및 적용 기법

1. 수업컨설팅 진행 방식

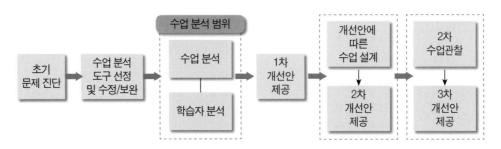

[그림 1] 수업컨설팅 전체 진행 과정

• 수업컨설팅이 진행되는 방식은 [그림 1]과 같다.

2. 수업컨설팅 적용 기법

1) 수업 분석을 위한 자료 수집 방법

• 한 명의 교사(김철수)를 대상으로 각각 2회 총 4회의 면대면 컨설팅 진행함
  - 한 명의 교사(김철수)를 대상으로 각각 1회 총 2회의 수업관찰 실시
• 수업컨설팅을 위해 메일이나 온라인 대화를 통해 컨설팅을 진행함
• 수업 분석은 면대면 분석과 동영상 촬영 분석을 모두 사용함
  - 면대면 분석: 수업 컨설턴트가 수업을 직접적으로 관찰하여 수업의 맥락을 이해하고 이를 통해 상황 분석이 가능함
  - 수업 동영상 분석: 수업동영상은 직접 관찰을 통해서 분석하는 데 어려움이 있거나 놓치는 부분을 보완하고자 함
• 학생들을 대상으로 설문과 인터뷰를 실시함

2) 수업 분석 도구

(1) 수업컨설턴트의 결정적 사태 분석(critical incident analysis)

- 면대면 관찰을 통해 수업 전체의 흐름을 도입, 전개, 정리 단계별로 의뢰한 수업 문제(목적)를 중심으로 질적으로 분석함
- 수업 현상은 분석 주제를 중심으로 수업에서 학생들이 보여 주는 행동을 있는 그대로 기술하고 해석 및 제언에서는 학생들의 행동에 대한 수업컨설턴트의 해석과 수업개선을 위한 제언을 제공함

(2) 수업 일관성

- Dick 등(2005)과 변영계, 이상수(2003)의 수업설계 및 수업체제이론을 바탕으로 수업목표, 수업 내용, 수업 방법, 수업매체, 수업평가 간의 일관성에 대한 분석 준거를 도출하였으며 분석 척도는 불일치, 중립, 일치로 나누어 분석함

(3) 수업 분위기

- Borich(2008)가 학습을 위한 긍정적인 분위기를 조성하고 영향을 미칠 수 있는 교사의 온화함과 통제 정도를 측정하기 위해 개발한 수업분위기를 재구성하여 활용함
- 15분 간격으로 높고 낮은 온화함과 통제의 정도를 일곱 가지 항목으로 각각 구분하여 체크하여 분석함

(4) 동기 유발 전략

- Keller와 송상호(1999)가 제시한 ARCS 이론을 바탕으로 주의집중, 관련성, 자신감, 만족감 네 가지 범주와 그에 따른 하위요소(주의집중: 지각적, 탐구적, 다양성/관련성: 목적지향성, 모티브 일치, 친밀성/자신감: 성공 학습 요건 제시, 긍정적 결과 유도, 개인적 책임감/만족감: 내적 강화, 외적 강화, 공평성)의 구체적인 동기 유발 방법 등을 분석 준거로 재구성하였으며, 각 하위요소의 관찰 유무를 체크하고 관찰된 상세한 내용을 분석함

(5) 비언어적 의사소통 능력

- 교수와 학습자 간의 상호작용 중 90%이상 활용되는 비언어적 상호작용이 어떤 형태로 적절하게 사용되는지를 분석함
- 비언어적 상호작용 분석을 위하여 Miller(2000)과 제안한 교사와 수업 환경에 대한 분석 위주(물리적 환경, 외적 모습, 신체 움직임, 준언어, 공간, 시간)로, 각 범주에 따른 영역의 효과성 정도와 장단점, 그리고 개선점을 질적으로 분석함

(6) 과업집중도

- 과업집중도는 변영계, 김경현(2005)과 Acheson(1987)가 제시한 교실 좌석표를 이용한 분석법을 활용하여 과업의 집중 경향성을 파악하고자 함. 즉, 학생들의 주의 집중을 하는지에 대해서 분석함으로써 교사의 수업활동과 학생의 학습활동 간의 연계성을 파악하고자 함

(7) 학습자 수업만족도

- 학생들의 수업만족도는 수업에 대한 전반적인 만족도, 수업 내용, 수업방법, 수업효과, 교사의 전문성, 수업평가 등의 여섯 가지 영역을 반영한 총 15개의 폐쇄형 문항은 리커트 5점 척도로 체크하게 하였고, 수업에 대한 개선점 및 문제점을 자유롭게 기술할 수 있는 1개의 개방형 문항으로 구성함
- 학습자들이 해당 교사의 수업에 대해서 얼마만큼의 만족도가 있는지를 파악하는 데 목적이 있음

(8) 학습자 동기 수준

- 학생들의 학습동기 분석은 주의집중, 관련성, 자신감, 만족감 등의 일곱 가지 영역을 반영하여 총 19개의 폐쇄형 문항으로 구성됨
- 학습자들이 해당 교사의 수업에 대해서 얼마만큼의 학습동기가 있는지를 파악하는 데 목적이 있음

(9) 학습자 인터뷰
• 수업에 있어서의 어려움, 강점, 개선점 등을 개방적 질문을 통해 학생 3명을 대상으로 1회 실시

3) 수업 분석 방법

• 수업 분석은 1회 걸쳐 면대면 관찰 및 수업 동영상을 분석함
  - 면대면 분석을 위해서 수업컨설턴트 3인이 면대면 관찰을 1회 실시함. 단, 나머지 수업관찰 1회는 개선안을 적용한 수업관찰이므로 구체적인 수업 분석 도구를 활용하지 않고 개선안에 대한 개선사항 위주로 질적으로 면대면 협의회를 통해 분석 결과를 제공함
  - 수업 동영상 분석은 본 수업컨설팅 연구단이 마련한 수업 분석 도구 일곱 가지(학습자 인터뷰는 제외)를 활용하여, 수업컨설턴트 4인이 참여하여 도구별로 분배하여 분석하였고, 교차 점검을 통해 컨설턴트들 간의 재분석을 통해 신뢰도를 높였음
  - 수업설계안 분석은 1차 개선안을 적용한 수업설계안을 질적으로 분석함
• 학생들을 대상으로 하여 수업만족도와 학습동기, 포커스그룹 인터뷰를 실시함
  - 본 연구단에서 자체 개발한 수업만족도와 학습동기 도구를 활용하여 평균값을 제시함
  - 포커스 그룹인터뷰는 면대면으로 수업을 관찰한 수업컨설턴트 2인이 수업 종료 후 약 5분간 실시함

4) 개선안 제공 방법

• 개선안은 총 3회에 걸쳐 제공함
  - 첫째, 1회 수업관찰 후 1차 개선안 제공(이메일을 통해 전달)하며, 문의사항이나 요구사항 등은 전화 등으로 의사소통을 함

- 둘째, 1차 개선안을 적용한 2차 수업관찰용 수업설계안(교수학습지도안)에 대한 2차 개선안을 제공하며(이메일을 통해 전달), 문의사항이나 요구사항 등은 전화 등으로 의사소통을 함
- 마지막으로, 2차 개선안을 적용한 2차 수업을 관찰한 후에 3차 개선안을 관찰 후 협의회를 통해 제공함. 이 경우에는 개선안에 대한 개선사항 위주로 질적으로 면대면 협의회를 통해 분석 결과에 대해서 논의함

Ⅲ. 수업컨설팅 수행 결과

1. 수업관찰 및 수업 분석 결과

• 수업관찰을 기반으로 수업 분석 도구들을 활용하여 분석한 결과를 제시함

〈표 3〉 수업 분석 결과의 예시

- 2학년 3반 학생들에 대한 선수학습 능력이 이루어지지 않는 것으로 나타났으며, 개별화 접근이 미흡한 것으로 보임
- 김 교사의 업무가 많아 수업설계 등의 수업 준비에 어려움을 겪고 있어 2학년 전체 학생들에게 그 영향이 미치고 있음. 따라서 2학년 3반 학생들에 대해서 선수학습 능력이 부족한 것을 인지하고 있으나 그러한 것을 파악할 충분한 시간이 없는 것으로 나타남
- 김 교사는 PBL 수업방법에 대해서는 지식이 충분해 수업에 적용하는 데 어려움을 호소하지 않았으나 학교장의 PBL 수업 정책에 대해서는 의문을 제기하고 있어 수업에 적용하는 데 갈등을 느끼고 있는 것으로 판단됨
- 학생들의 학습동기 분석 결과, 상대적으로 전체 2학년 평균에 비해 낮은 것으로 나타났으며 실제로 수업 중에 학습동기를 유발시키는 전략이 보완될 필요가 있는 것으로 나타남. 즉, 학습동기 전략에 서 주의집중 전략 이외에는 효과적으로 활용하지 못하고 있다고 판단됨
- 수학과목을 가르치기 위한 또는 학생들이 학습하기 위한 효과적, 효율적, 매력적인 수업매체 선정과 활용이 이루어지지 않고 있었으나 그와 같은 이유가 매체를 개발할 수 있는 환경이나 지원 인력이 부족하고 있음을 지적함
- 시간관리와 과업집중도, 비언어적 의사소통 능력을 종합적으로 분석해 보면, 시간관리를 적절하게 관리하여 과업을 집중시켜야 하며, 뿐만 아니라 비언어적 의사소통 능력을 훈련받아 과업을 집중시킬 수 있는 전략을 키우는 것도 필요함

• 학습동기와 수업만족도 설문, 학습기술을 전체 2학년과 비교해 본 결과, 다음과 같은 결과가 도출되었음
 - 수업 내용(난이도 및 구조화)과 수업방법, 수업 환경, 수업 효과(새로운 내용의 습득 정도)에 낮은 평균을 보이고 있는데, 이는 학생들의 포커스그룹 인터뷰 결과와 일치함을 보여 주고 있음
 - 2학년 3반은 학습동기가 2학년 평균보다 낮은 것으로 나타났으며 특히 자기효능감이 낮은 것으로 나타났는데 이를 위한 수업전략이 미흡한 것으로 나타남
 - 2학년 3반은 청취 기술과 시험불안 관리 전략, 정보처리 전략이 미흡하거나 부재함에도 불구하고 교사는 이에 따른 적절한 학습기술 전략을 반영한 수업전략을 사용하지 않는 것으로 나타남

2. 수업 분석 결과를 통한 개선안 제공

• 수업은 "학습자가 적절한 학습활동을 하도록 방향을 제시하고, 학습자로 하여금 적절한 지식을 얻게 하고, 학습자의 행동을 관찰하고, 학습자의 행동에 대해 적절한 피드백을 주는 활동"으로써 교수자는 학습자들로 하여금 효과적, 효율적, 매력적 수업을 제공해 주어 학습을 촉진하도록 해야 함

〈표 4〉 개선안 제안의 예시

개선안의 제안
• 개선안 1: 선수학습 능력 부족을 해결하기 위한 보충학습 실시 - 학습 계약 실시 EBS 방송 일주일 이상 시청 유도 - 학습 보상 시스템 도입(일일 보상, 일주일 보상, 한달 보상 등) • 개선안 2: 수업전략(모형), 수업자원(매체, 자료)의 이해와 적용을 위한 교사 연수 기회 확대/적용 자료 제공 및 훈련 실시 - 수업전략 및 매체에 대한 학교 자체 연수를 실시 - 수업 내용(학습결과)에 따른 수업전략의 이해 및 적용 자료 제공 - 수업매체 선정 및 개발 전략에 대한 자료 제공 및 안내, 훈련 실시 • 개선안 3: 내 · 외적 학습동기 유발 및 유지 방법의 다양화 - 외적 강화(2차 강화)와 보상체제 이외에 다양한 강화 및 보상체제의 이해와 적용 - 내적 동기 유발(관련성, 자신감, 만족감 전략) 및 유지 방법의 이해와 적용 - 학습자의 자기 학습 속도 조절 및 수업 내용 선택하기

- 개선안 4: 수업매체(자료) 개발 예산 계획 및 환경 조성
  - 수업매체 및 자료 개발을 위한 예산 확보 제안
  - 학습자의 체험학습 관련 매체 및 자료 개발을 위한 환경 조성

- 개선안 5: 학교 중점 결정사항(가치)에 대한 의사결정 시스템 개선
  - 학교의 의사결정시스템 개선: 교사 참여 기회 확대
  - 학교의 중점 결정사항이나 가치 갈등 해소(수업전략 적용 갈등 개선)

3. 개선안 적용한 수업 관찰

〈표 5〉 개선안 적용한 수업 관찰의 예시

- 수업 컨설티: 김 ○○ 교사
- 수업 실행
  - 일시: 2011. 6. ○○ (화) 6교시
  - 대상: 2학년 3반
  - 수업의 전체적 흐름
    ◇ 도입 단계에서 학습자에게 사전에 제시되어 풀어 오도록 한 1학기 전체 정리 문제를 확인하고, 어떤 내용을 학습하였고, 어떤 문제가 어떤 학습 내용과 관련된 문제인지를 분류하면서 전체 1학기 학습 내용을 상기시켰음. 이후 협동학습(직소우Ⅱ) 전략을 적용하여 분류된 소주제별로 모집단 구성원들과 교사 간에 협의를 거쳐 각 각 소주제를 선택하도록 하였음
    ◇ 전개 단계에서는 선택된 소주제별로 전문가 집단을 구성하고 집단별로 선택한 주제를 서로 협력하여 팀학습을 실시하였음. 교사는 전문가 집단을 순회하면서 어려운 문제를 도와주고 안내해 주었음
    ◇ 정리 단계에서는 추후 모집단 학습에 대한 예고와 평가 일정을 안내하였음

- 수업 실행 후 피드백
  - 수업방법은 '어떻게 가르칠 것인가?'에 대한 수업 설계 차원에서의 해답입니다. 수업 설계 차원에서 수업방법을 찾는 것은 학습자, 학습 환경, 학습 내용에 대한 분석을 바탕으로 적절한 수업 전략을 찾는 것입니다. 그중에서 특히 가르쳐야 할 학습 내용에 적합한 수업방법을 설계하여 적용하는 것이 중요합니다. 이는 학습 내용에 따라 획일적인 수업모형을 적용하는 것이 아니라 학습에 따라 적절한 수업모형을 달리 적용해야 한다는 것을 의미합니다. 예를 들어, '수영'이 학습 내용이라면 여러 수업모형을 적용할 수 있지만 가장 적절한 수업모형은 시범식 수업(직접교수법)일 것입니다. 이렇게 학습 내용에 따라 가장 효과적으로 가르칠 수 있는 수업모형을 적용하여 가르쳐야 하는 것입니다.
  - 수업 중에 교사와 학습자 사이에 발생하는 상호작용은 수업의 가장 핵심적인 활동입니다. 이러

한 상호작용은 크게 두 가지로, 언어적 상호작용과 비언어적 상호작용으로 구분할 수 있습니다. 언어적 상호작용은 설명과 청취, 질문과 답변으로 이루어지고, 비언어적 상호작용은 신체언어(접촉/얼굴표정/시선 처리 및 눈짓/몸짓), 공간 언어(이동 거리 및 범위), 유사언어(목소리 크기/억양/어조/말의 속도/강세)로 구분할 수 있습니다. 혹자는 사람의 의사소통 중 70% 이상이 비언어적 의사소통을 통해서 이루어진다고 합니다. 그렇다면 수업 중에 교사와 학습자 사이에 이루어지는 비언어적 상호작용은 더욱 중요하게 작용할 것입니다.

IV. 수업컨설팅 수행 과정

1. 교사의 자기평가 결과

- 수업은 수업컨설팅의 전 과정을 마친 후 컨설티로 하여금 자기평가를 다양한 방법으로 하도록 실시할 수 있음. 질적 평가 방법의 하나인 '자유 글쓰기'를 통한 평가 결과 방법을 다음 표에서 확인할 수 있음

〈표 6〉 수업컨설팅 결과 평가의 예시

수업컨설팅을 마치면서

□ 컨설턴트: ○○○
□ 컨 설 티: ○○○

현재 교직생활을 9년째 하고 있는 가운데 학생과 수업을 진행하며 항상 '내가 하는 수업이 옳은 방향으로 진행되고 있으며, 효율적인가?' '학생들에게 수업 내용을 완전학습시키고 있는가?'라는 의문을 많이 가졌습니다. 이번 수업컨설팅을 통해 내가 평소에 하는 수업을 공개하고 수업에서 발생하는 문제점을 진단해 보는 기회를 갖게 되어 좋았습니다. 컨설팅을 통해 느낀 점을 정리해 보았습니다.

우선 평소 수업을 하며 학생들이 제가 하는 수업에 대부분 적극적으로 참여하고 있다고 생각하였는데 컨설팅 분석 결과 그렇지 않다는 것을 알 수 있었고, 수업 초의 학습 결손이 해당 시간 전체에 영향을 미치고 있음을 알게 되었습니다. 그리고 과업 집중이 되지 않는 학생은 그 주변의 학생에게 파급 효과를 미치고 있음을 알았습니다. 이에 학습 초기에 학생들이 해당 시간 학습 내용을 이해할 수 있도록 지도해야겠다고 생각했습니다.

다음으로 각 학생들의 학업 성취도 차이로 인해 효율적인 수업이 이루어지지 않음을 알았습니다.

이를 해소할 방법으로 수업 시간 중 학업 성취도가 높은 학생이 해당 모둠 내의 학생들에게 팀티칭(Team Teaching)하게 한 결과 수업 진행이 더욱 원만히 이루어졌으며, 학생들의 수업이해도 및 만족도 역시 높았습니다.

마지막으로 수업 도입 시 학습동기 유발이 수업에 미치는 영향에 대해 재고하는 기회가 되었습니다. 학생들에게 학습동기 유발은 과업 집중도나 수업 흥미를 유발하게 하여 원만한 수업을 하게 하는 것인데, 과목 특성상 학습 동기를 유발할 소재 선정에 어려움이 있어 소홀히 하였습니다. 컨설팅 후 이에 대해 다시 생각해 보게 되었으며 동기 유발을 위해 몇몇 도구를 개발하고 적용해 보는 기회가 되었으며 효과도 긍정적이었습니다.

이번 컨설팅을 통해 제 수업을 되돌아보는 기회가 되었습니다. 그간 수고해 주신 ○○○ 컨설턴트님에게 깊은 감사의 말을 전합니다. 수고하셨습니다.

2. 컨설턴트에 대한 평가 결과

• 위에서 제시된 교사 자기평가 결과에 컨설턴트에 대한 평가를 실시함으로써 평가의 신뢰도를 높일 수 있음. 컨설턴트에 대한 평가는 인터뷰, 평정법, 체크리스트, 관찰법 등의 여러 방법을 활용하여 평가할 수 있는데, 여기서는 평정법의 예시를 제공함

자료 1 과업집중분석표

수업컨설팅 만족도 조사 결과

수업컨설팅에 대한 만족도 조사는 컨설팅 마지막 날에 모두 모인 자리에서 한 명의 교사가 빠진 5명의 교사를 대상으로 실시하였다. 익명으로 기술하게 하여 진실한 답을 유도하였다. 반응은 매우 그렇지 않다(1점)에서 매우 그렇다(5점)까지 리커트 척도로 답을 하게 하였다. 따라서 3.00이 평균이고 4.00은 긍정, 5.00은 매우 긍정적 반응으로 볼 수 있다.

1. 수업컨설팅 전체 만족도 및 결과에 대한 문항입니다.

문항	평균
• 전반적으로 수업컨설팅 전체 과정에 만족한다.	4.00
• 수업컨설팅을 위한 소통이 용이하고 편리하였다.	4.60
• 수업컨설팅이 수업개선에 도움이 되었다.	4.60

문항	평균
• 이제는 수업컨설팅에서 도움받은 내용을 혼자서도 잘해낼 수 있는 확신을 갖게 되었다.	3.80
• 수업컨설팅을 다른 교사들에게 추천할 의사가 있다.	3.80
• 수업문제가 발생하면 수업컨설팅을 요청할 의사가 있다.	4.40

전반적인 수업컨설팅 과정에 대해서는 만족해하는 것으로 나타났다. 특히 수업컨설팅이 수업개선에 도움이 되었는가의 질문에서는 4.60으로 매우 만족하는 답에 가깝게 반응을 보였다. 컨설팅 과정에서의 소통과 수업컨설팅을 다시 요청할 의사에서도 매우 긍정적인 반응을 보여 주고 있다. 하지만 수업컨설팅이 끝나고 혼자서 수업을 잘할 수 있는가에 대한 응답에서는 3.80으로 긍정적이지만 약간은 자신감 없는 반응을 보여 주고 있어서 다음 컨설팅에서는 자율성을 높이는 전략이 보충될 필요가 있다.

2. 컨설팅 절차에 대한 만족도 문항입니다.

문항	평균
• 컨설팅에 들어가기 전에 충분히 컨설팅의 목적과 필요성을 함께 공유하였다.	4.60
• 컨설턴트가 수업컨설팅에 대한 충분한 이해를 제공하였다.	4.80
• 문제에 대한 원인을 분석하고 진단하기 위한 계획을 함께 논의하고 결정하였다.	4.80
• 컨설턴트는 의뢰한 문제에 대해서 거시적 및 미시적 접근을 통해 분석 및 진단하였다.	4.20
• 해결안에 대해서 컨설턴트는 나와 함께 실행 가능성을 논의하고 결정하였다.	4.40
• 실행 방안에 대해서 컨설턴트는 안내와 조언을 제공하였다.	5.00

컨설팅 절차에 대한 만족도 조사에서는 대부분이 매우 만족해하는 것으로 나타나고 있다. 특히 컨설턴트의 안내와 조언 부분에서는 모두 매우 만족해하는 것으로 나타나고 있다. 그 외에도 모든 과정에서 컨설턴트와 교사 간에 협력이 잘 이루어진 것으로 나타나고 있다.

3. 컨설팅 과정 중에 컨설턴트와의 의사소통에 대한 만족도 문항입니다.

문항	평균
• 컨설턴트는 일방적인 의사 전달이 아닌 교사와 동등한 입장에서 협력관계를 유지하였다.	4.8
• 컨설턴트는 의사소통을 하는 데 충분한 역량을 가지고 있다.	4.6

컨설턴트와의 소통에 대한 만족도에서도 모두 매우 긍정적 반응을 보이고 있어서 효과적인 소통이 이루어진 것으로 보인다.

4. 컨설팅 과정 중에 컨설턴트의 역할에 대한 만족도 문항입니다.

문항	평균
• 컨설턴트는 컨설팅 전체 과정을 통해 교사의 의견을 존중하고 컨설팅 과정에 반영하였다.	4.8
• 컨설턴트는 컨설팅 과정 중에 전문적 지식(수업 관련 지식 및 컨설팅 관련 지식)과 기술을 통해 진행하였다.	3.8
• 컨설턴트는 컨설팅 과정 중에 나와의 협력을 통해 정확한 문제의 진단을 실시하였다.	4.2
• 컨설턴트는 문제를 진단하고 해결안을 찾기 위해 객관적인 사실과 정보를 찾는 작업을 하였다.	4.4
• 컨설턴트는 나와의 협력을 통해 문제에 대한 효과적인 해결 전략을 개발하였다.	4.0
• 컨설턴트는 교사가 독립적으로 주어진 문제를 해결할 수 있는 전문가가 되도록 수업컨설팅 과정 중에 도움을 주었다.	4.2

컨설턴트의 역할에 대한 반응에서는 긍정적인 반응과 매우 긍정적인 반응이 동시에 보이고 있다. 교사에 대한 존중, 객관적 사실과 정보에 근거한 컨설팅 영역에서는 매우 긍정적인 반응을 보였으며 그 외에서는 긍정적 반응을 보이고 있다. 이 중 컨설턴트의 전문적 지식 분야가 3.8로 긍정에 가깝지만 다른 문항에 비해 점수가 낮아 컨설턴트들의 전문성 신장에 대한 노력이 필요함을 알 수 있다.

5. 컨설팅 과정 중에 컨설턴트의 윤리적 행동에 대한 만족도 문항입니다.

문항	평균
• 컨설팅을 하는 동안 컨설턴트는 교사에게 윤리적인 행동(기밀 유지, 도와주려는 태도 등)을 유지하였다.	4.8

컨설팅 과정 중 컨설턴트의 윤리적 행동에 대해서는 매우 만족해 하는 것으로 나타났다.

참고문헌

강나영(2006). 좋은 수업에 대한 초등교사의 인식에 관한 연구. 부산교육대학교 대학원 석사학
    위논문.

강선주, 설규주(2007). 사회과 수업 컨설팅의 이론과 실제. **교육논총. 27**, 77-110

강정찬, 이상수(2011). 효과적인 수업컨설팅을 위한 개입안(interventions) 설계 모형. **한국교육,**
    38(3), 5-32.

강태용(2002). 학습기술 훈련이 고등학생의 학습습관, 학습동기 및 학업성취에 미치는 효과.
    부산대학교 대학원 박사학위논문.

고창규(2006). 초등학교 좋은 수업의 특성 연구: 담화행위(act), 유도행위, 교수행동요소, 바로
    잡기(repair)를 중심으로. 열린교육연구, 14(1), 25-49.

곽영순, 강호선, 남경식, 백종민, 방소윤(2007). 수업 컨설팅 바로하기. 서울: 원미사.

광주교육대학교부설초등학교(2006). 학습자 중심의 학습방법의 학습. 경기: 교육과학사.

교육과학기술부(2008). 초등학교 교육과정 해설. 서울: 대한교과서.

권덕원(2007). 음악교과 수업컨설팅 연구. 경인교육대학교 산학협력단 · 서울대학교 학교컨설팅연구
    회 공동 세미나 자료집, 249-263.

김남수, 황세영(2013). 우리나라 수업 전문성 신장 활동의 탐색: 문화역사활동이론의 관점에
    서. 한국교원교육연구, 30(4), 163-188.

김도기, 김효정(2013). 수업 컨설팅의 개념과 위상. 교원교육, 29(3), 131-156.

김영채(1999). 창의적 문제 해결: 창의력의 이론, 개발과 수업. 경기: 교육과학사.

김재춘, 변효종(2005). '좋은 수업'의 의미에 대한 비판적 검토. 수산해양교육연구, 17(3), 373-382.

김주영(2005). 토론학습을 위한 블렌디드러닝 수업모형 개발연구. 서울대학교 대학원 석사학위논문.

김주훈, 최승현, 강대현, 곽영순, 유정애, 양종모, 이주섭, 최원윤, 김영애(2003). 학교교육내실화 방안. 열린교육연구, 11(1), 43-61.

김창환(2006). 좋은 수업·좋은 교육이란 무엇인가. 교육철학회 연차학술대회 자료집, 123-136.

노석준, 문승태, 장선철(2008). 교육연구방법 및 통계. 서울: 동문사.

민진(2004). 조직관리론. 서울: 대영문화사.

배미은, 이은택, 김희은(2016). 대학 수업컨설턴트의 역량모델 개발 연구. 한국교원교육연구, 33(2), 53-75.

배을규(2009). 인적자원개발론. 서울: 학이시습.

변영계(1998). 교수·학습이론의 이해. 서울: 학지사.

변영계, 강태용(2003). 학습기술. 서울: 학지사.

변영계, 김경현(2005). 수업장학과 수업 분석. 서울: 학지사.

변영계, 이상수(2003). 수업설계. 서울: 학지사.

변영계, 김석우, 박한숙, 강태용(2002). 초등학교 학생들의 학습기술 측정도구와 훈련 프로그램 개발 연구. 교육과정연구, 20(1), 97-121.

변정현(2010). 초등학교 초임교사 사회과 수업컨설팅에 관한 실행 연구. 사회과교육, 49(1), 97-113.

서경혜(2004). 좋은 수업에 대한 관점과 개념: 교사와 학생 면담 연구. 교육과정연구, 22(4), 165-187.

서근원(2008). 수업개선의 대안적 방안 탐색: 교육인류학의 수업대화. 아시아교육연구, 9(1). 95-132.

서우석, 여태철, 류희수(2008). 수업컨설팅 프로그램 개발 및 운영 방안. 교육논총, 27, 3-24.

설규주(2007). 초등 사회과 수업의 패턴 고찰을 위한 수업 전문성 제고 방안 연구: 사회과 교사와 교생의 수업 분석을 중심으로. 사회과 교육, 46(4), 59-90.

송상헌(2000). 초등학교 수학교실에서의 좋은 수업 구현을 위한 몇 가지 권고. 과학교육논총, 12, 29-49.

송윤희, 남민우, 엄미리(2014). 델파이 조사를 통한 대학 수업컨설턴트 역량 탐색. 교육과학연구, 45(2), 1-24.

송철범(2011). 액션러닝 코치입문: 이론과 실제. 경기: 북코리아.

신현석(2000). 장학의 개념적 성격에 관한 고찰. 한국교육학연구, 6(1), 21-39.

심미자(2012). 좋은 수업을 위한 수업 컨설팅의 새로운 방향 탐색. 한국교원교육연구, 29(2), 371-396.

양용칠(2014). 수업의 조건. 경기: 교육과학사.

엄미리, 김명랑, 장선영, 박인우(2009). 좋은 수업에 대한 현직교사와 예비교사의 인식연구. 한국교육학연구, 15(1), 107-132.

오영범, 이동성(2010). 전통적인 좌석배치에 따른 초등학생들의 과업집중도 분석. 초등교육연구, 23(1), 1-21.

오혜경(1998). WBI에서 피드백유형이 학업성취에 미치는 영향: 정답제공형과 관련정보제공형의 비교. 한양대학교 교육대학원 석사학위논문.

이명호(1999). 컨설팅 장학으로. 새교육, 531, 39-43.

이상수(2010). 수행공학을 적용한 수업컨설팅 모형. 교육공학연구, 26(4), 87-120.

이상수, 강정찬, 이유나, 오영범(2015). 수업컨설팅. 서울: 학지사

이상수, 강정찬, 황주연(2006). 효과적인 비계설정을 위한 수업설계 모형. 교육정보미디어연구, 12(3), 149-175.

이상수, 이유나, 리리(2008). '좋은 수업'에 대한 한·중 고등학교 교사와 학생의 인식 비교 연구. 비교교육연구, 18(3), 27-47.

이용숙(2007). 수업 컨설팅의 방향. 열린교육실행연구, 10, 3-31.

이용숙(2009). 한국의 대학 수업: 서술적 수업관찰 결과 분석. 열린교육실행연구, 6, 157-181.

이유나 편(2008). 교육역량 업그레이드를 위한 교수법 가이드. 부산: 부산대학교 교수학습지원센터.

이유나, 강정찬, 오영범, 이상수(2012). 수업컨설팅 인식 및 요구조사에 기초한 수업컨설팅의 과제. 교육공학연구, 28(4), 729-755.

이재덕(2008) 수업컨설팅을 위한 코칭 기법의 특징과 호라용 방안. 초등교육연구, 21(2). 307-332

이종성(2001). 교육 심리 사회 연구방법론 총서: 연구방법 21. 델파이 방법. 경기: 교육과학사.

이호철(2004). 살아있는 교실. 서울: 보리.

이화진, 오상철, 홍선주(2006). 수업 컨설팅 지원 및 활성화 방안. 열린교육실행연구, 10, 33-63.

이화진, 오은순, 송현정, 전효선, 강대현, 권점례, 곽영순, 진의남, 유정애, 이경언, 양윤정, 이병천, 이미숙, 김명화, 오상철, 홍선주(2006). 수업컨설팅 지원프로그램 및 교과별 내용 교수법(PCK) 개발 연구. 서울: 한국교육과정평가원.

이희도, 한상철, 곽형식, 이동원, 양병한(1996). 수업의 이론과 실제. 서울: 중앙적성출판사.

인천광역시동부교육청(2010). 2010 초등 신규임용교사 연수 교재. 미간행 도서.

임정훈, 한기순, 이지연(2008). 교육심리학. 경기: 양서원.

임철일(2012). 교수설계 이론과 모형. 경기: 교육과학사.

장경원, 이병량(2018). 토의와 토론으로 수업하기. 서울: 학지사.

전경원(2004). 생활 속의 창의성 계발 1: 브레인스토밍을 중심으로, 서울: 창지사.

전도근(2009). 자기주도적 공부습관을 길러 주는 학습 코칭. 서울: 학지사.

전도근(2010). 자기 주도적 학습전략시리즈 4: 공부의 달인이 되는 학습동기 유발 전략(학생용워크북). 서울: 학지사.

전성연, 최병연, 이흔정, 고영남, 이영미(2010). 협동학습 모형 탐색. 서울: 학지사.

정남숙(2006). 자기효능감 증진 프로그램이 초등학교 아동의 학습된 무력감에 미치는 영향. 부산대학교 교육대학원 석사학위논문.

정문성(2017). 토의·토론 수업방법 84. 경기: 교육과학사.

정재삼(2005). 수행공학의 이해: 기업교육 리엔지니어링의 틀. 경기: 교육과학사.

정종원, 박인우, 임병노, 이영준, 유헌창, 김현진, 고범석(2009). 테크놀로지 발전방향과 교육의 미래모습을 통한 미래교실 구성. 대구: 한국교육학술정보원.

정태범(1996). 장학론. 경기: 교육과학사.

정현미, 김광수(2012). 교육공학연구를 위한 설계·개발연구. 서울: 학지사.

정혜선(2005). 강사, 퍼실리테이터로 거듭나라! 서울: 시그마프레스.

조난심(2007). 수업컨설팅 지원을 위한 연구·개발. 경인교육대학교 산학협력단·서울대학교 학교

컨설팅연구회 공동 세미나 자료집, 43-71.

조남두, 장옥선, 구영회, 문점애, 이상복, 감구진, 백경원, 곽주철(2011). 수업을 꿰뚫어 보는 힘, 수업 분석. 서울: 상상채널.

조민호, 설증웅(2006a). 컨설팅 입문. 서울: 새로운 제안.

조민호, 설증웅(2006b). 컨설팅 프로세스. 서울: 새로운 제안.

조벽(2002). 새시대 교수법 상담 가이드북. 서울: 한단북스.

주삼환, 이석열, 김홍운, 이금화, 이명희(1999). 수업관찰과 분석. 서울: 원미사.

진동섭(2007). 학교 컨설팅의 과제와 전망. 경인교육대학교 산학협력단 · 서울대학교 학교컨설팅연구회 공동 세미나 자료집, 5-24.

진동섭, 김도기(2005). 컨설팅 장학의 개념 탐색. 교육행정학연구, 23(1), 1-25.

진동섭, 홍창남, 김도기 (2009). 학교경영컨설팅과 수업컨설팅. 경기: 교육과학사.

천호성(2008). 수업 컨설팅을 통한 교실 수업 지원 방안에 관한 연구. 사회과교육, 47(3), 109-134.

천호성(2014). 교실 수업의 혁신과 지원을 위한 수업 분석의 방법과 실제. 서울: 학지사.

최승현, 황혜정(2009). 내용교수지식(PCK)에 기초한 수업컨설팅에 관한 연구: 수학 초임교사의 사례를 중심으로. 학교수학, 11(3), 369-387.

최영진, 김도기, 주현준(2011). 수업컨설턴트의 역량 분석. 한국교원교육연구, 28(4), 1-21.

최정임(2002). 인적자원 개발을 위한 요구분석 실천가이드. 서울: 학지사.

하재홍(2010). 토론식 교수법의 설계와 평가. 경기법학논총, 9집, 211-248.

한정선(2004). 프리젠테이션, 하나의 예술. 서울: 김영사.

현성혜(2006). 수업 개선에 대한 교사들의 인식 분석. 이화여자대학교 대학원 석사학위논문.

홍성연, 전영미(2013). 한국과 미국의 수업컨설팅 개념비교를 통한 발전방향 탐색. 한국교원교육연구, 30(3), 305-333.

Acheson, K. A., & Gall, M. D. (1987). *Techniques in the clinical supervision of teacher.* New York: Longman.

Addison, R. M., & Haig, C. (2006). The performance architect's essential guide to the performance technology landscape. In J. Pershing (Ed.), *Handbook of human performance technology* (3rd). San Francisco, CA: John Wily & Sons.

Addison, R. M., & Johnson, M. (1997). The building blocks of performance. *Business Executive, 11*(68), 3-5.

Alpert, J. L., & Meyers. J. (1983). *Training in consultation.* Springfield, IL: Charles C. Thomas.

Andersen, P. A. (1999). *Nonverbal communication: Forms and functions.* Mountain View, CA: Mayfield Publishing.

Anderson, R. C., Hiebert, E. H., Scott, J. A., & Wilkinson, I. A. G. (1985). *Becoming a nation of readers: The report of the commission on reading.* Champaign, IL: The Center for the Study of Reading.

Bandura, A. (1977). *Social learning theory.* Englewood Cliffs, NJ: Prentice-Hall.

Bannan-Ritland, B. (2003). The role of design in research: The integrative learning design framework. *Educational Research, 32*(1), 21-24.

Bell, C., & Nadler, L. (1985). *Clients and consultants.* Reading, MA: Addison Wesley.

Berg, B. L. (2004). *Qualitative research methods for the social sciences* (5th ed.) Boston, MA: Pearson.

Bergan, J. R., & Schnaps, A. (1983). A model for instructional consultation. In. J. Alpert & J. Meyers (Eds.), *Training in consultation.* Springfield, IL: Charles C. Thomas.

Bergan, J.R., & Tombari, M. L. (1976). Consultant skill and efficiency and the implementation and outcomes of consultation. *Journal of School Psychology, 14,* 3-14

Blom-Hoffman, J., & Rose, G. S. (2007). Applying motivational interviewing techniques to further the primary prevention potential of school-based consultation. *Journal of Educational and Psychological Consultation, 17,* 151-156.

Borich, G. D. (2004). *Effective teaching methods* (5th ed.). Boston, MA: Pearson Education.

Borich, G. D. (2011). *Observation skills for effective teaching* (6th ed.). Boston, MA: Allyn & Bacon.

Brinko, K. T. (1997). The interaction of teaching improvement, In K. T. Brinko & R. J. Menges(Eds.), *Practically speaking: A sourcebook for instructional consultants in higher education.* Stillwater, OK: New Forums Press.

Brown, D., Pryzwansky W. B., & Schulte, A. C. (2001). *Psychological consultation and collaboration: Introduction to theory and practice* (5th ed.). Needham Heights, MA: Allyn & Bacon.

Cannell, C. F. (1985). Overview: Response bias and interviewer variability in survey. In T. W Beed & R. J. Stimson (Eds.), *Handbook of research on teaching* (pp. 171-246). Chicago, IL: Rand McNally.

Caplan, G. (1963). Types of mental health consultation. *American Journal of Orthopsychiatry, 33,* 470-481.

Chowance, G. D. (1993). TQM: Evaluating service quality. *Counseling Psychology Journal, 45,* 31-32.

Clark, R. C., & Mayer, R. E. (2008). *E-learning and the science of instruction; Proven guidelines for consumers and designers of multimedia learning* (2nd ed.). San Francisco, CA: Pfeiffer.

Cole, P. G., & Chan, L. K. S. (1998). 수업의 원리와 실제[*Teaching Principles and Practice*]. 권낙원 역. 서울: 성원사. (원저는 1994년에 출판).

Conoley, J. C., & Conoley, C. W. (1992). *School consultation: Practice and training* (2nd ed.). Needham Heights, MA: Allyn & Bacon.

Cook, M. (2000). 코칭의 기술[*Effective coaching*]. 서천석 역. 서울: 지식공작소. (원저는 2000년에 출판).

Corey, G., Corey, M. S., & Callanan, P. (2007). *Issues and ethics in the helping professions* (7th ed.). Pacific Grove, CA: Thomson Brooks/Cole.

Corey, S. M. (1971). The nature of instruction. In M. D. Merrill (Ed.), *Instructional design: Readings.* Englewcod Cliffs, NJ: Prentice-Hall.

Dick, W., Carey, L., & Carey. J. O. (2005). *The systematic design of instruction* (6th ed.). Boston, MA: Allyn & Bacon.

Dick, W., Carey, L., & Carey, J. O. (2009). *The Systematic Design of Instruction* (7th ed.). Boston, MA: Allyn & Bacon.

Dixon, G. (1999). *The organizational learning cycle: How we can learn collectively.* McGraw-Hill.

Dougherty, M. A. (2008). *Psychological consultation and collaboration in school and community settings* (5th ed.). Belmont, CA: Wadsworth.

Driscoll, M. P. (2005). *Psychology of learning for instruction* (3rd ed.). Boston, MA: Pearson Education.

Driscoll, M. P. (2007). 수업설계를 위한 학습심리학[*Psychology of learning for instruction*]. 양용칠 역. 경기: 교육과학사. (원저는 2005년에 출판).

Dunkin, M. J., & Biddle, B. J. (1974). *The study of teaching.* New York: Holt, Rhinehart & Winston.

Edelson, D. C. (2002). Design research: What we learn when we engage in design. *Journal of the Learning Sciences, 11*(1), 105-121.

Emmer, E. T., & Evertson, C. M. (2012). *Classroom management for middle and high school teachers* (9th ed.). Upper Saddle River, NJ: Pearson.

Evans, M., & Hopkins, D. (1988). School climate and the psychological state of the individual teacher as factors affecting the utilization of educational ideas following an in-service course. *British Educational Research Journal, 14,* 211-230.

Flanders, N. A. (1960). *Teacher influence, pupil attitudes, and achievement* (Cooperative Research Project No. 397). Minneapolis, MN: University of Minnesota.

Frederick, C. M., & Merriam-Webster. (1997). *Merriam-Webster's Collegiate Dictionary* (10th ed.). springfield, MA: Merriam-Webster.

Fuchs, D., & Fuchs, L. (1990). Prereferral intervention: A prescriptive approach. *Exceptional Children, 56,* 493-513.

Fuchs, L. S., Fuchs, D., & Bishop, N. (1992). Teacher planning for students with learning disabilities: Differences between general and special educators. *Learning Disabilities Research & Practice, 7,* 120-128.

Gagné, R. M. (1965). *The conditions of learning and theory of instruction.* New York: Holt, Rinehart & Winston.

Gagné, R. M. (1977). *The conditions of learning* (3rd ed.). New York: Holt, Rinehart & Winston.

Gagné, R. M., & Medsker, K. L. (1996). *The conditions of learning: Training applications.* Fort Worth, TX: Harcourt Brace College.

Gagné, R. M., Briggs, L. J., & Wager, W. W. (1992). *Principles of instructional design* (4th ed.). Englewood Cliffs, NJ: Prentice-Hall.

Gagné, R. M., Wager, W. W., Golas, K. C., & Keller, J. M. (2005). *Principles of instructional design* (5th ed.). Belmont, CA: Wadsworth/Thomson Learning.

Gallagher, J. J. (1965). *Productive thinking in gifted children.* Urbana, IL: Institute for Research in Exceptional Children, University of Illinois.

Gallessich, J. (1982). *The profession and practice of consultation: A handbook for consultants, trainers of consultants, and consumers of consultation services.* San Francisco, CA: Jossey-Bass.

Garrison, D. R. (1997). Self-directed learning: Toward a comprehensive model. *Adult Education Quarterly, 48*(1), 18-33.

Glatthorn, A. A. (1997). *Differentiated supervision* (2nd ed.). Alexandria, VA: Association for Supervision and Curriculum Development.

Glickman, C. D. (1985). *Supervision of instruction.* Boston, MA: Allyn & Bacon.

Goodall, H.L., Goodall, S., & Schiefelbein, J.(2006). Business and professional communication in the global workplace.(3rd ed.). Retrieved from http://www.cengagebrain.com/shop/content/goodalljr67388_0495567388_01.01_toc.pdf

Gregory, B. T., Armenakis, A. A., Moates, K. N., Albritton, M. D., & Harris, S. G. (2007). Acheiving scientific rigor in organization diagnosis: An application of the diagnostic funnel. *Consulting Psychology Journal: Practice and Research, 59,* 79-90.

Gresham, F. M. (1989). Assessment of treatment integrity in school consultation and preferral intervention. *School Psychology Review, 18,* 37-50.

Gresham, F. M., Gansle, K. A., & Noell, G. H. (1993). Treatment integrity in applied behavior analysis with children. *Journal of Applied Behavior Analysis, 26*(2), 257-

263.

Hall, G. E., & Hord, S. M. (1987). *Change in schools: Facilitating the process*. New York: State University of New York Press.

Handal, G. (1999). Consultation using critical friends. In C. Knapper & S. Piccinin (Eds.), *Using consultants to improve teaching* (New Directions for Teaching and Learning, No. 79, pp. 59–70). San Francisco, CA: Jossey–Bass.

Haring, N., & Gentry, N. D. (1976). Direct and individualized instruction procedures. In N. Haring & R. Schiefelbusch (Eds.), *Teaching special children* (pp. 72–111). New York: Mcgraw–Hill.

Harrison, P. D., Douglas, D. K., & Burdsal, C. A. (2004). The relative merits of different types of overall evaluations of teaching effectiveness. *Research in Higher Education*, *45*(3), 311–323.

Hills, S. B., Naegle, N., & Bartkus, K. (2009). How important are items on a student evaluation? A study of item salience. *Journal of Education for Business*, *84*(5), 297–303.

Huber, G. P. (1991). Organizational learning: The contributing processes and the literature. *Organization Science*, *2*, 88–115.

Idol, L. Paolucci–Whitcomb, P., & Nevin, A. (1995). The collaborative consultation model. *Journal of Educational and Psychological Consultation*, *6*(4), 320–346.

ISPI(International Society for Performance Improvement). (2000). What is HPT? Retrieved October 20, 2010, from http://www.ispi.org.

Johnson, D. W., & Johnson, R. T. (1999). Making cooperation learning work. *Theory into Practice*, *38*(2), 67–73.

Johnson, J. J., & Pugach, M. C. (1996). The emerging third wave of collaboration: Beyond problem solving. In W Stainbach & S. Stainback (Eds.), *Controversial issues confronting special education* (2nd ed., 196–204). Boston, MA: Allyn & Bacon.

Kaiser, L., Rosenfield, S., & Gravois, T. (2009). Teachers' perception of satisfaction, skill development, and skill application after instructional consultation services. *Journal of*

Learning Disabilities, 42(5), 444-457.

Kampwirth, T. J. (2006). *Collaboration consultation in the schools: Effect practice for students with learning and behavior problems* (3rd ed.). Upper Saddle River, NJ: Merrill Prentice Hall.

Kazdin, A. E. (1980). Acceptability of alternative treatments for deviant child behavior. *Journal of Applied Behavior Analysis, 13*, 259-273.

Keller, J. M., & Kopp, T. W. (1987). An application the ARCS model of motivational design. In C. N. Reigeluth (Ed.). *Instructional theories in action* (pp. 298-320). Hillsdale, NJ: Lawrence Erlbaum Associates.

Keller, J. M., & 송상호 (1999). 매력적인 수업 설계: 주의집중, 관련성, 자신감 그리고 만족감. 서울: 교육과학사.

Kessel, L. V. (2007). Coaching, a field for professional supervisors? *Ljetopis socijalnog rada, 14*(2), 387-432.

Knoff, H. M., Sullivan, P., & Liu, D. (1995). Teachers' rating of effective school psychology consultants: An exploratory factor analysis study. *Journal of School Psychology, 33*, 39-57.

Knotek, S. E., Rosenfield, S. A., Gravois, T. A., & Babinski, L. M. (2003). The process of fostering consultee development during instructional consultation. *Journal of Educational and Psychological Consultation, 14*, 303-328.

Krathwohl, D. R. (2009). *Methods of educational and social science research: The logic of methods* (3rd ed). Long Grove, IL: Waveland Press.

Kreuger, R. A. (1988). *Focus groups: A practical guide for applied research*. CA: SAGE.

Krueger, R. A. (1994). *Focus groups: A practical guide for applied research* (2nd ed.). Thousand Oaks, CA: SAGE.

Krueger, R. A. (1997). *Developing questions for focus groups (Focus Group Kit, Vol. 3)*. Thousand Oaks, CA: SAGE.

Lang, H. R., & Evans, D. N. (2006). *Models, strategies, and methods for effective teaching*. Boston, MA: Pearson Education.

Langdon, D. G., Whiteside, K. S., & Mckenna, M. M. (1999). *Intervention resource guide: 50 performance improvement tools.* San Francisco, CA: Jossey-Bass/Pfeiffer.

Mager, R. M., & Pipe, P. (1984). *Analyzing performance problems.* Belmont, CA: Pitman Learning.

Marquardt, M. J. (1996). *Building the learning organization: A systems approach to quantum improvement and global success.* New York: McGraw-Hill.

Marzano, R. J. (2000). *A new area of school reform: Going where the research takes us.* Aurora, CO: Mid-continent Research for Education and Learning.

McKenna, S. A.(2005). Validation of instructional consultation teams level of implementation scale-revised. Unpublished Doctoral Dissertation.

McKenna, S. A., Rosenfield, S., & Gravois, T. A. (2009). Measuring the behavioral indicators of instructional consultation: A preliminary validity study. *School Psychology Review, 38*(4), 496-509.

McNair, C. J., & Leibfried, K. H. J. (1993). 벤치마킹[*Benchmarking: A tool for continuous improvement*]. 박영종 역. 서울: 21세기북스 새날. (원저는 1992년에 출판).

Miranda, A. H. (2002). Best practices in increasing crosscultural competence. In A. Thomas & J. Grimes (eds.), *Best practices in school psychology* (4th ed., 625-643). Bethesda, MD: National Association of School Psychologist.

Morgan, C. & Morris G. (1999). *Good teaching and Learning: Pupils and Teachers Speak.* Buckingham & Philadelphia: Open University Press.

Munroe, M. (2003). *The Principles and Power of vision study guide.* New Kensington, PA: Whiaker House.

Narciss, S. (2011). Feedback strategies for interactive learning tasks. Retrieved from http://www.aect.org/edtech/edition3/ER5849x_C011.fm.pdf

Nichols, P.(1991). *Social survey methods: A field guide for development workers (Development guidelines No. 6).* Oxford: Oxfam Development Guideline.

Nilson, C. (1999). *The performance consulting toolbook.* New York: McGraw-Hill.

O'Brien, F., & Meadows, M. (2001). How to develop visions: A literature review, and a revised CHOICES approach for an uncertain world. *Journal of Systemic Practice and Action Research, 14*(4), 495-515.

Oblinger, D. G., & Oblinger, J. L. (2005). Educating the net generation. An EDUCAUSE e-book. Available: http://net.educause.edu/ir/library/pdf/pub7101.pdf

Parsons, R. D., & Meyers, J. (1984). *Developing consultation skills.* San Francisco, CA: Jossey-Bass.

Patton, M. Q. (1986). *Utilization-focused evaluation.* Berverly Hills, CA: SAGE.

Patton, M. Q. (1987). *How to use qualitative methods in evaluation.* Newbury Park, CA: SAGE.

Pepitone, J. S. (2000). *Human performance consulting.* Houston, TX: Gulf Publishing Company.

Peterson, R. A. (2000). *Construction effective questionnaires.* Thousand Oaks, CA: SAGE.

Piersel, W. C. & Gutkin, F. B. (1983). Resistance to school-based consultation: A behavior analysis of the problem. *Psychology in the Schools, 20,* 311-320.

Pintrich, R. R., & DeGroot, E. V. (1990). Motivational and self-regulated learning components of classroom academic performance, *Journal of Educational Psychology, 82,* 33-40.

Prater, M. A. (1992). Increasing time-on-task in the classroom: Suggestions for improving the amount of time learners spend in on-task behaviors. *Intervention in School and Clinic, 28*(1), 22-27.

Rathvon, N. (2008). *Effective school interventions: Evidence-based strategies for improving student outcomes* (2nd ed.). New York: The Guilford Press.

Rees, F. (2005). *The facilitator excellence handbook* (2nd ed.). San Francisco, CA: John Wiley & Sons.

Reiser, R. A., & Dempsey, J. V. (2017). *Trends and issues in instructional design and technology* (4th ed.). Boston, MA: Pearson.

Roach, A. T., Kratochwill, T. R., & Frank, J. L. (2009). Scholl-based consultations as change facilitators: Adaptation of the concerns-based adoption model to support the implementation of research-based practices. *Journal of Educational and Psychological consultation. 19*(4). 300-320.

Robinson D. G., & Robinson, J. C. (1996). *Performance consulting.* San Francisco, CA: Berrett-Koehler Pubilsher.

Romiszowski, A. J. (1992). *The selection and use of instructional media* (2nd ed.). Chicago, IL: Nichols Publishing.

Rosenberg, M. B., & Hahn, K. (2004). 비폭력 대화: 일상에서 쓰는 평화의 언어 삶의 언어 [*Nonviolent communication: A language of compassion*]. 서울: 한국NVC센터. (원저는 1999년에 출판).

Rosenfield, S. A. (1987). *Instructional consultation.* Hillsdale, NJ: Erlbaum.

Rosenfield, S. A. (1995). Instructional consultation: A model for service delivery in the schools. *Journal of Educational and Psychological Consultation, 6*(4), 297-316.

Rosenfield, S. A. (2002). Development instructional consultants: From novice to competent to expert. *Journal of Educational and Psychological Consultation, 13*(1-2), 97-111.

Rosenfield, S. A., & Gravois, T. A. (1996). *Instructional consultation teams: Collaborating for change.* New York: A Division of Guilford Publications.

Rosenfield, S. A., Silva, A., & Gravois, T. A. (2008). Bringing instructional consultation to scale: Research and development of IC and IC teams. In W. P. Erchul & S. M. Sheridan (Eds.), *Handbook of research in school consultation* (pp. 203-224). New York: Taylor & Francis.

Rosenfield, S., & Berninger, V. (Eds.). (2009). *Implementing evidence-based interventions in school settings.* New York: Oxford University Press.

Rothwell, W. (1996). *Beyond training and development.* New York: AMACOM.

Rothwell, W., Hohne, C., & King, S. (2007). *Human performance improvement: Building practitioner performance* (2nd ed.). Boston, MA: Butterworth-Heineman.

Schunk, D. H. & Zimmerman, B. J. (1994). Self-regulation in education: Retrospect and prospect. In D. H. Schunk & B. J. Zimmerman (Eds.), *Self-regulation of learning and performance.* Hillsdale, NJ: Erlaum.

Schunk, D. H., & Zimmerman, B. J. (2008). 자기조정학습의 교실적용[*Self-regulation of learning and performance: Issues and educational applications*]. 송재훈 역. 서울: 교육과학사. (원저는 1994년에 출판).

Seidman, I. E. (1991). Interviewing as qualitative research. Thousand Oaks, CA: SAGE.

Seiler, W. J., & Beall, M. L. (2005). *Communication: Making connections* (7th ed.). Boston, MA: Pearson Education.

Senge, P. M. (1990). *The fifth discipline: The art and practice of the learning organization.* New York: Doubleday.

Sheets, K. J., & Henrry, R. C. (1988). Evaluation of a faculty development program for family physicians. *Medical Teacher, 10,* 75-83.

Smaldino, S. E., Russell, J. D., Heinich, R., & Molenda, M. (2005). 교육공학과 교수매체(8판) [*Educational technology and media for learning* (8th ed.)]. 설양환, 권혁일, 박인우, 손미, 송상호, 이미자, 최욱, 홍기칠 공역. 서울: 아카데미프레스. (원저는 2004년에 출판).

Smith, P. L., & Ragan, T. J. (2005). *Instructional design* (3rd ed.). New York: Wiley & Sons.

Spitzer, D. R. (1999). The design and development of hign-impact interventions. In H. D. Stolovitch & E. J. Keeps. *Handbook of human performance technology: Improving individual and organizational performance worldwide* (2nd ed.). San Francisco, CA: Jossey-Bass.

Stevens, J., & Aleamoni, L.(1985). The use of evaluative feedback for instructional improvement: A Longitudinal perspective. *Instructional Science, 13,* 285-304.

Stolovitch, H. D., & Keeps, E. J. (Eds.). (1992). What is performance technology? *Handbook of human performance technology: A comprehensive guide for analyzing and solving performance problems in organizations* (pp. 3-13). San Francisco: Jossey-Bass.

Stolovitch, H. D., & Keeps, E. J. (1999). *Handbook of human performance technology:*

Improving and organizational performance worldwide (2nd ed.). San Francisco, CA: Jossey-Bass.

Stone, R. (2002). *Best practices for high school classroom: What award-winning secondary teachers do.* Thousand Oak, CA: SAGE.

Tiberius, R. G. (1995). From shaping performances to dynamic interaction: The quiet revolution in teaching improvement programs. In W. A. Wright & Associates, *Teaching improvement practices: Successful strategies for higher education* (pp. 180-203). Boston, MA: Anker

Tiem, D. V., Moseley, J. L., & Conway, J. (2004). *Fundamentals of performance technology: A guide to improving people, process, and performance* (2nd ed.). Silver Spring, ML: ISPI.

Tran, N. (2015). Reconceptualisation of approaches to teaching evaluation in higher education. *Issues in Educational Research, 2015, 25*(1), 50-61.

Tripps, S., & Bichelmeyer, B. (1990). Rapid prototyping: An alternative instructional design strategy. *Educational Technology Research & Development, 38*(1), 31-44.

Truesdell, L. A., & Lopez, E. C. (1995). Consultation model revisited: In conclusion. *Journal of Educational and Psychological Consultation, 6*(4), 385-395.

Turner, C. F., & Martin, E. (1984). *Surveying subjective phenomena, Vol. 1.* New York: Russell Sage Foundation.

Vygotsky, L. (1978). *Vygotsky and education: Instructional implications and applications of sociohistorical psychology.* Cambridge, NY: Cambridge University Press, Research Association.

Walberg, h. J. (1984). Improving the productivity of America's schools. *Educational Leadership, 41*, 19-30.

Wang, M. C., Haertel, G. D., & Walberg, H. J. (1993). Toward a knowledge base for school learning. *Review of Educational Research, 63*(3), 249-294.

Welch, M. (2000). Collaboration as a tool for inclusion. In S. E. Wade (Ed.), *Inclusive education: A casebook and readings for prospective and practicing teachers* (pp.

71-96). Mahwah, NJ: Lawrence Erlbaum.

Wilkinson, R. (2006). Applying conversation analysis to aphasic talk: From investigation to intervention. *Revue Francaise de Linguistique Appliquee, 11*(2), 99-110.

Wilson, R. C. (1986). Improving faculty teaching: Effective use of student evaluations and consultants. *Journal of Higher Education, 57*(2), 196-211.

Witt, J. C., & Elliott, S. N. (1985). Acceptability of classroom intervention strategies. In T. R. Kratochwill (Ed.), *Advances in school psychology* (4th ed., pp. 251-288). Mahwah, NJ: Erlbaum.

Witt, J. C., & Martens, B. K. (1988). Problems with problem-solving consultation: A reanalysis of assumptions, methods, and goals. *School Psychology Review, 17,* 211-226.

Wood. D., Bruner, J. S., & Ross, G. (1976). The role of tutoring in problem solving. *Journal of Child Psychology and Psychiatry, 17,* 89-100.

WWC(What Works Clearinghouse). (2008). Institute of Education Sciences What Works Clearinghouse. Retrieved from http://ies.ed.gov/ncee/wwc/

Yin, R, K. (2014). *Case study research: Design and methods* (5th ed.). Los Angeles, CA: SAGE.

Zimmerman, B. J. (1986). Development of self-regulated learning: Which are the key sub-processes? *Comtemporary Educational Psychology, 16,* 307-313.

Zins, J. E., & Erchul, W. P. (2002). Best practices in school consultation. In A. Thomas & J. Grimes (Eds.), *Best practices in school psychology* (4th ed., 625-643). Bethesda, MD: National Association of School Psychologist.

Zins, J. E., & Illback, R. J. (1995). Consulting to facilitate planned organizational change in schools. *Journal of Educational and Psychological Consultation, 6,* 237-245.

Zins, J. E., & Illback, R. J. (1995). Consulting to facilitate planned organizational change in schools. *Journal of Educational and Psychological Consultation, 6,* 237-245.

국립국어원 표준국어대사전: http://stdweb2.korean.go.kr/

위키백과: http://ko.wikipedia.org/

Cambridge Dictionary http://dictionary.cambrige.org/dictionay/english/coaching

Longman dictionary: http://www.ldoceonline.com/dictionary/

Online etymology dictionary: http://www.etymonline.com/

찾아보기

저자 소개

이상수(Lee Sang Soo)

〈학력 및 경력〉
부산대학교 교육학과 졸업
부산대학교 대학원 교육학 석사
미국 플로리다주립대학교 대학원 교육공학 박사
부산대학교 교육학과 교수
한국수업컨설팅연구회 회장
한국교육공학회 부회장

〈주요 저서 및 역서〉
수업컨설팅 사례로 본 수업이야기(학지사, 2019)
지속적 수업개선을 위한 자기수업컨설팅(공저, 학지
　사, 2018)
교육과 교육학(공저, 학지사, 2015)
체계적 수업 분석을 통한 수업컨설팅(공저, 학지사,
　2012)
수업설계(공저, 학지사, 2003)
교수설계이론과 모형(공역, 아카데미프레스, 2018)
수업설계의 원리(공역, 아카데미프레스, 2007)
교수모형(공역, 아카데미프레스, 2005)

최정임(Choi Jeong Im)

〈학력 및 경력〉
서울대학교 지리교육과 졸업
서울대학교 대학원 교육학 석사
미국 플로리다주립대학교 대학원 교육공학 박사
가톨릭관동대학교 교수
한국교육공학회 부회장
가톨릭관동대학교 사범대학장

〈주요 저서 및 역서〉
교육방법의 교육공학적 이해(공저, 교육과학사, 2015)
PBL로 수업하기(공저, 학지사, 2015)
교육공학의 원리와 적용(공저, 교육과학사, 2012)
교육 프로그램 개발 방법론(공저, 학지사, 2005)
인적자원 개발을 위한 요구분석 실천 가이드(학지사,
　2002)
교수모형(공역, 아카데미프레스, 2005)
협동학습을 위한 참여적 학습자(공역, 아카데미프레
　스, 2004)

박인우(Park Inn Woo)

〈학력 및 경력〉
서울대학교 교육학과 졸업
서울대학교 대학원 교육학 석사
미국 플로리다주립대학교 대학원 교육공학 박사
고려대학교 교육학과 교수
한국교육공학회 수업컨설팅연구위원
한국교육방법학회 학회장

〈주요 역서〉
교수모형(공역, 아카데미프레스, 2017)
교수전략(공역, 아카데미프레스, 2006)

임정훈(Leem Jung Hoon)

〈학력 및 경력〉
서울교육대학교 교육학과 졸업
서울대학교 대학원 교육방법 석사
서울대학교 대학원 교육공학 박사
인천대학교 창의인재개발학과 교수
한국교육공학회 부회장 · 편집위원장
인천대학교 기초교육원장 · 교무처장

〈주요 저서 및 역서〉
나는 거꾸로 교실 거꾸로 교사(공저, 살림터, 2018)
교육공학 탐구(공저, 박영사, 2016)
교육심리학(공저, 양서원, 2014)
교육공학의 원리와 적용(공저, 교육과학사, 2012)
교육공학(공저, 한국방송통신대학교 출판부, 2011)
원격교육론(공저, 한국방송통신대학교 출판부, 2009)
학습과학의 원리와 실천적 적용(공역, 아카데미프레
    스, 2012)

이미자(Lee Mi Jar)

〈학력 및 경력〉
서울교육대학교 교육학과 졸업
미국 오하이오주립대학교 대학원 교육공학 석사
미국 리하이대학교 대학원 교육공학 박사
광주교육대학교 교육학과 교수
한국교육공학회 부회장
광주교육대학교 교육학과 학과장
광주교육대학교 교수학습센터 센터장

〈주요 저서 및 역서〉
초등교육의 재조명(공저, 문음사 2004)
교육공학과 교수매체(10판, 공역, 아카데미프레스, 2011)

효과적인 교수법(7판, 공역, 아카데미프레스, 2011)

장경원(Chang Kyung Won)

〈학력 및 경력〉
홍익대학교 교육학과 졸업
서울대학교 대학원 교육공학 석사
서울대학교 대학원 교육공학 박사
경희대학교 교수학습센터 교수
경기대학교 교직학부 교수

〈주요 저서〉
알고 보면 만만한 PBL 수업(공저, 학지사, 2019)
토의와 토론으로 수업하기(공저, 학지사, 2018)
AI로 수업하기(공저, 학지사, 2018)
창의적 리더십이 학교와 세상을 바꾼다(공저, 학지사,
    2017)
PBL로 수업하기(공저, 학지사, 2015)
액션러닝으로 수업하기(공저, 학지사, 2014)
교육공학의 원리와 적용(공저, 교육과학사, 2012)
창의기초설계(공저, 생능출판사, 2012)

이유나(Lee Yu Na)

〈학력 및 경력〉
전남대학교 불어교육과 졸업
부산대학교 대학원 교육학 석사
부산대학교 대학원 교육학 박사
창신대학교 유아교육과 교수
루터대학교 교양담당 교수 · 교육성과관리센터장
한국교육공학회 수업컨설팅연구위원
한국교육공학회 이사

〈주요 저서〉

지속적 수업개선을 위한 자기수업컨설팅(공저, 학지사, 2018)

수업분석을 통한 체계적 수업컨설팅(공저, 학지사, 2012)

장선영(Jang Seon Young)

〈학력 및 경력〉

춘천교육대학교 영어교육과 졸업

서울대학교 대학원 교육공학 석사

서울대학교 대학원 교육공학 박사

목포해양대학교 교양과정부 교수

〈주요 논문〉

대학교육의 질 향상을 위한 동료 수업컨설팅 사례연구 (교육공학연구, 2017)

예비교사 대상 교수설계 기반 협력적 수업컨설팅 운영전략 개발(학습자중심교과교육학회지, 2017, 제1저자)

모바일 기반 협력학습을 위한 교수-학습 모형 개발(교육학연구, 2016, 교신저자)

국내 수업컨설팅 연구동향 분석(공동연구, 교육공학연구, 2015)

창의인재 양성을 위한 학교경영자의 창의적 리더십 모형 및 교육 프로그램 개발(교육공학연구, 2015, 교신저자)

An Instructional Support System Design Model for ill-structured Problem-Solving in Online Learning (서울대학교 대학원 박사학위논문, 2011)

고은현(Koh Eun Hyeon)

〈학력 및 경력〉

서울여자대학교 교육심리학과 졸업

고려대학교 대학원 교육학 석사

고려대학교 대학원 교육공학 박사

배화여자대학교 유아교육과 교수

배화여자대학교 교수학습센터 소장

한국교육공학회 수업컨설팅연구위원 · 1급 수업컨설턴트

한국교육정보미디어학회 이사

〈주요 논문〉

고등학교와 대학교의 좋은 수업에 대한 관점 분석(한국산학기술학회논문지, 2017, 제1저자)

학교에서의 액션러닝에 대한 연구 동향 분석(교육방법연구, 2015, 교신저자)

대학교수의 액션러닝 수업개발 경험에 관한 연구(교육방법연구, 2013)

교육방법 연구의 동향과 과제(공동연구, 교육방법연구, 2013)

예비유아교사의 모의수업과 현장수업 경험에 대한 의미 탐색(공동연구, 유아교육연구, 2010)

류지헌(Ryu Jee Heon)

〈학력 및 경력〉

고려대학교 교육학과 졸업

고려대학교 대학원 인문학 석사

미국 플로리다주립대학교 대학원 교육공학 박사

전남대학교 교육학과 교수

한국인터넷윤리학회 부회장

전남대학교 교육문제연구소장

〈주요 저서 및 역서〉

교육방법 및 교육공학(공저, 학지사, 2013)

교육학개론(공저, 학지사, 2007)

모바일 HCI를 위한 연구방법론(공역, 학지사, 2010)

강정찬(Kang Jung Chan)

〈학력 및 경력〉

부산교육대학교 실과교육학과 졸업

부산대학교 대학원 교육학 석사

부산대학교 대학원 교육학 박사

신라대학교 교육학과 조교수

신라대학교 교수학습개발센터 부장교수

한국교육공학회 1급 수업컨설턴트

〈주요 저서〉

자기수업컨설팅-성찰적 실천가가 되기 위한 전략(공저, 학지사, 2018)

초등실과교육학(공저, 부산대학교 출판부, 2014)

체계적 수업 분석을 통한 수업컨설팅(공저, 학지사, 2012)

교사를 위한 현장연구의 이론과 실제(공저, 학지사, 2007)

교육학 특강(공저, PNU PRESS, 2006)

오영범(Oh Young Beom)

〈학력 및 경력〉

진주교육대학교 졸업

한국교원대학교 대학원 교육학 석사

부산대학교 대학원 교육학 박사

경상남도합천교육지원청 장학사

〈주요 저서〉

기록하는 교사(교육과학사, 2018)

교사 전문성과 수업(교육과학사, 2017)

질적자료분석: 파랑새2.0 소프트웨어(공저, 아카데미프레스, 2016)

좌충우돌 행복학교 이야기(공저, 아카데미프레스, 2016)

체계적 수업 분석을 통한 수업컨설팅(공저, 학지사, 2012)

체계적 수업 분석을 통한

수업컨설팅[2판]
Instructional Consulting (2nd ed.)

2012년 7월 29일 1판 1쇄 발행
2015년 1월 20일 1판 5쇄 발행
2019년 4월 20일 2판 1쇄 발행

지은이 • 이상수 · 최정임 · 박인우 · 임정훈 · 이미자 · 장경원
　　　　 이유나 · 장선영 · 고은현 · 류지헌 · 강정찬 · 오영범
펴낸이 • 김진환
펴낸곳 • (주) **학지사**
　　　　04031 서울특별시 마포구 양화로 15길 20 마인드월드빌딩
대표전화 • 02)330-5114　　　팩스 • 02)324-2345
등록번호 • 제313-2006-000265호

홈페이지 • http://www.hakjisa.co.kr
페이스북 • https://www.facebook.com/hakjisa

ISBN 978-89-997-1819-9 93370

정가 18,000원

이 도서의 국립중앙도서관 출판시도서목록(CIP)은 서지정보유통지
원시스템 홈페이지(http://seoji.nl.go.kr)와 국가자료공동목록시스템
(http://www.nl.go.kr/kolisnet)에서 이용하실 수 있습니다.
(CIP 제어번호: CIP2019012020)

교육문화출판미디어그룹 **학지사**

심리검사연구소 **인싸이트** www.inpsyt.co.kr
원격교육연수원 **카운피아** www.counpia.com
학술논문서비스 **뉴논문** www.newnonmun.com
간호보건의학출판 **학지사메디컬** www.hakjisamd.co.kr